Hermann Bahr
Prophet der Moderne

Hermann Bahr

PROPHET DER MODERNE

Tagebücher 1888—1904

Ausgewählt und kommentiert
von
Reinhard Farkas

1987
BÖHLAU VERLAG · WIEN · GRAZ · KÖLN

Gefördert durch das Kulturamt der Stadt Wien,
die Vorarlberger Landesregierung,
das Bundesministerium für Wissenschaft und Forschung,
die Oberösterreichische Landesregierung
und den Magistrat der Stadt Linz.

CIP-Kurztitelaufnahme der Deutschen Bibliothek

Bahr, Hermann:
Prophet der Moderne: Tagebücher 1888—1904 / Hermann Bahr. Aus-
gew. u. kommentiert von Reinhard Farkas. — Wien; Köln; Böhlau,
1987.
ISBN 3-205-05070-3.

ISBN 3-205-05070-3
Copyright 1987 by Böhlau Verlag Gesellschaft m.b.H.,
Wien
Gesamtherstellung: A. Holzhausens Nfg.,
A-1070 Wien, Kandlgasse 19-21

Inhaltsverzeichnis

Umschlagbild: Gustav Klimt, „Nuda veritas". Seit 1900 im Besitz Hermann Bahrs. Heute im Hermann Bahr-Gedenkraum des Theatermuseums der ÖNB Wien.

*Der Dank des Herausgebers gilt den Mitarbeitern
der Theatersammlung der Österreichischen Nationalbibliothek,
insbesondere deren Direktor, Univ.-Doz. Dr. Oskar Pausch, und
der zuständigen Sachreferentin, Frau Jarmila Weissenböck,
für die Unterstützung bei der Untersuchung und Bearbeitung
des Hermann-Bahr-Nachlasses.*

*Die Publikation der Tagebücher Hermann Bahrs
erfolgt mit freundlicher Genehmigung
der Theatersammlung der ÖNB Wien.*

Vorwort

Das wachsende Interesse, mit welchem man sich in den letzten Jahren dem Wiener Fin de siècle, der „Wiener Moderne" zuwandte, hat zwar zu zahlreichen historischen Reflexionen und literarischen Überlegungen angeregt; zu einer gründlichen Beschäftigung mit einem größeren, umfassenderen Quellenbestand zu diesem bis in unsere Gegenwart wirkungsmächtigen sozio-kulturellen Phänomen ist es aber, wenn man von einzelnen Ausnahmen absieht, leider nicht gekommen. Ein solches offenkundiges Forschungsdefizit sollte freilich dazu anspornen, sich mehr als bisher der gründlichen Erschließung, der Sichtung und der Analyse des literarischen Œuvres nicht zuletzt solcher Persönlichkeiten zuzuwenden, die zwar heute vielleicht nicht mehr so oft genannt werden oder deren Werke etwa deshalb, weil sie der gültigen Norm eines literarästhetischen Werturteils zunächst nicht standhielten, nur mehr beiläufig erwähnt werden, welchen aber im Kontext der intellektuellen Auseinandersetzungen der Jahrhundertwende, demnach also auch für eine historische Rekonstruktion des Bewußtseins der „Wiener Moderne" ein wichtiger Stellenwert zuzuordnen ist.

Eine allseits gültige historische Darstellung wird sich also vor allem auch auf jene Zeugnisse zu stützen haben, die in ihrer eigenen Zeit von Bedeutung waren; sie wird sich mit Personen zu beschäftigen haben, denen etwa die Aufgabe der Vermittlung und Verbreitung jener Ideen zugefallen war, die die Schöpfungen der hervorragendsten Exponenten jener Epoche charakterisieren. So wird sich „Wien um 1900" als jener geistige Topos umschreiben lassen, in welchem nicht nur Einflüsse und Wechselwirkungen jener Region zur Geltung kamen, die die Länder der habsburgischen Staatenföderation umfaßte; es wird vielmehr auch deutlich werden, daß die „Wiener Moderne" ohne ihre Einordnung in gesamteuropäische Bezüge, ohne den wirkungsgeschichtlichen Aspekt der schöpferischen Rezeption gesamteuropäischer Impulse, nicht vollgültig zu erklären ist.

Diesen zugleich inhaltlichen und methodischen Gesichtspunkten entspricht die vorliegende Auswahl der bisher unveröffentlichten Tagebücher Hermann Bahrs aus den Jahren 1888 bis 1904.

Hermann Bahr, Österreicher von Geburt und zunehmender innerer Überzeugung, Europäer aufgrund einer umfassenden intellektuellen Bildung und gesellschaftlichen Erfahrung, das heißt vertraut mit den neuesten geistigen und sozial-politischen Strömungen seiner Zeit, war, wenn wir nur den frühen Aufzeichnungen Hugo von Hofmannsthals folgen, in der Tat dazu berufen, den jungen Repräsentanten der Wiener „Avantgarde" jene intellektuellen Impulse zu vermitteln, deren sie gerade in den Jahren ihrer allmählichen geistigen Orientierung bedurften, um sich als „Moderne", als allem Neuen Aufgeschlossene zu begreifen, die zunächst auf der ästhetischen Ebene jenen Freiheitsraum sich schaffen zu können glaubten, der die Voraussetzung für eine Erneuerung des Individuums und der Gesellschaft werden sollte. Hermann Bahr, der dieses zugleich ästhetische und sozial-politische Programm zeit seines Lebens nicht mehr aus den Augen verlor, zugleich aber, ganz im Sinne der „Moderne", dieses immer wieder in Frage zu stellen, d. h. zu falsifizieren und zu ergänzen bemüht war, erschien seinen unmittelbaren Zeitgenossen, der Generation um 1900, als ein geistiger Seismograph, dessen rasch wechselnde Anzeigen man erwartungsvoll registrierte, dessen intellektuelle Flexibilität aber auch zuweilen Verwirrung zu stiften vermochte. So notierte Hofmannsthal bereits zwei Jahre nach seiner ersten Begegnung (1891) mit Bahr: „Als Beispiel des Unvollkommenen, vielleicht höchst Vollkommenen Hermann Bahr. Unvollkommen, da er viel von sich an das Leben verliert; vollkommen insofern als vieles Rohe und Gemeine vielleicht eine Hieroglyphenschrift, die seiner Seele Wunder erzählt." Wenn schließlich Karl Kraus, dem — vorsichtig ausgedrückt — die Grundanliegen der „Wiener Moderne" stets fremd blieben — man beachte etwa sein polemisches Urteil über Schnitzler, Hofmannsthal, Klimt, den jungen Kokoschka oder die Wiener Werkstätte — Hermann Bahr, den „Herrn aus Linz", eben wegen dessen rascher Aperzeptionsfähigkeit immer wieder verfolgte und lächerlich zu machen suchte, Angriffe, die Bahr aber stets unbeantwortet ließ, dann war dies tatsächlich ein Vor-Urteil, das nicht nur zu einem vorübergehenden Argwohn auch mancher seiner Freunde führte, das sich vielmehr besonders aufgrund einer ungebrochenen Kraus-Rezeption bis in die Gegenwart erhalten konnte und zum Teil auch heute noch kritiklos übernommen wird.

Freilich kann es nicht die Absicht der vorliegenden Edition sein, so etwas wie eine moralische oder literarische Ehrenrettung von Hermann Bahr zu initiieren, der sich der zuweilen negativen Aspekte dieser geistigen Offenheit noch Jahre später (1917) bewußt war: „... ich machte ja stets alle geistigen Moden mit, freilich nur solange sie noch nicht Mode waren, um mich dann, wenn sie's wurden, gleich wieder einer anderen zuzuwenden, die es erst zehn Jahre später wurde; über mich war verhängt, erst das ganze Ringelspiel aller Irrtümer der Zeit kennen zu lernen, bevor mich Gott als alten Mann die Wahrheit finden ließ". Vielmehr soll und kann eine durch diese Tagebuchedition angeregte kritische Auseinandersetzung mit Hermann Bahr vor allem zu einem tieferen historischen und literarischen Verständnis jenes geistigen Prozesses beitragen, der um die Jahrhundertwende in Wien, in Österreich, in Europa stattgefunden hat. Freilich mögen die nicht für eine Öffentlichkeit bestimmten Tagebuchnotizen indirekt auch zu einer intensiveren, vorteilsfreieren Beschäftigung mit der Persönlichkeit und mit dem weitgehend unbekannten Werk von Bahr führen; sie mögen vor allem durch die Kenntnis der intimen intellektuellen Gedankenwelt Hermann Bahrs seinen spezifischen Anteil an der „Wiener Moderne" verdeutlichen, der, wie er 1908 bekannte, stets ein sehr persönlicher gewesen sein mußte: „Ich habe gar nichts davon, wenn mich Tausende nennen. Zehn, die mich kennen, wie ich bin und was mein Wesen will, gelten mir mehr. Und alle gebe ich für einen einzigen hin, auf den ich wirken, dem ich helfen, den ich formen kann. Alle Kunst, alle Wissenschaft, der Anreiz zur Tat, zum Opfer, zu Behauptungen und Entsagung, der Sinn aller Schaffenden und Leidenden besteht doch darin allein, daß jeder von sich ein Zeichen geben will, wie er ist und was aus ihm eben diesen ganz einzigen und einmaligen Menschen macht, welches nun von der Menschheit aufbewahrt und an ihr verewigt werde. Wie aber einer ist und was ihn zu diesem ganz einzigen und einmaligen Menschen macht, das ist ein in unablässigen Enthüllungen unablässig von neuem wieder verborgenes Geheimnis unablässiger Verwandlungen."

Moritz Csáky

Einführung

Zum Begriff der Moderne

Die Moderne — Periode, Programm, Prinzip, doch vor allem: Bewegung — erstand zunächst nicht, wie vielfach angenommen, in Wien, sondern in der pulsierenden Hauptstadt des aufstrebenden Deutschen Reiches, Berlin. Sie scheint widerspruchsreich, zumindest beim ersten Hinsehen: eng mit Traditionen deutscher Kulturgeschichte verbunden, doch von europäischer Verbreitung, in großstädtischen Zirkeln diskutiert und auf Naturhaftigkeit gerichtet, von elitärem Charakter und dennoch im Gleichklang aufbrechender Massenbewegungen vibrierend, eine Revolution — auf konservativer Grundlage.

In Berlin also wurde die Moderne ausgerufen, jener aufbrechenden Metropole, die in diesen Jahren Hermann Bahr zu Gast hatte; einer Stadt von etwa eineinhalb Millionen Einwohnern, einer „Industriemonopole, deren Silhouette nicht von Kirchtürmen und Schloßkuppeln, sondern von rauchenden Fabrikschloten geprägt wurde, eine(r) Stadt der quirligen Menschenmengen vor den Bahnhöfen und in den großen Geschäftsstraßen wie einer hochmodernen Stadt- und Verkehrstechnik".[1] Freilich gab es analoge Zirkel in anderen mitteleuropäischen urbanen Zentren, etwa den seit den siebziger Jahren an der Wiener Universität wirkenden Lipiner-Kreis oder die Münchener Gruppe um die 1885 gegründete Zeitschrift *Die Gesellschaft*. Doch wurde das eigentliche Schlagwort der Zeit in den Sitzungen einer Berliner Vereinigung begründet, die sich im Jahre 1886 unter dem Titel *Durch!* konstituiert hatte.

Schon diese Bezeichnung verdeutlicht Grundmerkmale der Moderne: ihre Opposition zur Gegenwart sowie ihre zukunftsweisende Dynamik. „Wir wollen ein mächtiges Wach auf! in die Welt schreien" — so formulierte der von Zola und Nietzsche geprägte Schriftsteller Hermann Conradi die Empfindungen der aufbrechenden Generation.[2]

---

[1] Janos FUCOT, Literatur zwischen Betrieb und Einsamkeit. In: Berlin um 1900, Berlinische Galerie e.v. et al. (Hg.), Berlin 1984, 319—347, 320.

[2] Hermann CONRADI. Gesammelte Schriften. Hg. von Paul Szymank und Gustav Werner Peters, 3 Bände, München 1911, Bd. I, S. LXXII.

Hermann Bahr hatte während seiner Berliner Studienjahre die Möglichkeit, Verfechter der neuen Orientierung kennenzulernen: den Dichter Johannes Schlaf und den erfolgreichen Dramatiker Gerhart Hauptmann, die Brüder Heinrich und Julius Hart, Arno Holz schließlich, bekannt durch sein 1885 erschienenes *Buch der Zeit. Lieder eines Modernen*, dem Bahr dem legendären Café Bauer begegnet war.

Studiert man die Protokolle der Vereinigung *Durch!* oder Beiträge der ihr nahestehenden *Allgemeinen Deutschen Universitäts-Zeitung*, so wird der Einklang philosophischer, politischer, wissenschaftlicher Programmatik mit der künstlerischen deutlich. Die Moderne, vom Literaturhistoriker Eugen Wolff zunächst als „unser höchstes Kunstideal" bezeichnet, figurierte zugleich als „im Gegensatz zur Antike das moderne Ideal" schlechthin.[3] Nur in diesem, das Ästhetische einschließende, aber keineswegs darauf beschränkten Zusammenhang gewinnt der Modernebegriff Sinn.

Wenn Eugen Wolff die oppositionelle Stellung der Moderne zur Antike betonte, so stellte er keineswegs deren Bedeutung in Frage, sondern monierte deren Unfähigkeit, als wirkendes Regulativ gegenwärtiger Lebensverhältnisse aufzutreten. In dieser Hinsicht deckungsgleich argumentierte Hermann Bahrs wegweisender Aufsatz *Die Moderne* 1890. Beide Autoren bekannten sich ferner zu einer Auffassung, die seit den Tagen der Spätantike mit ihren Erscheinungen staatlichen und gesellschaftlichen Niedergangs jeweils der eigenen Epoche ein „symptomatisches Gewicht" beilegte.[4]

Die seitdem währenden Auseinandersetzungen der *antiqui* und *moderni*, die Kämpfe um eine *via antiqua* oder *via moderna* belegen die Debatte um die Wirkkraft oder den Verfall normativer Vorstellungen des Altertums. Den Verfall antiker Kultur — die sogenannte *Dekadenz* — hatte gegen Ende des 17. Jahrhunderts Boileau bezeichnet; er wurde im 18. Jahrhundert von Gibbon und Montesquieu festgestellt und diente Jean Jacques Rousseau als Voraussetzung seines philosophischen Grundmodells.

Die Vorkämpfer der Moderne sahen die Dekadenz der antiken Welt gerade in der eingetretenen Aufsplitterung von Kunst und Leben, die

---

[3] ( ), Literatur und Kunst. In: Allgemeine Deutsche Universitäts-Zeitung, Jg. 1, Nr. 1 (1.1.1887), S. 10 bzw. Eugen WOLFF, Die jüngste deutsche Literaturströmung und das Prinzip der Moderne. In: Literarische Volkshefte, Nr. 5 (1888), 44—47, 44.

[4] Fritz MARTINI, Modern. Die Moderne. In: Reallexikon der deutschen Literaturgeschichte, hg. von Paul Merker und Wolfgang Stammler, Bd. 2, Berlin 1965, 391—154, 391.

einerseits zur Auflösung der gestalterischen Kräfte in der Kunst, andererseits zum Sinnverlust des menschlichen Daseins führen mußte. Diese Entgegensetzung von Kunst und Leben bestimmte die erfahrene Gegenwart: Kindheit und Jugend der Aufbruchgeneration waren geprägt von der Empfindung tiefer Zerfahrenheit, die ihren unmittelbaren Ausdruck in der Scheinwirklichkeit des Liberalismus fand.

In einer Tagebucheintragung vom 8. Juli 1895 bezeichnete Hugo von Hofmannsthal den Ungeist der vorausgegangenen Jahrzehnte: „Kein Gegenwartssinn, Verlogenheit, resultiert zumeist aus dem fortgesetzten ehrerbietigen Gebrauch von Begriffen, denen eine lebendige Achtung versagt ist. Eine entmutigende Literatur. 1860—1890. In Frankreich zersetzend, in Deutschland formal konservativ, durchaus halbwahr, demoralisierend, in England zu scharfes Auseinandergehen, paradox und verdorben."[5]

Diesem verderblichen Auseinanderklaffen will die Moderne ein Ende bereiten. Kunst und Leben, Traum und Wachen, Geist und Körper, Kultur und Natur, alle zerrissenen Polaritäten der Welt, will sie auf ihre organische Beziehung zurückführen.

Freilich setzte dies die Aushöhlung des Individualismus voraus, wie sie Hermann Bahr entschieden konstatierte. Im *Kunstwart* vom August 1899 formulierte Samuel Lublinski als „lösende Formel für alle Weltanschauungsbedürfnisse der Gegenwart" die „engste Wechselwirkung zwischen Masse und Individuum und die strengste Gebundenheit beider an das Naturgesetz."[6] Dieses Verlangen nach Synthese, nach Ganzheitlichkeit menschlicher Existenz verweist die Moderne über die europäische Gegenwart in unsere Zukunft. Umgekehrt findet ihr sensibler historischer Sinn ein weites Feld der Vorbereitung. Was das 19. Jahrhundert angeht, so sei auf den (jungdeutschen) Realismus, das Biedermeier und die Romantik verwiesen. Alle drei Begriffe erlangen um 1900 neue Aktualität; und dies gerade in Hinblick auf eine gemeinsame, in die Geistesgeschichte der Aufklärung reichende Wurzel: die Thematisierung des „natürlichen Menschen" Jean Jacques Rousseaus. Diese Wiederaufnahme der Anfänge wird erst möglich durch das hohe Niveau technisch-industrieller Denaturierung sowie die damit verbundene Beschaffenheit der Gesamtkultur.

---

[5] Hugo von HOFMANNSTHAL, Tagebucheintragung vom 8.7.1895. In: ders., Gesammelte Werke in Einzelausgaben, hg. von Herbert Steiner, Reden und Aufsätze III 1925—1929, Buch der Freunde, Aufzeichnungen 1889—1929, Frankfurt 1980, 403.

[6] Samuel LUBLINSKI, Moderne Weltanschauung und geschichtliche Dichtung. In: Der Kunstwart, 12. Jg., H. 21 (August 1899), 273—282, 281.

So meint der jungdeutsche Literaturhistoriker Theodor Mundt in seinen *Modernen Lebenswirren*, daß er das Wiedererstehen seines „alten Deutschen Adam nur in den jetzigen Zeitinteressen finden" könne.[7] Ähnlich äußerten sich Karl Gutzkow in seinem Aufsatz *Die Mode und das Moderne* (1836) und Friedrich Theodor Vischer in seiner um die Jahrhundertmitte verfaßten *Ästhetik*.

Mit dem Auflodern der nicht zuletzt von den Jungdeutschen inspirierten politischen Massenbewegung in den neunziger Jahren des vergangenen Jahrhunderts korrespondierte die Wiederentdeckung der Biedermeierkultur, die in Wien zudem der Suche nach einer österreichischen Identität entgegenzukommen schien. So verwundert nicht der große Erfolg der 1896 zur 80. Wiederkehr des Wiener Kongresses veranstalteten Jubiläumsausstellung oder der im darauf folgenden Jahr durchgeführten Schubert-Ausstellung, auf der unter anderem Kunstwerke von Leopold Kupelwieser, Josef Danhauser und Moritz von Schwind gezeigt wurden. Ludwig Hevesi, für den Waldmüller der erste Wiener Secessionist war, beschrieb 1901 die Zielsetzungen dieser Rückbesinnung: „Biedermeier ist tot, aber seine gesunden Grundsätze sind lebendig, denn sie haben schon vor ihm gelebt und gewirkt. Dreifache Echtheit: Zweckecht, stoffecht, zeitecht, und dazu das tüchtigste Handwerk. Damit ist die ganze Zukunft garantiert."[8]

Dem grundlegenden Einfluß biedermeierlicher Innerlichkeit und Selbstbesinnung auf Kunst und Lebensstil der Moderne stellt sich die Romantik zur Seite. August Wilhelm Schlegel, der schon um 1800 die beiden Begriffe „modern" und „romantisch" zur Deckung brachte, betonte in seinen Vorlesungen *Über dramatische Kunst und Literatur* den idealistischen Hang des „modernen Kunstprinzips": „Die Poesie der Alten war die des Besitzes, die unsrige ist die der Sehnsucht."[9] Dieses Bestreben, sich aus den Beschränktheiten bürgerlichen Daseins zu befreien, verleiht der Moderne ihre suchende Kraft, die Kraft des Sichunterscheidens vom Bestehenden: die Kraft der visionären Ausformung des Mythos aus dem Archaischen. Richard Wagners Kunstwerke haben daher in ihrer historischen Gestaltungsfähigkeit wohl den nachhaltigsten Einfluß auf die Moderne ausgeübt.[10]

---

[7] Theodor MUNDT, Moderne Lebenswirren. Briefe und Zeitabenteuer eines Salzschreibers, Leipzig 1834.

[8] Ludwig HEVESI, Biedermeier und Komp. In: ders., Altkunst — Neukunst. Wien 1894—1908, Wien 1909, 188—192, 1909.

[9] August Wilhelm SCHLEGEL, Über dramatische Kunst und Literatur. Vorlesungen. Heidelberg 1809, I. Teil, 1. Vorlesung, 24.

[10] Vgl. die Hochschätzung WAGNERS etwa bei Max MESSER, Die moderne Seele. In: Die Zeit, Bd. XV, Nr. 185 (16.4.1898), 43—44; bzw. ders., Die moderne Seele, Leipzig 1899.

Zunächst und unmittelbar den Fragestellungen der heraufdämmernden Moderne verbunden ist der geniale Philosoph Friedrich Nietzsche, dessen Einfluß auf die Neuerergenerationen nach der Jahrhundertwende schwerlich unterschätzt werden kann. Sein Vorschlag, in der „Wiederherstellung der Natur" das Grundprinzip moderner Wertsetzung zu erkennen, seine Visionen eines neuen Menschen, dessen Herausbildung mit dieser Dynamik verbunden sei, verkörperten sich im Aufbruch künstlerischer Kreise wie sozialer und politischer Massenbewegungen, deren Wirken noch unserer Gegenwart Hoffnung verleiht.[11]

Zwischen Kunst und Natur

„Man ist einigermaßen übersättigt von Induktion: man dürstet nach Synthese; die Tage der Objektivität neigen sich wieder einmal zu Ende und die Subjektivität klopft dafür an die Türe. Man wendet sich zur Kunst!" So schilderte der holsteinische Schriftsteller Julius Langbehn im Jahre 1890 die Wendung zur Moderne.[12]

Langbehns Schrift *Rembrandt als Erzieher* konnte, nach den Worten von Samuel Lublinski, einen „ungeheuren Augenblickserfolg" verzeichnen.[13] Die von Hermann Bahr mitgestaltete Literaturzeitschrift *Moderne Dichtung* befand, daß der Rembrandtdeutsche eben „zur rechten Zeit auf die Welt" gekommen sei; gerade in den künstlerischen und politischen Neuererkreisen der Donaumonarchie glaubte man, Langbehns Ruf zu verstehen.[14]

Hermann Bahr hatte damals seine Wende zu Kunst und Kunstkritik bereits vollzogen. Hier war, so wußte er, die vom grassierenden Materialismus verschüttete Persönlichkeit zu verspüren, wiederzugewinnen. Die sozialdemokratische Bewegung, der sich der junge Schriftsteller einige Jahre nahe wußte, hatte nur zur Verbreitung von Hedonismus und Selbstentfremdung in der Arbeiterschaft beigetragen; die

---

[11] Friedrich NIETZSCHE, Der Wille zur Macht. Drittes Buch. Die Selbstüberwindung des Nihilismus. In: ders., Werke in vier Bänden, Salzburg 1980, Bd. II, 283.

[12] Julius LANGBEHN, Rembrand als Erzieher. Von einem Deutschen, Leipzig 1890, 2.

[13] Samuel LUBLINSKI, Die Bilanz der Moderne, Berlin 1904, 43.

[14] Rudolf FISCHER, Rembrandt als Erzieher. In: Moderne Dichtung, Bd. II, H. 3 (1.9.1890), 580—582, 580.

Lehre Marxens war zum Instrument einer Clique verkommen, die Bahr
mit seiner Anklage auf „Verfall und Selbstzersetzung" konfrontierte.[15]
    So war der junge Schriftsteller vom politischen Agitator zum
Förderer und Kritiker der neuen Kunst geworden, die nun seine
Ansprüche auf Veränderung des Lebens erfüllen sollte. Dazu war sie aus
ihrer Erstarrung — als dekorative Legitimation der Geldmacht oder
ohnmächtige dokumentarische Anklage — zu lösen, der sinnliche
Charakter des Artefakts wahrzunehmen. 1893 schrieb der Freund
Hofmannsthal, modern sei „die instinktmäßige, fast somnabule Hingabe an jede Offenbarung des Schönen, an einen Farbenaccord, eine
funkelnde Metapher, eine wundervolle Allegorie".[16]
    Die hohe Wertschätzung des Kunstgenusses erklärt sich gerade
daraus, daß er untrennbar mit Naturempfindung verbunden war und
aus dieser Verbindung heraus Schlüssel sowohl zu neuer Welterkenntnis
als auch zu intensiverem Lebensgefühl wurde.[17] Der Künstler mußte der
Versuchung widerstehen, den ästhetischen Bereich als Ersatzwirklich-
keit auszuschmücken — wie Bahr dies etwa Oscar Wilde vorwarf —
oder sich gar dem Glauben an die Abgeschlossenheit seines Werkes
hinzugeben. In seinem der Décadence gewidmeten Beitrag, den Hermann Bahr 1894 für die eben gegründete *Zeit* schrieb, warnte er vor der
Gefahr, „daß die Seele, wenn man ihr die sinnliche Welt nimmt, nur
noch eitle Schatten, nichtige Schatten ohne Blut hat, wankende
Erinnerungen und Citate aus verstorbenen Künsten".[18]
    Auf diesem Wege gelangte Bahr zu einer ganzheitlichen Anschau-
ung der Welt, wie sie sich aus philosophischen, wissenschaftlichen und
ästhetischen Theorien herausgebildet hatte. Schon während seiner

---

[15] Hermann BAHR, Die Epigonen des Marxismus. In: ders., Die Überwindung
des Naturalismus. Als zweite Reihe von „Zur Kritik der Moderne", Dresden
1891, 80—87, 80. „Ich bin von einer Partei zur anderen gegangen, weil ich
immer die Betrachtung der Angelegenheit sub specie aeterni suchte und
immer dafür nur die beschränkten Tagessorgen fand. Das ist nun auch bei
den Sozialisten nicht anders: Freilich steht außen Freiheit, Gleichheit und
Menschenwürde — aber drinnen handelt sich's doch um nichts anderes als
um die Arbeitszeit der Bäcker oder den Arbeitslohn der Schmiede — nicht
um die Revolutionierung des Menschengeistes, von der Ibsen träumt,
sondern um die Sorge für den lieben Menschenleib." (Brief an Alois Bahr
vom 29.9.1888. In: Adalbert SCHMIDT, Hermann Bahr. Briefwechsel mit
seinem Vater, Wien 1971, 197).

[16] Hugo von HOFMANNSTHAL, Gabriele d'Annunzio. In: Frankfurter Zeitung,
37. Jg., Nr. 219, Erstes Morgenblatt (9.8.1893), 1—3, 1.

[17] Vgl. etwa Alfred BIESE, Kunst- und Naturgenuß. In: Der Kunstwart, 2. Jg.,
Nr. 15 (1889), 225—227.

[18] Hermann BAHR, Décadence. In: ders., Renaissance. Neue Studien zur Kritik
der Moderne, Berlin 1897, 10.

Berliner Studienjahre setzte er sich mit dem von Schopenhauer beeinflußten Erkenntnistheoretiker Eduard von Hartmann (1842—1906)
auseinander.[19] Hartmann, der sich auf die psychologischen Forschungen von Lotze und Fechner, Helmholtz und Wundt bezog, hatte auf die
Kraft des Unbewußten verwiesen, das er der Welt verband. Um den
Erweis der Einheit von Seele und Natur war es auch dem Biologen Ernst
Haeckel (1834—1919) zu tun, dessen Buch *Die Welträtsel* bis 1914 in
300 000 Exemplaren verbreitet war und dessen *Kunstformen der Natur*
Bahr begeistert las. Die von Haeckel beschriebenen Lebensformen
waren für den Schriftsteller Hinweise auf die Urgründe des Seins wie das
Geheimnis künstlerischer Darstellung.[20]

In seinem *Dialog vom Tragischen* faßte der Autor Grundlagen dieser
Sichtweise — unter Hinweis auf Ernst Machs *Analyse der Empfindungen*
— anschaulich zusammen: „Alle Trennungen sind hier aufgehoben, das
Physikalische und das Psychologische rinnt zusammen, Element und
Empfindung sind eins, das Ich löst sich auf und alles ist nur eine ewige
Flut, die hier zu stocken scheint, dort eiliger fließt, alles ist nur
Bewegung von Farben, Tönen, Wärmen, Drücken, Räumen und Zeiten,
die auf der anderen Seite, bei uns herüben, als Stimmungen, Gefühle
und Willen erscheinen."[21]

Diese Haltung — die mit den Begriffen Monismus, Sensualismus
oder Impressionismus umschrieben wurde — hat Bahr bereits in den
späten achtziger Jahren des vergangenen Jahrhunderts ausgebildet; sie
erschien ihm als eine Lösung, um die romantischen Projektionen
aufzulösen und zum anderen ein ausschließlich materialistisch interpre-
tiertes Sein dem Denken, der Psyche zu verbinden.[22] Aus dieser
Einstellung ergaben sich zwar neuartige persönliche und gesellschaftliche Perspektiven, doch auch tiefgreifende Unsicherheiten der Hand-
lungsorientierung, die Bahr für seinen Teil durch die Konversion zum
Katholizismus auflöste — ein Schritt, der formal mit der Eheschließung

---

[19] Vgl. Hermann BAHR, Erkenntnistheoretische Forschungen. In: Deutsche
Worte, 7. Jg (April 1887), 158—164.

[20] „Maler, herbei! Dichter, herbei! Hier sind eure Geheimnisse. Hier hat sich mir
das Geheimnis der Form gelöst." (Hermann BAHR, Lektüre. In: ders., Buch
der Jugend, Wien 1908, 113—120, 118).

[21] Hermann BAHR, Philosophie des Impressionismus. In: ders., Dialog vom
Tragischen (Essays), Berlin 1904, 102—115, 113.

[22] Bahr erklärte über diese neue Phase des Geistes: „Er verläßt das Sein; Mit dem
Materialismus, mit dem Naturalismus ists aus. Aber er flüchtet nicht in das
Ich zurück; er wird die alte Romantik nicht wiederholen. Sondern in das
Werden des Seins zum Ich hinüber, in den Prozeß vom Wirklichen zum
Denken hin, wo er nicht mehr draußen und noch nicht drinnen ist — da will er
eindringen." (Hermann BAHR, Das kritische Wolbehagen. In: Magazin für
Litteratur/Dramaturgische Blätter, Jg. 60 (4.7.1891), 421—424, 423).

mit Anna von Mildenburg verbunden war (1909), von seiner inneren
Wirkung her erst um das Kriegsjahr 1916 sichtbar wurde. Damals
distanzierte sich der Schriftsteller im Jahrbuch der österreichischen Leo-
Gesellschaft von seiner monistischen Anschauung, die ihm letztlich
doch ausschließlich auf „Leibeslust und Leibesleid" bezogen schien.[23]

Drei Wege zur Ganzheit

Vollzieht man die innere Wesensgeschichte Hermann Bahrs nach, so
nimmt man zunächst einen Weg der Abkehr von seiner bürgerlichen
Herkunftswelt wahr, einen Weg, der den Künstler aus den durchschau-
ten Halbheiten, Verdrängungen und Verlogenheiten der bestehenden
Kultur retten sollte. Diesen Weg der Verinnerlichung und Distanzie-
rung vor einer dem Verfall preisgegebenen Gesellschaft sah Bahr bei
vielen seiner schöpferischen Zeitgenossen; ihn zu beschreiten, schien
ihm geradezu die Voraussetzung modernen Künstlertums. „Frei und
einsam muss er darum werden, wenn er wahr werden will", erklärte der
Schriftsteller 1892 am Modell seiner französischen Parallelerscheinung,
Maurice Barrès.[24]

Doch in dieser psychischen Opposition, der Verhaftung ans Negative, drohte Erstarrung. Wer sein innerstes Wesen, wer die Rätsel der Welt
entdecken wollte, mußte sich erneut öffnen: „Freilich geschieht an dem
einsamen, freien und erleuchteten Ich, wenn seine ganze Fülle gehoben
ist, am Ende ein seltsames Wunder. Es findet im Kerne seines befreiten
Lebens ein anderes Leben versteckt. Es fühlt sich auf einmal als Theil
und verbunden. Es fühlt, wenn es ganz für sich ist, dass es Nichts für sich
ist, sondern einer ewigen fremden Kraft gehört. Es fühlt, daß es nur als
un instant d'une chose immortelle gilt und fühlt sich gleich und eins mit
Allen."[25]

Ein Künstler, der diese sich eröffnende Lebenswirklichkeit aus-
grenzte, mußte — so glaubte Bahr — schwerwiegende persönliche und
ästhetische Folgen auf sich nehmen. Nicht ohne Grund wählte er den
Schriftsteller Sacher-Masoch als negatives Beispiel, um die Auffassung
zu belegen, daß wahre Künstler „sich zum Ganzen wenden und mit
ihren Kräften dem Allgemeinen dienen wollen".[26] Auch im unter dem

---

[23] Hermann BAHR, Vernunft und Wissenschaft. Sonderabdruck aus der „Kultur". Jahrbuch der österreichischen Leo-Gesellschaft, Wien — München
1917, 40.
[24] Hermann BAHR, Maurice Barrès. In: ders., Studien zur Kritik der Moderne,
Frankfurt 1894, 162—177, 164.
[25] Ebenda.
[26] Hermann BAHR, Sacher-Masoch. In: ders., Renaissance, 103—107, 105.

Eindruck der Griechenland-Reise verfaßten *Dialog vom Marsyas* (1904) verurteilte Bahr ein dem Leben entfremdetes Künstlertum. In seiner Anna Mildenburg gewidmeten *Inventur* (1912) forderte der Autor erneut die „Vollendung eines jeden durch die Erlösung von sich selbst, durch Hingebung seiner selbst, die Entdeckung des Menschen durch Entselbstung".[27]

Drei Möglichkeiten erschlossen sich dieser Suche nach Entgrenzung, nach Verbindung mit dem Ganzen, der Allnatur. Zunächst und unmittelbar war es Aufgabe des Einzelnen, sowohl zu einer Integration des Unbewußten zu gelangen als auch körperliche Schönheit und Kraft mit geistiger zu verbinden. Auf einer weiteren Ebene sollte die Trennung der Menschen voneinander überwunden werden, mußte die individualistische Verkapselung des Menschen aufgehoben, seine Fähigkeiten der Gemeinschaft vermittelt werden, sei es nun in Gemeinde, Staat und Nation oder im Sinne des von Nietzsche proklamierten Europäertums. Schließlich war jede Persönlichkeit, mit allen Fasern ihres Seins von der Natur bedingt, in ihrem Zusammenhang mit Pflanzen, Tieren, der Erde, dem pantheistisch interpretierten Universalen zu sehen.

Die Integration des Menschen selbst, das Bewußtmachen und freudige Erweitern der Verbindung von Körper, Geist und Seele, von Psychischem und Physischen, hat Bahr leidenschaftlich verfochten. Vielfach problematisierte er den *homo duplex*, das Zerfallensein des Einzelnen in sich ebenso wie die verheerende Auswirkung von Verdrängung grundlegender Bestrebungen, Begierden oder Wünsche. Dabei stützte sich der Schriftsteller auf die von Max Dessoir, Pierre Jouet, Theodule Ribot und Sigmund Freud veröffentlichten Erkenntnisse, er studierte die Lehre Schopenhauers vom Unbewußten und erkannte aus den Werken Richard Wagners die tiefe Wahrheit der Nacht- und Traumseite menschlicher Existenz.

Nicht nur die verleugneten psychischen Regungen sollten zutage gefördert und zu positiven Elementen der Humanität gefügt werden, sondern auch der von einer verbohrten Verstandeskultur vernachlässigte Körper mußte wahrgenommen und ausgebildet werden. Schönheitspflege und rege sportliche Betätigung waren notwendig, um den modernen Menschen einen Schritt zu ersehnten „hellenischen Harmonie" zu bringen (wie Eugen Lammer in Bahrs *Zeit* verlangte).[28] In einem der Bedeutung des Fechtens gewidmeten Aufsatz erklärte der als ehemaliger Burschenschaftler degenkundige Bahr, es sei Aufgabe einer neuen Renaissance, „in einer prachtvollen Bestie die schönste Seele" zu erreichen.[29]

---

[27] Hermann BAHR, Inventur der Zeit. In: ders., Inventur, Berlin 1912, 9—21, 21.

[28] Eugen LAMMER, Der Bergsport. In: Die Zeit, Bd. VII, Nr. 95 (25.7.1896), 56.

[29] Hermann BAHR, Fechten. In: ders., Bildung, Berlin 1900, 53—59, 58.

Ganzheit bedeutete auch, die zertrennten, durch den Liberalismus atomisierten Teile der Gesellschaft wieder aneinanderzufügen. Erst in Geist und Kultur der Gemeinschaft konnte sich der Einzelne erfahren und entfalten. Vinzenz Chiavacci beschreibt in seiner Utopie *Der Weltuntergang* die Vision eines derartigen Zustandes auf den Planeten Mars verlagert, von der Bahr in einer Rezension meinte, sie begleite ihn „wie ein weißer Engel".[30] Im *Dialog vom Laster* vermochte der Schriftsteller auch eine geschichtsphilosophische Begründung seiner Perspektiven zu geben. Bahr ging vom sozialen Leben des „Urmenschen" aus — wobei er sich gegen Rousseaus Individualismus wandte — und forderte, den verlorenen Gemeinschaftscharakter der Menschen wiederherzustellen. Auch hierin waren ihm Renaissance und Antike Vorbild.

Das seiner Meinung nach zum Untergang verurteilte alte Österreich war dem Schriftsteller ein „Modell des neuen Europa", wie er in einem Artikel seiner Sammlung *Schwarzgelb* (1917) erklärte.[31] In einem in derselben Publikation enthaltenen Beitrag, den *Ideen von 1914* gewidmet, entdeckte Bahr im Kriegserlebnis jenes Amalgam, das diese neue, von deutscher Kultur geprägte europäische Völkerassoziation verwirklichen sollte.[32]

Den dritten Pfeiler seines Engagements bildete Bahrs Verbreitung eines pantheistischen Diesseitskults; einer Weltanschauung, die bereits von Heinrich Heine als geheime Religion Deutschlands bezeichnet worden war. Hermann Bahr bezog aus zahlreichen Quellen Anregungen für seine Haltung — aus dem Positivismus Comtes, der buddhistisch inspirierten Philosophie Schopenhauers, von Walt Whitman, Wilhelm Bölsche, Ernst Haeckel, nicht zuletzt von Friedrich Nietzsche, dessen *Antichrist* gegen die Entheiligung der Natur zu Felde zog.

Bahr verfocht anstelle eines instrumentellen einen der Natur verbundenen Gottesbegriff. In seinem 1908 veröffentlichten *Buch der Jugend* beschwor er ein dionysisches Wesen, das „in den Geschöpfen treibt, in sie zerstückelt, mit ihnen vereint, mit allem, was war und ist und wird, durch das Wunder einer über alle Zeiten rauschenden Hochzeit ewig eins."[33] Eine derart vergöttlichte Natur war Kraft- und Lebensquell des Menschen, sie wurde zum entscheidenden Leitbild der modernen Kunst.

---

[30] Hermann BAHR, Der Weltuntergang. In: Die Zeit, Bd. XI, Nr. 138 (22.5.1897), 124—125, 125.
[31] Hermann BAHR, Deutschland und Österreich. In: ders., Schwarzgelb, Berlin 1917, 9—29, 18.
[32] Vgl. Hermann BAHR, Die „Ideen von 1914". In: ders., Schwarzgelb, 131—168.
[33] Hermann BAHR, Zwecklos. In: ders., Buch der Jugend, Wien 1908, 136—141, 136 f.

Tagebücher als Lebenszeugnisse

Nicht wenige der veröffentlichten Selbstzeugnisse Hermann Bahrs betreiben ein Verwirrspiel mit Tatsachen und Tendenzen seines Lebens. Zweifellos dienen sie auch wirkungsvoller Selbstinszenierung oder in späterer Zeit auch dem Ziel, eingenommene Positionen als von der „Stimme der Ewigkeit" diktiert darzustellen.[34] Insbesondere nach seiner Konversion zum Katholizismus war der Schriftsteller bemüht, einige Seiten seiner Lebensgeschichte neu zu interpretieren, den Zeitpunkt seiner Bekehrung vorzudatieren sowie sein ganzes Leben einer eigentümlichen Einheit zu unterstellen, die in seiner von „Urvätern ererbten Haut" begründet sei.[35]

Gelangt der Leser dieser autobiographischen Skizzen so zu einem allzu statischen Bild, so verweisen ihn andere Stimmen völlig zu Unrecht auf die angeblich unausgesetzte Wandlungskraft des Schriftstellers und denunzieren Bahr als „Verwandlungskünstler" oder „Charakterathleten".[36] Kein Zweifel, daß eine derartige Unterstellung, wie sie sinngemäß von Karl Kraus vorgebracht wurde, die von Bahr propagierte Moderne treffen soll. Um Klarheit zu schaffen, tut ein detailliertes Studium der unveröffentlichten Briefe, Tagebücher und literarischen Entwürfe des Autors not, das bislang verabsäumt wurde. Die vorliegende Tagebuchauswahl soll die Grundlagen einer wirkungsvollen Korrektur und Präzisierung des Bildes Hermann Bahrs, seiner Mitstreiter und Gegner, schaffen. Ferner möchte sie über die persönlichen Lebenszusammenhänge ein authentisches Panorama der aufbrechenden Moderne vermitteln.

Der gewählte Zeitraum (1888—1904) umfaßt zum einen den Höhepunkt des öffentlichen Wirken des Schriftstellers und Kritikers, zum anderen eine Periode, in welcher entscheidende moderne Grundlagen in Politik und Moral, Kunst und Philosophie getragen wurden. Erkennbar wird sowohl der Durchbruch, den die Kreise um Hermann Bahr erzielen konnten, das Ausmaß der ausgelösten Erschütterung traditioneller Kräfte und Normen, als auch ein Bild jener Gruppen, die

---

[34] Hermann BAHR, Selbstinventur. In: ders., Inventur, Berlin 1912, 136 ff., 146.

[35] Hermann BAHR, Die Gesellschaft Jesu. In: Labyrinth der Gegenwart, Hildesheim 1929, 170—176, 170.

[36] Vgl. Donald G. DAVIAU, The misconception of Hermann Bahr as a „Verwandlungskünstler". In: German Life and Letters, XI (April 1958), 182—192. Anläßlich einer Aufführung von BAHRS Theaterstück „Die tiefe Natur" (1907) bezeichnete das Mitteilungsblatt des Wiener Ensembletheaters am Petersplatz den Autor zum „Charakterathleten". BAHR sei ein „Dandy der Moderne, der seinen Geist wechselte wie andere ihre Hemden" (Nr. 11, 1984, 9).

gegen die moderne Kunst und Lebensanschauung auf den Plan traten. Aus den Tagebuchblättern entstehen die Konturen des Zusammenwirkens von ästhetischen, sozialen und politischen Tendenzen, von Einzelpersonen und Massenbewegungen, bei der versuchten Umgestaltung als überholt betrachteter Erscheinungen und dem Kampf für ein neuartiges, ganzheitliches Menschenbild.

Die Veröffentlichung setzt an der Wende zu den neunziger Jahren des vergangenen Jahrhunderts ein, als Bahr nach gescheiterten Universitätsstudien und der Absolvierung seines Militärdienstes einen mehrmonatigen Aufenthalt in der französischen Hauptstadt antrat. Die Texte zeigen die Reflexion der anschließenden Reise durch Frankreich und Spanien in einigen Seiten des unveröffentlichten Romanmanuskriptes *Das Spanische Buch*, beleuchten kurz die Wiederaufnahme journalistischer Tätigkeit auf Berliner Boden (1890) und den Beginn des zahlreiche Gebiete des kulturellen Lebens berührenden Engagements in Wien — unterbrochen durch die Schilderung von Reisen, die den Autor unter anderem nach Italien und Griechenland führten.

Im Lichte der Aufnahme französischer Kunst und Lebenswelt ging Bahr daran, die Herausbildung von Modernität zu beobachten und zu propagieren, wie seine in den neunziger Jahren erschienenen Essaysammlungen anschaulich belegen.[37] Bahr hat damals die Konzeption seiner Jugendjahre keineswegs aufgegeben, sondern lediglich auf die Ebene der kulturpolitischen Auseinandersetzung verlagert. Zu seinen Mitstreitern suchte er zunächst die Jung-Wiener-Schriftsteller — wie Hofmannsthal, Beer-Hofmann, Schnitzler oder Andrian zu formieren, trachtete dann über personelle und inhaltliche Einflußnahme in den Wiener Theatern Fuß zu fassen, nahm schließlich Kontakt mit Vertretern der Architektur und bildenden Kunst auf und stellte in den Jahren 1903 und 1904 das musikalische Gesamtkunstwerk in den Mittelpunkt seiner Neuerungsabsichten.

Hermann Bahr hat nicht nur die Werke seiner schöpferischen Zeitgenossen in den Dienst der von ihm vertretenen Weltauffassung genommen, sondern diesen — als Vermittler zum Publikum — auch organisatorische und publizistische Hilfestellung erteilt. Auch in der Entstehungsphase bedeutender Kunstwerke — etwa der Dramen Hugo von Hofmannsthals — wirkte der Schriftsteller inspirierend und prägte durch seine große Imaginationskraft und das richtige Abschätzen von sprachlichen Ausdrucksmöglichkeiten die Werkausführung mit.

Mit der zunehmenden Kritik an der Wiener Moderne in der Zeit nach 1900 suchte Bahr die Stätte seines Wirkens auszulagern. Gemeinsam mit Joseph Maria Olbrich, der auch das Ober-St. Veiter Häuschen des Autors entworfen hatte, suchte er Darmstadt, gemeinsam mit dem

---

[37] Vgl. Werkverzeichnis.

befreundeten Max Reinhardt Weimar oder Salzburg zur neuen Hauptstadt seiner Umwälzungsversuche zu machen. Zugleich vertiefte er seine revolutionären Konzepte — etwa im unveröffentlichten *Dialog vom Laster* und suchte in antiken Begriffen und Mythen die Veränderung der Gegenwart auszudrücken: Zur Kennzeichnung der verabscheuten bürgerlich-liberalen Ordnung entlehnte Bahr aus Freuds und Breuers Hypothesen den Begriff der Hysterie, während die Feier der Ekstase, der dionysischen Allverschmelzung zum positiven Ausdruck seiner Weltanschauung wurde.

In der Verteidigung der angefeindeten Werke Klimts und Schnitzlers führte Hermann Bahr seine verbissenen Angriffe gegen die politische Ordnung und das geistige Klima Österreichs weiter. Insbesondere die Vorarbeiten zum gelungenen Theaterstück *Sanna*, welche in der vorliegenden Auswahl berücksichtigt wurden, sind Ausdruck der Abrechnung mit Gestalten und Erscheinungen der k. u. k. Welt wie der Ausruf nach Befreiung einer durch sie gehemmten Persönlichkeitsentfaltung.

Die Tagebuchedition sucht auch das seelische und körperliche Befinden des Autors zum Ausdruck zu bringen, zeichnet ein getreues Bild jener schweren und tiefgreifenden Belastungen, welche den Dichter an den Rand des Todes führten. Sie endet mit der erlösenden Begegnung Bahrs mit der gefeierten Wagnersängerin Anna von Mildenburg, die, wenige Jahre später, seine Frau wurde. Die Aufzeichnungen Hermann Bahrs erschließen dem Leser nicht nur die Persönlichkeit eines unterschätzten, ja verfemten Journalisten, Schriftstellers, kulturellen Vermittlers und Organisators, zeigen nicht nur die Triebkräfte seines bis an die Grenzen psychischer und physischer Leistungsfähigkeit reichenden Einsatzes.

Sie sind zweifellos auch eine Möglichkeit, um, unbeirrt von zahllosen einseitigen Sekundärbeurteilungen zum wahren und uneingelösten Anliegen der Moderne vorzustoßen, das auch für den Leser Bedeutung haben mag.

Einleitung:

Die Grundlagen der Moderne

Während der Studienjahre Hermann Bahrs haben sich die Grundlagen der späteren Lebens- und Weltauffassung des Schriftstellers herausgebildet. Jene Zeit mag — unter dem Gesichtspunkt äußerer Tätigkeit — als eigenständige Phase betrachtet werden, sie ist es jedoch keineswegs in bezug auf die inhaltliche Ausrichtung der Kritik und des Engagements.

Nicht von „Untergangsstimmung", wie unter anderem von Bruno Kreisky behauptet wird, war die Lebenstätigkeit des jungen Mannes erfüllt, sondern von nationalistisch und sozialistisch geprägter Aufbruchshoffnung.[1] Auf den Trümmern des Habsburgerstaates, nach Überwindung seiner tragenden Ideologien, des Liberalismus und Katholizismus, sollte eine neue Gemeinschaft entstehen, die sich sowohl „urewigen Zielen der Menschheit" als auch vorchristlich-germanischer Tradition verbunden fühlen sollte. Als Vorkämpfer dieser Gemeinschaft empfand Hermann Bahr die studentischen Burschenschaften, deren Geschichte er in einem (nur bruchstückhaft) in den frühen achtziger Jahren ausgeführten Rückblick feierte.[2]

Nachdem Bahr im Oktober 1881 an der Universität Wien sein Studium der Klassischen Philologie und Philosophie und später der Rechtswissenschaften aufgenommen hatte, betätigte er sich schon bald als „Kneipschwanz" bei der alldeutschen Burschenschaft „Albia". Nach einer provokanten Rede beim Trauerkommers, den die Burschenschaften im Wiener Sophiensaal anläßlich des Todes Richard Wagners veranstalteten, wurde der Student relegiert. Von einer Verletzung genesen, die er von einem aus dem Auftritt resultierenden Säbelduell davongetragen hatte, suchte Bahr im April 1883 das Studium an der Grazer Universität aufzunehmen, versäumte jedoch die Immatrikulationsfrist und wurde von dem erbosten Vater, dem liberalen Rechtsan-

---

[1] Bruno KREISKY, Zwischen den Zeiten, Berlin 1986, 48.

[2] Hermann BAHR, Die erste deutsche Burschenschaft. Ein Stück deutscher Geistes- und Sittengeschichte. 1815—1819. ABaM (Prosa-Manuskripte) 95 (o.D., vmtl. 1884/86), o.S., Th.

walt Dr. Alois Bahr, zu einem Sommeraufenthalt in Steinkogl bei
Ebensee bestimmt. Ab Oktober studierte Hermann auf väterlichen
Wunsch auf der Deutschen Universität in Czernowitz, das ihm „die
Stadt des Schmutzes, des Betruges und der Unzucht" schien, wie er
verbittert in einem seiner wöchentlichen Berichte an Alois Bahr schrieb.[3]

Aus dieser unangenehmen Umgebung wurde der Student erst durch
die erneute Verfolgung seitens der Universitätsbehörden befreit, die
zwei Monate vor Abschluß des Sommersemesters 1884 — unter
Anrechnung der Lehrveranstaltungen — sein Ausscheiden erzwangen.
Ende April reiste Bahr über Prag nach Berlin, um an der dortigen
Friedrich Wilhelms-Universität nationalökonomische Studien aufzunehmen. Die Kenntnis wirtschaftlicher und gesellschaftlicher Zusam-
menhänge schien ihm eine „Alchemie der Zukunft" zu ermöglichen, so
meinte er 1923 in der Retrospektive.[4] Daher und aus den politischen
Vorlieben des jungen Mannes — Bahr war damals 21 Jahre — ist die
Orientierung auf Zusammenarbeit mit einem bedeutenden konservativen Sozialreformer verständlich: dem Professor für Nationalökonomie
und Präsidenten des Evangelisch-Sozialen Vereins, Adolf Wagner
(1835—1917).

Am 18. Mai stattete Hermann Bahr diesem Berater Bismarcks
seinen Antrittsbesuch ab, vertiefte sich in dessen Seminar in die Werke
des Ökonomen Johann Karl Rodbertus und referierte bereits am 21.
Juni seine Erkenntnisse, die wenig später mit väterlicher Finanzhilfe
gedruckt wurden.[5] Neben Rodbertus, der ihn auch weiterhin beschäftig-
te, las der mit hoher Arbeitskraft befähigte Student ökonomische
Literatur von Mill, Say, Smith, Ricardo, Böhm-Bawerk, Kautsky,
Marx und Engels. Doch setzte Bahr sich keineswegs nur mit wirtschaftlichen Problemen auseinander. Von einer wahren „Satyriasis des
Erkennens" gepackt, suchte er sein Weltbild aus allen Wissenschaften
zu vervollkommen — eine Haltung, die letztlich mit zum scheitern seiner
Dissertation führen sollte.[6]

So belegte er etwa im Sommersemester neben Wagners Lehrveranstaltungen zum Bankwesen und Schmollers Vorlesungen zu Agrarfra-
gen auch Zellers philosophische Veranstaltungen und hörte Heinrich
Treitschke zu Fragen italienischer Geschichte. Im Wintersemester
1885/86 interessierte sich Bahr für Curtius' Griechische Kunstgeschich-
te und nahm am ästhetischen Seminar von Steins teil, der Schriften
Kants und Schillers behandelte.

---

[3] Brief an Alois Bahr, ABaM 64/49 (17.12.1883), Th.
[4] Hermann BAHR, Selbstbildnis, Berlin 1923, 172.
[5] Vgl. Hermann BAHR, Rodbertus' Theorie der Absatzkrisen. Ein Vortrag,
    Wien 1884; ders., Über Rodbertus. Vortrag. (Sonderdruck aus „Unver-
    fälschte deutsche Worte", Jg. 2, Nr. 20 (16.10.1884)) Wien 1884.
[6] Hermann BAHR, Selbstbildnis, 141.

Während Bahr, bereits in Hinblick auf seine Dissertation, zahlreiche philosophische, erkenntnistheoretische, ökonomie- und kunstgeschichtliche Werke las, publizierte er eifrigst in deutschnationalen Zeitschriften und setzte seine einem nationalen Sozialismus gewidmete politische Tätigkeit fort. Anläßlich des 70. Geburtstages Bismarcks sprach der Student im Rahmen des Fackelzugs vom 1. April 1885 und überbrachte „im Namen der konservativen Burschenschaften in Österreich" deren Grußbotschaft — eine Rede, an die sich heftige Polemiken klerikaler deutscher und österreichischer Blätter schlossen.[7] Im Sommer setzte sich Bahr mit den Positionen des Wiener Handelsministers Schäffle auseinander und stellte seiner Schrift über die *Aussichtslosigkeit der Sozialdemokratie* wenig später eine heftige, bissige Polemik über *Die Einsichtslosigkeit des Herrn Schäffle* entgegen.[8] Ein Abschnitt dieses Werkes wurde unter dem Titel *Individualism och socialism* ins Schwedische übertragen.[9]

In einer brieflichen Mitteilung an den Vater vom 26. Juli des Jahres berichtete Bahr über die gedankliche Konzeption seiner Doktorarbeit *Die Entwicklung vom Individualismus zum Sozialismus* zum Thema, zu deren Niederschrift er nur sechs Wochen brauchen wollte.

Die Konsequenz zur Fertigstellung dieser Arbeit und zum Abschluß seines Studiums hat Hermann Bahr freilich nie aufgebracht. Die Ursache dafür ist bislang unergründet. Drei Motive scheinen denkbar:

---

[7] Brief an Alois Bahr. In: Adalbert SCHMIDT (Hg.), Hermann Bahr. Briefwechsel mit seinem Vater, Wien 1971 (5.4.1885), 78. Dieser berichtet seinem Sohn kurz darauf: „Von Deinem aktiven Auftreten beim Bismarck-Kommers etc. haben die Wiener Blätter allerdings nicht sehr viel gebracht, was mir recht lieb ist. Nur das ‚Vaterland' hatte einen längeren Artikel, in welchem es nicht vergaß hervorzuheben, daß der ‚cand.' phil. Hermann Bahr derselbe ist, der im Jahre 1883 wegen seiner unpatriotischen Gesinnung von der Wiener Universität relegiert werden mußte. Die zitierten Äußerungen übrigens waren keineswegs so unpatriotisch, als das ‚Vaterland' glauben machen möchte. Auch die Entgegnung Wagners brachte das Blatt. Selbstverständlich nahm auch das Linzer Volksblatt wieder Veranlassung, den Namen H. Bahr fett zu drucken, als es von der hochverräterischen Jugend sprach." (Brief an Hermann Bahr. In: Adalbert SCHMIDT, Briefwechsel (16.4.1885), 82 f.).

[8] Vgl. Hermann BAHR, Die Einsichtslosigkeit des Herrn Schäffle. Drei Briefe an einen Volksmann als Antwort auf „Die Aussichtslosigkeit der Sozialdemokratie", Zürich 1886.

[9] Vgl. Hermann BAHR, Individualism och socialism. En framställning af den socialistiska verldsaskadningen i hennes förhallande till den bestaende, Stockholm 1886.

[10] Brief an Alois Bahr. In: Adalbert SCHMIDT, Briefwechsel (26.7.1885), 97—103, 102.

Zum einen war das Naturell des jungen Mannes einer längerfristigen, disziplinierten Tätigkeit nicht eben günstig. Wenn sich Bahr zwei Jahre darauf in einer seiner wenigen selbstkritischen Äußerungen als „ein haltloser, von tausend sich kreuzenden Ideen zerrissener und gepeinigter Mensch" bezeichnete, so strich er einen wissenschaftlicher Systematik wenig förderlichen Grundzug seines Wesens heraus.[11] Zweitens hat wohl auch politische und journalistische Tätigkeit die sicherlich großen Lebensenergien des Studenten gebunden. Drittens versank Bahr nach seiner Zurückweisung durch den verehrten Wagner in eine Kette von seelischen und körperlichen Krankheiten, die durchaus an die, freilich schwerere, gesundheitliche Krise der Jahre 1903 und 1904 erinnern. (In beiden Fällen war es das Bewußtseins des Scheiterns, das seelischer Depression und körperlicher Erschlaffung vorherging.)

Die schriftlichen Zeugnisse der Studienjahre lassen auf Bahrs hochgradige nervliche Erregbarkeit schließen, die für seine Tätigkeit als Kritiker eine außerordentlich günstige Voraussetzung sein sollte. Leider greift in dieser grundlegenden Frage die Wissenschaft ins Leere (Daviau spricht von einer „robust, ox-like' constitution", und Nike Wagner malt sich den „dickfellig wirkenden Bahr, der gerne Lederhosen trug" aus).[12] Den Eltern Hermann Bahrs waren die seelischen Besonderheiten ihres Sohnes durchwegs suspekt. Sowohl der biedere Anwalt als auch seine vergrämte Ehefrau zogen sogar die geistige Gesundheit des Sprößlings in Zweifel. Im November 1886 legte Minna Bahr ihrer Aufforderung zu einer „Fahrt ohne Abschied nach Amerika" eine Zeitungsnotiz bei, der unter dem Titel *Eine irrsinnige Dichterin* von einer gewissen Alberta Maytner handelte.[13] Ohne Zweifel liegt in diesem Zustand der Familie ein elementarer Grund jenes Kampfes, den Hermann Bahr gegen die geistigen Motive der bürgerlichen Elterngeneration wandte.

Zeugnisse dieser intensiven Auseinandersetzung sind — neben den genannten Werken und dem 1887 veröffentlichten Schauspiel *Die neuen Menschen* — eine Reihe unveröffentlichter (und von der Sekundärliteratur unbeachteter) Manuskripte wie etwa eine der *Philosophie des Sozialismus* gewidmeten Schrift. Dieser Entwurf eröffnet eine hochin-

---

[11] Brief an Alois Bahr, ABaM 64/244 (19.2.1888), Th.

[12] Donald G. DAVIAU, Hermann Bahr und decadence. In: Modern Austrian literature, 10/2, 1977, 53—100, 53. Ferner: Nike WAGNER, Geist und Geschlecht. Karl Kraus und die Erotik der Wiener Moderne, Frankfurt 1982, 29.

[13] Brief an Hermann Bahr. In: Adalbert SCHMIDT, Briefwechsel (30.11.1886), 136—138, 137. Hermann BAHR sandte das Schreiben seiner Mutter wenig später seinem Vater mit der Bitte, dieses aufzubewahren. Ohne Zweifel haben ihn die Zeilen Minna BAHRS zutiefst getroffen und seine Distanz zur Mutter noch erheblich vergrößert.

teressante Argumentation, die der während der Jahrhundertwende propagierten Auffassung des Schriftstellers als Grundlage dient. Bahr wendet sich hier nicht nur gegen die christliche Weltanschauung, sondern auch gegen deren materialistisch-liberalistische Überwindung. Demgegenüber vertritt er eine „Lebensphilosophie", deren politisches Korrelat der sozialistische Staat wäre.[14] Dieses Staatswesen ist eine Elitenherrschaft auf ethischer und ästhetischer Grundlage. „Aber woher soll diese sittliche Zucht kommen?", so fragt sich Hermann Bahr in einem Brief an den Vater vom Juni 1886: „Sie könnte Erziehungssache sein, wenn die Erziehung Staats- und Gesellschaftssache wäre, wo reife Pädagogen, weise Männer wie in Platons Staat, die Jugend nach festen und sicheren Normen heranbilden, durch eine tiefe künstlerische Bildung den Grund legen zu einem sicher fußenden Gebäude sittlicher Harmonie ..."[15]

Den sich formierenden Sozialdemokraten wandte sich der Student zu, als ihm die Zerklüftung und Rivalität im alldeutschen Lager um Ritter von Schönerer zum Ärgernis wurde und er die Überzeugung gewann, daß es führenden Exponenten dieser Splittergruppen mehr um berufliches Reüssieren als um idealistische Verfechtung ihrer Positionen zu tun war. Im Frühjahr 1887, als die Fertigstellung der Doktorarbeit wiederum in weite Ferne gerückt war, wollte er seinen lang gehegten Wunsch, die Laufbahn des Berufspolitikers, mit Hilfe Viktor Adlers und Engelbert Pernerstorfer umsetzen.

Nach dem endgültigen Abbruch seiner Studien zog der fünfundzwanzigjährige Hermann Bahr zunächst in Erwägung, ein Angebot Adlers zur redaktionellen Tätigkeit an der sozialdemokratischen Wochenschrift *Gleichheit* anzunehmen. Die Zeitschrift war, 1870 als Wiener Neustädter Lokalblatt gegründet, als theoretisches Organ der Sozialdemokratie 1877 verboten worden und wurde seit kurzer Zeit wieder herausgegeben. Dazu kam es jedoch nicht: Im Frühsommer ·1887, als der gescheiterte Student auf ausdrücklichen Wunsch des Vaters einige Wochen der Erholung in einem kleinen Moorbad bei Salzburg verbrachte, sagte er Adler ab.

Das Drängen Alois Bahrs, Hermann solle vor jeder weiteren beruflichen Entscheidung seinen Wehrdienst ableisten, und wohl auch die väterliche Bereitschaft, den Sohn auch weiterhin finanziell zu unterstützen, bestimmten diese Umkehr. Im Oktober 1887 trat der junge Revolutionär sein Freiwilligenjahr beim 84. Linzer Regiment in Wien an. Hermann Bahr führte, wie er dem Vater schrieb, ein

---

[14] Hermann BAHR, Die Philosophie des Sozialismus, ABaM (Prosa-Manuskripte), 103 (o.D., vmtl. 1885/86), o.S., Th.
[15] Brief an Alois Bahr, ABaM 64/156 (8.6.1886), Th.

„beschauliches Militärleben", er leistete leicht und freudig seinen Dienst, die gesundheitlichen Störungen waren verschwunden.[16]

Schon im April 1888 äußerte Bahr die feste Absicht, zur Wahrung persönlicher Freiheit keine Tätigkeit im staatlichen Bereich zu suchen, sondern als „Redakteur für Kunst und Literatur" seinen Unterhalt zu verdienen.[17] Die Beziehungen zu den Sozialdemokraten lockerten sich beständig. „Nicht um die Revolutionierung des Menschengeistes, von der Ibsen träumt, sondern um die Sorge für den lieben Menschenleib" ging es dieser Bewegung, so daß Bahr sich leichten Herzens von ihren Avancen trennen konnte.[18]

Nach Beendigung seines Militärdienstes reiste Bahr zu einem mehrmonatigen Studienaufenthalt nach Frankreich; seine Fahrt führte ihn über München — wo er mit Henrik Ibsen und dem lokalen Paradenaturalisten Michael Georg Conrad zusammentraf — Stuttgart und Straßburg nach Paris. Dort quartierte er sich am 15. November im Hotel de Suez ein. Die französische Metropole war für den künftigen Publizisten ein Ort, „wo man bloß die Nerven aufzumachen und den gierigen Reigen reicher Impressionen in sich hineinrieseln zu lassen brauchte", wie er rückblickend dem Vater anvertraut.[19]

Durch zwei herausragende Ereignisse war damals das öffentliche Leben der Seine-Stadt in Aufregung versetzt: zum einen die Pariser Weltausstellung, von deren internationalem Klima sich der junge Mann inspirieren ließ und in deren Schatten er mit den neuesten Tendenzen der bildenden Kunst Bekanntschaft machte — zum anderen der wogende Wahlkampf um den nationalistischen General Boulanger, dessen Parolen Bahr begeisterten.

Ob der Schriftsteller, wie sein Zeitgenosse Rudolf Kassner meint, tatsächlich „das innere Leben der Seele von Paris" kennengelernt hat, mag dahingestellt bleiben.[20] Fest steht, daß er sich nicht nur mit französischer Politik, sondern auch mit dem reichen gesellschaftlichen Leben auseinandersetzte, das er im amüsanten Plauderton den Lesern des *Wiener Salonblattes* zu vermitteln wußte. In den Notizbüchern dieser Monate finden sich zahlreiche Abschriften aus französischen Zeitungen wie dem *Figaro*, aus *La Vie Parisienne*, dem *Gil Blas* und der

---

[16] Brief an Alois Bahr. In: Adalbert SCHMIDT, Briefwechsel (21.11.1887), 173. Einen Monat später schrieb Hermann seinem Vater, die Militärzeit sei „weit angenehmer, als ich sie mir jemals vorgestellt". (Brief an Alois Bahr. In: Adalbert SCHMIDT, Briefwechsel (23.12.1887), 179).

[17] Brief an Alois Bahr, ABaM 64/252 (1.4.1888), Th.

[18] Brief an Alois Bahr. In: Adalbert SCHMIDT, Briefwechsel (29.9.1888), 196—198, 197.

[19] Brief an Alois Bahr, ABaM 65/35 (o.D., etwa 1890), Th.

[20] Rudolf KASSNER, Buch der Erinnerungen, Leipzig 1938, 104.

Chronique de la France; in den journalistischen Berichten zeigen sich die Spuren lebhafter Anteilnahme an der geistigen Kultur, an Theateraufführungen, Buchveröffentlichungen und Kunstausstellungen.[21]

Das zunehmende Interesse Hermann Bahrs für die Kunst bedeutete keineswegs seinen Eintritt in eine „dekadente Phase", wie etwa Daviau meint.[22] Nach wie vor träumte der Autor vom Aufbruch in ein neues Zeitalter, das er nun mit dem von naturalistischer Seite verfochtenen Begriff der „Moderne" versah.[23] Die französische Kultur schien ihm nun radikaler mit der Epigonalität gebrochen zu haben, moderner zu sein als die deutsche. In seinem während des Pariser Aufenthalts entworfenen und 1890 veröffentlichten Entwicklungsroman *Die gute Schule* findet sich die aburteilende Feststellung, die Deutschen seien „nur mit den Körpern lebendig, in der Gebärde des Fressens und Saufens", ein Urteil, in dem sich Bahrs frühe Ablehnung der materialistischen Philosophie ausdrückt.[24]

Aus der — wohl zu unkritischen — Bewunderung französischer Kunst und Lebensart erklärt sich jene intensive Vermittlerrolle, die der junge Schriftsteller 1889 einzunehmen begann und die wesentlich zur Prägung der Wiener *fin de siècle*-Kultur beitragen sollte. Bahr begeisterte sich an der romantischen Haltung eines Stendhal oder Constant de Rebecque, deren Romane er verschlang, setzte sich intensiv mit dem Leben und Werk Charles Baudelaires auseinander und verbreitete die Kenntnis um Barrès, Bourget, Huysmans und Maeterlinck im deutschen Sprachraum. Die mit der Pariser Weltausstattung verbundenen Darstellungen bildender Kunst — die *Exposition décennale des artistes français*, die *Exposition centenale des artistes français* und die *Exposition des artistes étrangers* — offenbarten ihm „den heillosen Verfall der alten Schulen, der Herkömmlichkeit, und einen mächtigen, leidenschaftlichen, trotzigen Drang nach Erneuerung der Kunst."[25] Seine zahlreichen

---

[21] Vgl. die Berichterstattung Hermann BAHRS in den Zeitschriften „Die Nation", „Deutschland", „Der Kunstwart".

[22] Donald G. DAVIAU, Der Mann von Übermorgen. Hermann Bahr 1863—1934, Wien 1984, 70. DAVIAU behauptet, Hermann BAHR habe „die Dekadenz als Lebensstil" oberflächlich angenommen, ohne den Begriff zu erklären (ebenda).

[23] Der Moderne-Begriff wurde vom literarischen Berliner Verein „Durch!" in den achtziger Jahren zur Kennzeichnung der kulturellen Erneuerung adaptiert. Vgl. Eugen WOLFF, Die „Moderne" zur Revolution und Reform der Literatur. In: Allgemeine Deutsche Universitätszeitung, 1/1 (1.1.1887), 10; ders.: Die jüngste deutsche Literaturströmung und das Prinzip der Moderne. In: Literarische Volkshefte 5, 1888, 44—47.

[24] Hermann BAHR, Die gute Schule. Seelenzustände, Berlin 1890, 21.

[25] Hermann BAHR, Pariser Kunstbriefe I. Die Exposition décennale. In: Der Kunstwart, Jg. 2, Nr. 16, 1889, 249—250, 249.

Museumsbesuche legten dem jungen Kritiker nahe, die Durchsetzung von Modernität seit dem 18. Jahrhundert anzunehmen.

Gesellschaftlicher Träger der neuen kulturellen Epoche war für Hermann Bahr eine nationalistisch und sozialistisch inspirierte Arbeiterschaft, deren Vision jedoch um die Wende der neunziger Jahre wenige konkrete Inhalte aufnahm. Identifiziert hat sich der Schriftsteller eher mit der bunten Szene der Bohémiens. Dieses soziale Milieu, so schrieb er dem Vater, war für ihn „die lustigste und geistreichste Gesellschaft von Paris, junge Maler, Musiker, Dichter, Bildhauer mit sehr viel Genie und noch sehr wenig Namen, Schauspieler und Schauspielerinnen von den Vorstadttheatern ... alle bereits ein wenig verlebt und darum begierig nach irgend einer ganz neuen Art der Unterhaltung und der Tollheit, nach dem ‚Inconnu‘ “.[26] In diesem Kreise knüpfte Bahr seine wenigen gesellschaftlichen Kontakte. Wie nicht zuletzt Karl Kraus höhnisch vermerkte, kopierte er Gestus und Kleidernormen der Pariser Bohème und erregte damit in Wien nicht wenig Aufmerksamkeit.

Hermann Bahr beschreibt seine innere Haltung zu dieser Zeit mit den denkwürdigen Begriffen des „kritischen Wohlbehagen(s)“ und der sogenannten „Gauloiserie“: einer vergnügten, genießerischen Einstellung im Kontrast zu der inkriminierten Bürgerwelt.[27] Viele Tagebucheintragungen stehen jedoch im Gegensatz zu dieser zur Schau gestellten Unbeschwertheit. Die hochgradig nervöse Empfindsamkeit der Berliner Studienjahre war keineswegs erloschen. Bahr kultivierte diese Sensibilität, die ihm wie vielen seiner künstlerischen Zeitgenossen eigen war. Eduard Michael Kafka, der früh verstorbene naturalistisch gesinnte Verleger, hielt zwei Jahre später jene „nachnaturalistische“ Haltung fest, die für Bahr schon damals kennzeichnend war: „Die Sensationen der Nerven, die Augenblicksereignisse im Gangliensystem, die eiligen Wechsel der Stimmungen, das chaotische Gedränge der Associationen, welche die Gedanken und Gefühle gebären, diese gilt's zu fassen und zu fixieren und den anderen zu suggerieren.“[28]

Aus dieser — mit dem Impressionismus und Symbolismus verbundenen — Haltung erklärt sich schon Bahrs erstaunte Beschreibung des Münchner Schriftstellers Conrad, dessen „kernige Derbheit“ nicht

---

[26] Brief an Alois Bahr, ABaM 65/14 (o.D.), Th.

[27] Hermann BAHR, Das kritische Wolbehagen. In: Magazin für Literatur/Dramaturgische Blätter, 60 (4.7.1891), 421—424.

[28] Eduard Michael KAFKA, Der neueste Bahr. In: Moderne Rundschau, 2/III, 1891, 220—222. Vergrämt notierte KAFKA, der BAHR 1890 begeistert zur Mitarbeit an der eben gegründeten Zeitschrift aufgefordert hatte, daß dieser nunmehr ein „Grabredner des Naturalismus“ sei, beeinflußt von „langmächtigen, ‚symbolistischen‘ und ‚neuidealistischen‘ Programmen zwischen Alt und Jung, zwischen Ja und Nein, zwischen Reaction und Revolution“.

recht in die „nervöse Zeit" passe, ferner seine intensive Auseinandersetzung mit der französischen „Nervenromantik", „Nervensymbolik" und einer mit dem damals aufgefrischten Buddhismus verbundenen „Religion der Nerven".[29] So erhellt auch die Entstehungsbedingung jener sechs Schreibhefte im Bahr-Nachlaß, die unter der Bezeichnung *Das spanische Buch* noch immer ihrer Veröffentlichung harren.

Dieses Werk ist gerade vom Standpunkt des Philosophen und Erkenntnistheoretikers außerordentlich faszinierend. Es ist ein durch phantastische Fiktion erweitertes Protokoll einer Reise durch französische und spanische Kulturlandschaften, die Bahr vom August 1889 bis Anfang des Jahres 1890 unternommen hat. Die abseits der gefeierten Metropole gelegenen Gebiete, in Bahrs *Reisebildern* als „Rumpelkammer für das ausrangierte Gerät der Geschichte" bezeichnet, ermöglichen Selbsterfahrung und Selbsterweiterung.[30] Zweifellos förderte die beschauliche Muße der mehrmonatigen Reise Verarbeitung der Pariser Erfahrungen, war jedoch tragisch überschattet vom Schmerz, die dortige Geliebte verloren zu haben.

So erklärt sich die gequälte Unruhe des Werkes, dessen seltsame imaginierte Rollenspiele zu keinem befriedigenden Ergebnis im Sinne psychischer Stabilität gelangen können. Doch das *Spanische Buch* ist keineswegs nur Ausdruck des damaligen Lebensschicksals seines Verfassers. Es diskutiert grundlegende philosophische Fragen der Zeit: das Problem der Wirklichkeitserfassung durch die Sprache und das Phänomen der monistischen Verschmelzung von Persönlichkeit und Außenwelt, wie Bahr es in seinen theoretischen Arbeiten der Jahre 1903 und 1904 gründlich behandeln wird.[31]

Nach der Rückkehr von seiner erkenntnisreichen Reise entschloß sich der junge Schriftsteller, eine Einladung des Berliner Theaterkritikers Otto Brahm anzunehmen, um mit diesem und dem Dichter Arno Holz die *Freie Bühne für modernes Leben* zu redigieren. Wiederum — vom Mai 1890 bis zum März 1891 — war Bahr in der Hauptstadt des Deutschen Kaiserreiches, die er nunmehr weit weniger enthusiastisch empfand. Verbittert äußerte er sich über die empfundene Rückständigkeit Berlins: „Ich kenne bald alle ‚Berühmtheiten' von Berlin, aber im Vergleich mit meinem Pariser Packträger sind sie nur Trotteln, ohne

---

[29] ABaM 67/A, 21, Th.

[30] Hermann BAHR, Reisebilder. In: ders., Die Überwindung des Naturalismus. Als zweite Reihe „Zur Kritik der Moderne", Dresden/Leipzig 1891, 247—286, 248.

[31] Vgl. Hermann BAHR, Dialog vom Tragischen. In: Neue Deutsche Rundschau, 14/1903, 716 ff. (Buchveröffentlichung Berlin 1904); ferner: ders., Dialog vom Marsyas. In: Die neue Rundschau, 15/1904, 1173 ff. (Buchveröffentlichung Berlin 1905).

Ausnahme. Dieses ganze Volk, oben und unten, ist um zwei Jahrhunderte zurück."[32]

Angesichts dieser Einstellung des jungen Schriftstellers, der gerade
seine ersten literarischen Erfolge feierte, verwundert sein Zerwürfnis mit
Otto Brahm wenig, nachdem er seine Schreibarbeit noch intensivierte.
Nach seinem ersten stellte er einen zweiten Essayband fertig, den er
insbesondere der Auseinandersetzung mit dem deutschen Naturalismus
widmete und arbeitete an einem Theaterstück, der *Mutter*: einer
grotesken, wenig zurückhaltenden Auseinandersetzung mit seinem
Elternhaus. Die sonst äußerst aufschlußreichen Tagebucheintragungen
sind während dieser arbeitsreichen Zeit offenbar zu kurz gekommen.

Ebenso klafft eine bedauerliche Lücke in der Kommentierung der
beiden folgenden Jahre. Eine mehrwöchige Reise nach St. Petersburg,
die Hermann Bahr im März 1891 in Begleitung der Schauspieler
Emanuel Reicher und Lotte Witt unternahm, kann als Periode innerer
Beruhigung gelten, wie nicht nur das *Selbstbildnis*, sondern auch
erhaltene Briefe an den Vater bezeugen. Zu denken gibt eine Bemerkung, die Hermann, nach Wien zurückgekehrt, am 18. Mai Alois Bahr
gegenüber machte: „Das Suchen und Experimentieren ist vorbei und es
beginnt die ruhige, stille und geläuterte Periode. Petersburg ist mein
Damaskus."[33]

Der junge Schriftsteller scheiterte zunächst in seinem Bemühen, als
Korrespondent einer größeren Zeitung in das geliebte Paris zurückzukehren: Hugo von Hofmannsthal, den er im August um Intervention bei
der *Neuen Freien Presse* ersuchte, war offenbar nicht erfolgreich. So
kehrte Bahr nach einem Linzer Sommeraufenthalt nach Wien zurück
und quartierte sich dort im November am Heumarkt ein. Er entfaltete
eine beflissene journalistische Tätigkeit zur Umsetzung seiner gesell-
schaftspolitischen und — damit verbunden — künstlerischen Zielsetzungen. Mit Holz und Liliencron trat er in die erneuerte Berliner *Freie
Bühne* ein und arbeitete mit dem Verleger Kafka an der Herausgabe der
Zeitschrift *Moderne Dichtung*, deren programmatische Einleitung er
schrieb.[34] Bahr sorgte auch dafür, daß die ursprünglich naturalistisch
ausgerichtete Wiener *Freie Bühne* auf seinen Antrag hin „ganz umgemo-
delt wurde und jetzt Verein für modernes Leben heißt".[35]

Nach dieser organisatorischen Vorarbeit und der Aufnahme erster
Kontakte mit bedeutenden literarischen Persönlichkeiten, wie etwa dem
jungen Hugo von Hofmannsthal, ging Bahr im Jahre 1892 daran, die

[32] Brief an Alois Bahr, ABaM 65/22 (6.7.1890), Th.
[33] Brief an Alois Bahr, ABaM 65/71 (18.5.1891), Th.
[34] Vgl. Hermann BAHR, Die Moderne. In: Moderne Dichtung, Jg. 1, 1/1890,
      13—15.
[35] Brief an Alois Bahr, ABaM 65/119 (28.2.1892), Th.

Kunstszene der Donaumetropole in seinem Sinne zu gestalten. Daß es bereits feste Grundlagen für diese Veränderungsabsichten gab, bestätigt etwa das von den Herausgebern der *Modernen Dichtung* Kafka, Joachim und Julius Kulka am 11. April des Vorjahrs veranstaltete Ibsen-Bankett. Damals war der als Aushängeschild der Jungwiener Autoren gefeierte Dichter neben dem Theatermann und Schriftsteller Max Burckhard gesessen, dem späteren Intimus Bahrs; der deutschnationale Sozialist Pernerstorfer, mit dem Hermann Bahr in seinen Studentenjahren zusammengearbeitet hatte, gab dem Fest politischen Schliff.

Bahr begann in der Folge, seine Fäden — nicht nur vom beliebten Griensteidl aus — weiter zu spinnen, lernte Schnitzler, Salten, Beer-Hofmann, Goldschmidt kennen und schloß sich während seiner Berichterstattung über die *Internationale Ausstellung für Musik und Theaterwesen* 1892 an deren Direktor Dr. Emil Auspitzer, der zugleich als Sekretär des Gewerbevereins und Miteigentümer der *Deutschen Zeitung* wirkte. In Auspitzers Zeitung übernahm Hermann Bahr zunächst Theaterkritiken und Feuilletons, die er als „Mepherl" in wenig anspruchsvollem Plaudertone gestaltete. Im Februar 1893 übernahm er vom scheidenden Ludwig Ganghofer das Burgtheaterreferat. In dem volkstümlichen Dramaturgen und Schriftsteller, der bald nach München, später in sein Leutascher Jagdhaus übersiedelte, hatte er eine verwandte Seele gefunden. Ganghofer vertrat wiederholt Bahrs Interessen in Bayern und suchte ihn, freilich vergeblich, für die Führung der prodeutschen Bewegung in Österreich zu gewinnen.[36]

Der nun Dreißigjährige machte sich bei der *Deutschen Zeitung* durch seine verständigen Berichte über Kunstaustellungen und Theateraufführungen in kurzer Zeit einen Namen. Bahr, dessen Kritik am Judentum — freilich in unterschiedlicher Ausprägung — lebenslang bestehen blieb, untersuchte in einer Reihe von internationalen Interviews die aufbrandende Erscheinung des Antisemitismus. Das erste dieser impressionistisch gestalteten Bilder erschien am 25. März 1893; im Laufe der kommenden Monate sprach der Journalist unter anderem mit August Bebel, Theodor Mommsen, Egidy, dem Naturforscher Haeckel, selbst mit der legendären Theosophin Annie Besant.

Bahr, der außerdem für eine Reihe anderer Zeitungen, etwa die *Wiener Mode*, die *Neue Revue* oder das *Neue Wiener Tagblatt* arbeitete, überwarf sich jedoch bald mit den Auspitzers und schied im Dezember

---

[36] Hermann BAHR lehnte ab, weil seiner Meinung nach für diese Aufgabe finanzielle Unabhängigkeit erfordert sei. Auch schienen ihm die politischen Möglichkeiten in der Monarchie nicht allzu günstig, es sei „in diesem verlorenen Lande nichts mehr zu machen". Brief an Ludwig Ganghofer, A 37.738 (11.11.1902), Th.

1893 aus der Redaktion des Blattes aus. Vordergründig schob er die Zensurierung zweier seiner Beiträge vor, doch dürfte er von der schlechten finanziellen Lage der *Deutschen Zeitung*, die bald darauf verkauft wurde, erfahren haben. Zudem plante der rührige Schriftsteller bereits die Gründung einer eigenen kulturpolitischen Wochenschrift, die der Durchsetzung seiner Positionen mehr entgegenkommen würde. Im Mai des folgenden Jahres unterzeichnete Hermann Bahr bereits mit Heinrich Kanner und Isidor Singer den Kontrakt zur Herausgabe einer neuen Plattform der Moderne, der *Zeit*.

1888

(Ohne Datum)

Es gibt lustige Possen, wo bei geteilter Bühne zugleich zu ebener Erde und im ersten Stocke agiert wird. Da ist es denn sehr vergnüglich, nebeneinander zwei Handlungen zu schauen, die nichts gemein haben, bis sie sich doch am Ende irgendwie miteinander zu einem heiteren Durcheinander verschlingen. Daran muß ich immer denken, sooft ich — von Zeit zu Zeit — meine Neugierde wieder einmal in das Münchner Treiben tauche: Da sind doch zwei Welten aufeinandergeschichtet, ja ineinandergeschoben, in einem so tollen Kontraste, wie kein übermütiger Springteufel ihn raffinierter ausdenken könnte, und am Ende, wenns auch mitunter Krakehl absetzt, vertragen sie sich doch ganz gut.

Es sind nicht bald irgendwo auf einem so engen Raume so viel geistreiche, kunstbegabte Hellköpfe und so viele niederträchtig versumpfte Spießer — „Nudelmeier" heißt man sie jetzt hier mit einem melodischen Namen — beisammen: Sie können einander nicht ausstehen und schimpfen sich fürchterlich, aber im Hofbräuhaus saufen sie zuletzt doch ganz gemütlich mitsammen. Und so kann man hier immer den neuesten Kunsttrieb und den ärgsten Stumpfsinn nebeneinander studieren.

Ich bin gestern in den *Rosen von Tyburn*, A. Fitgers neuestem Drama, gewesen. Das ist ein seltsames Gedicht. [...]

Das eigentlich Weibliche ist sein Vorwurf, jenes schaurige Geheimnis, das den Mann immer wieder zum Weibe zieht, weil er es als ein Elementares niemals zu begreifen vermag: die Ausschließlichkeit seiner unersättlichen Liebesbegierde, die nichts neben sich duldet und sich in furienhafte Rachsucht verwandelt.

„Wird ein Weib das Haupt begehren
Eines Mannes, den sie nicht liebt."

zu diesem Heineschen Motiv ist es eine schaurige Variation. Und so ist
es die alte Geschichte von dem ewigen Fluche, den das Weib über den
Mann bringt: denn das liebende Weib verdirbt den, der sich ihm nicht
bedingungslos ergibt, und der, der sich ihm bedingungslos ergibt, der
verdirbt schon von selber.

6. November

Ich bin auch bei Henrik Ibsen gewesen, der seit Jahren hier seinen
ungestörten Träumen lebt.[1] Ich will es gestehen: ich bin eigentlich
zögernd und mit etwas wie Angst zu ihm gegangen, denn im allgemeinen
gilt es: große Männer, die wir nach ihren Werken recht aus dem Herzen
verehren, trachte man lieber nicht kennen zu lernen: das allgemein
Menschliche, dem auch der größte unterliegt, dieser Tribut ans Tieri-
sche, trübt nur das reine Bild. Bei Henrik Ibsen ist das anders: man kennt
ihn erst und die Liebe zu ihm wird erst voll, wenn man ihn gesehen hat.
    Ein reineres Bild edler Menschlichkeit kann nicht gedacht werden.
Man möchte in dieses stille, kummervolle, so unendlich gütige Antlitz
blicken wie in das aufgeschlagene Buch der Menschheit. Ich mußte an
Goethe denken.
    Er muß viel gelitten haben, aber er hat überwunden. Und nun blickt
er einen mit jener indischen Trauer an, die in jedem Mitmenschen einen
Leidensgenossen sieht. Ausgeglichen, versöhnt, überwunden. Ich hatte
mir vorgenommen, ihn recht vieles zu fragen: aber nun fand ich kein
Wort und stotterte nur und hatte Mühe, meine Tränen zu verbergen.
Und mit rührender Güte erzählte er mir. Da habe ich es gefühlt, wie es
doch ein Großes um den Menschen ist und ein Göttliches in ihm, wenn
er nur aushält und still duldet und den Glauben an das Gute und Schöne
nicht verliert.
    Die jungdeutsche Schule der Literatur, welche gegenwärtig so eifrig
um einen Stil ringt, hat hier in M. G. Conrad einen wackeren
Vorkämpfer, schlagfertig in der Abwehr und immer die Hand schlagbe-
reit am Rappier.[2] Wer in ihrer Schule ein wirkliches Talent ist, das wird
sich erst beweisen. Es gibt Leute, deren Persönlichkeit einem so frisch
anmutet, daß daneben ihr Schaffen und Treiben gar nicht in Betracht
kommt. So einer war Scherr und so einer ist Conrad, ein kerngesunder,

---

[1] Diese begeisterte Beschreibung offenbart das hohe Ausmaß von Identifika-
   tion mit dem norwegischen Dramatiker IBSEN (1828—1906). Bereits 1887
   hatte BAHR Gelegenheit gefunden, in Engelbert PERNERSTORFERS „Deutschen Worten" den Dichter als Vorläufer der literarischen Moderne zu feiern.
[2] Michael Georg CONRAD (1846—1927) war als Schriftsteller und Herausgeber
   der Münchner „Gesellschaft" einer der eifrigsten Verfechter des Naturalismus.

urwüchsiger Franke, die Natur und das Leben selbst, niemals müßig, immer voll von Plänen und rüstigen Marsches hinter dem Ideale her. Er paßt eigentlich gar nicht mit seiner kernigen Derbheit und harzigen Wanderfrische in diese nervöse Zeit. Wenn ich ihn sehe, dann muß ich an jene rüstigen Germanen denken, die mit ihren Kaisern über die Alpen ins welsche Land hinunterstiegen, überall sich durchschlugen und den welschen Dirnen die Köpfe verdrehten.

Diese liebenswürdigen Merkmale seines Charakters finden sich auch alle in seinem neuesten Werke, einem großen Münchner Roman, der hier viel Aufsehen gemacht hat und auch bei denjenigen, die kein persönliches Interesse zu ihm führt, Beachtung verdient. Er ist ein Beweis von fleißiger künstlerischer Bildung nach den großen Vorbildern der Franzosen und Skandinavier, und überdem trägt er in vielem die Spuren eines schönen Talents.

Was sehr wenige heute in Deutschland können, in Frankreich freilich beinahe eine selbstverständliche Kunst des Dichters, Gestalten so hinzustellen, daß man sie sieht wie bei einer persönlichen Vorstellung — das ist ihm einige Male recht wohl gelungen. Er erzählte mir übrigens, daß dieser Roman nur der erste eines gewaltig geplanten Zyklus, der das gesamte Münchner Leben in seinen Höhen und Tiefen umspannen soll.

Das erfreulichste von allen Münchener Genüssen ist mir immer die Schacksche Galerie. Eine solche Privatgalerie, wenn sie von einem Kenner und einer bedeutenden Persönlichkeit angelegt ist, hat immer den besonderen Reiz, daß man sie als eine Äußerung ihres Besitzers auffassen kann. Und wie wenn man aus vergilbten Papieren, vertrockneten Blumen und sorgsam aufbewahrten Kleinigkeiten eines ungekannten Großvaters sich allmählich ein Bild formt, ähnlich reizvoll ist es, aus dem geäußerten Geschmacke und der zur Schau getragenen Vorliebe sich die Umrisse eines Charakters zu bilden, bis er einem wie ein vertrauter Freund wird. Und übrigens kann man den größten Maler des Jahrhunderts, Arnold Böcklin, nirgendwo studieren wie hier, wo die ganze Fülle seines unerschöpflichen Talents, seine dämonische Größe und Wildheit wie sein schalkhaft graziöser Humor so schön ausgebreitet ist.

1889

1. Jänner

In der Sylvesternacht die Bekanntschaft Leas gemacht, mit der ich im Théatre Cluny in *Les Tripatouillages de l'année* war, worin uns besonders „Paris en Grève" mit einem strickenden Schwein sehr amüsierte — das Ganze ist eine tolle Revue mit gelegentlichen heftigen Ausfällen gegen Polizei, Regierung und Parlament.

Lea spricht französisch, deutsch, englisch, rezitiert Goethe und Musset. Hübsche schlanke Erscheinung mit viel Chic, große, schwarze Augen voll Übermut und etwas rührend Kindisches darin. Tiefe Ränder darum erzählen, wie viel die 18jährige schon genossen hat. Unangenehm ist ihre fast kreischende Stimme. [...] Sie ist eine Belgierin, vaterseits deutscher, mutterseits französischer Herkunft. [...] Sie hat den Leib einer Jungfrau, die durch äußere Gewalt ins Frauliche verwandelt wurde, ohne daß diese Verwandlung eigentlich in ihr Inneres gedrungen wäre. Man sieht es ihm an, daß an ihm wohl schon oft Liebe geübt wurde, ohne daß er von der Liebe jemals ergriffen worden wäre. [...] Ist naiv, fröhlich, superklug — und man wird doch traurig, wenn man in ihrem Gesichte Spuren des Lasters sieht, während ihre Liebe sicher noch nicht einmal die Leidenschaft kennt. Von ihrer Geschichte hat sie mir nur erzählt, daß ihr Vater viel in Deutschland und Österreich reist, daß sie seit sechs Monaten in Paris ist, daß sie bis vor kurzem Gesellschafterin war. Jetzt scheint sie ein sehr ungebundenes Leben zu führen. [...]

Wie sie sich vor dem Spiegel auszog und ich in flüchtiger Morgentoilette auf dem Koffer sitzend, ihr mit einer Zigarette im Munde zusah — naturalistischer Einakter, der bei rücksichtslosester Lebenswahrheit, ja Alltäglichkeit die höchste Poesie und Romantik sein könnte, wenn er schilderte, wie zwei Wesen, nachdem sie so par hasard eine Nacht verbracht, ohne was zu fühlen, nun, da sie sich erst bei Tage betrachten, miteinander zu sprechen anfangen, ins Erzählen geraten, ihre kleinen Leiden klagen und eine immer größere Verwandtschaft entdecken, langsam die Liebe aufkeimt, sodaß der Akt mit einer Hochzeit auf vier Wochen schließt.

4. Jänner

Zu benutzen einmal aus dem heutigen *Gil Blas* (*Passions pratiques* von Maurice Montégut) — wo es allerdings nur einer Dirne zum Vorwand dient, aber es ließe sich wohl als wirkliche fantaisie einer passionée, einer detraquée darstellen — „Traite moi comme une fille; jouons la comedie du vice. Cela m'enchante, me grise et je suis hereuse. Dis de gros mots, brutalise moi, paye moi!" (Vielleicht eine jener Tragödien von der Unmöglichkeit, daß der einmal durch die Ausschweifung Verderbte durch reine Liebe wieder gesunde, im 4. Akt zwischen ihm und seiner alten, nunmehr mit seinem Schwager verheirateten Maitresse.)

6. Jänner

Elle viendra, kleine Skizze ... Am Abhang der Liebe! Sie ist eine Betrügerin, die Liebe. Sie hat in Wahrheit eine ganz andere Gestalt, als in welcher sie sich einführt. Wie ist sie süß am Anfang und zart und schmeichlerisch, wie der Atem des Mai, wie Jasminduft. Und wie reißend wird sie dann und wie gewalttätig und blutlechzend! ...

Kleine Baronin, die in der Früh vom Geliebten weggehend, unfähig sich weiterzuschleppen, in einem gemeinen Café (wie das Boulevard St. Michel, in dem ich neulich mit Lea war) diese Betrachtungen anstellt, völlig zerfleischt von den Genüssen der vergangenen Nacht. Am Ende beschließt sie in die Messe zu gehen — sie liebt den Weihrauch so. Der Geliebte hat sie hinausgeschmissen, weil sie ihm zu gemein war, nachdem er zuerst alles mit ihr getrieben, zuletzt von Ekel und Abscheu erfaßt, in losbrechender Wut über die maßlose Gemeinheit, zu der sich der Mensch vergessen kann.

Die Furcht vor der Liebe!

Wer die Liebe wirklich erprobt und ausgekostet hat, weiß, daß das Ende immer entsetzlich ist. Nur die nach Erfüllung zitternde Begierde ist Wonne — die erfüllte Begierde ist Ekel, Abscheu vor sich selbst. Haß gegen die Geliebte. Es ist also das höchste Raffinement, den so heiß begehrten Moment der Befriedigung selbst immer wieder zu vereiteln und so die Liebe zu verewigen — das Ideal wäre die Liebe zu einer verheirateten Frau, deren Mann regelmäßig ins Zimmer tritt in dem Moment, da man ins Bett steigen will. Auseinandergesetzt von einem Veteranen der Liebe an seine in sinnlose Begehrlichkeit ausbrechende Maitresse, der er nur immer die Zehen küßt, was sie immer rasender macht — in einem eleganten cabinet particulier nach einem sehr guten Dîner.

7. Jänner

„Une phrase bien faite est une bonne action."
    Zola, *Le Roman Experimental*, S. 304.

Daran ließe sich eine ganze Charakterstudie knüpfen eines echten Künstlers, für den es keine andere Moral als die der phrase bien faite gibt, der aber durch äußeres Unglück dem politischen Journalismus in die Arme fällt.[3]

10. Jänner

Ein schönes Wort von Paul Bourget in *La Vie Parisienne*: „La vie qui dépasse l'imagination en brutalités la dépasse aussi en délicatesses."[4]

---

[3] Emile ZOLAS Schrift „Le Roman Experimental" (1880) legt die wissenschaftliche Zielsetzung und Methodik des naturalistischen Schriftstellers dar.

[4] Hermann BAHR deutet BOURGETS Auffassung folgendermaßen: „Die ganze Welt der Moderne möchte ich deshalb ins Schlagwort fassen: Unerhört brutal und unerhört delikat zu sein." (Tagebucheintragung vom 14. Jänner 1889).

16. Jänner

Freitag in *Carmen* Opéra comique ... Unvergeßlich wird mir der Messerkampf des 3., und die Blutgier der Schlußszene des letzten Aktes bleiben.

23. Jänner

An dieser lieben „Madame Pick", deren süße Liebe mich manchmal beinahe glücklich macht — es geht aber rasch vorüber, denn dazu habe ich absolut kein Talent — ist dieses eine vor allem bewundernswert und verdiente wohl einmal künstlerisch behandelt zu werden: diese Mischung von äußerster Perversität des Leibes sowohl als des Verstandes, nur von kindlicher, jungfräulicher rührender Reinheit des Gefühls. Ich glaube sogar, daß es dies letztere ist, dieses Hartmann von der Aue'sche sich opfern wollen für den Geliebten, was sie immer tiefer in die erstere hinein führt ...

(Ohne Datum)

Die Moderne.

Das ist ungeschickt, sagte die Kleine und streckte den Kopf, auf dem linken Arm aufgestützt, vor — das ist ungeschickt. Du redest immer davon Tag und Nacht und man weiß nicht, was es ist ... eigentlich ... die Moderne. [...]

Ich lachte. Ich nahm den kleinen venezianischen Spiegel von der Wand und hielt in ihr vor. Sie sah alle ihre Schelmerei darin und jene unendliche Sehnsucht, die auch in der wildesten Raserei der Wonne niemals im Grunde ihres Auges verlischt. Sieh' sagte ich. Das ist sie, die Moderne. Nun weißt du, wie sie aussieht.

(Ohne Datum)

Die geistreiche Jacqueline, deren Plauderei ich immer mit so freudigem Entzücken lese, schreibt im *Gil Blas* vom 19. Jänner: „Dis-moi, qui tu aimes, je te dirai qui tu es. Montre moi tes femmes, je saurai ce que tu vaux."

26. Jänner

Luxembourg, Puvis de Chavannes übt einen unheimlichen Zauber aus[5]. Ein weiter, weiter See, mit flachen Ufern, nur am rechten Ende des Horizonts von einem niedrigen hellbläulichen Höhenzug begrenzt.

---

[5] Gemeint ist PUVIS DE CHAVANNES (1824—1898) Bild „Der arme Fischer", das sich im Musée de Paume (Paris) befindet.

Vorn rechts der grünlich-graue Boden einer Insel mit niedrigem
Pflanzengestrüpp bedeckt, in dem ein seltsames Gelb vorherrscht. Ganz
vorn, eben am Ufer dieser Insel, ein einfacher, aschgrauer Kahn, der
einen dunkelgrauen Schatten im See wirft, dessen spiegelglatte Fläche
ein helles Grau, ein schmutziges Weiß ist. Im Kahn aufrecht, sinnend,
traurig-stupid, mit gelassener Wehmut, die Hände über dem Bauch
gefaltet, ein Mann, mit einem ins Proletarische verwilderten Christus-
kopf. [...]
      Der ungeheure Zauber aber, mit dem einen das Bild sofort
überwältigt und nicht loslassen will, liegt in dem grünlich-graugelben
Nebel, in dem feine Empfindungen eingewickelt sind. Es liegt gleichsam
ein Schleier darüber, dünn und zart, aber durch den wir die Dinge doch
ganz anders sehen; — genau so wie über den Dingen des Lebens. Es sind
nicht bloß die Gegenstände gemalt, sondern auch die Physiognomie der
Natur, in welche sie eingefüllt sind, die Luft, die sie einatmen und
ausströmen. Die klägliche Magerkeit der Figuren gemahnt an Böcklin.
      Café de la Paix. Abends.
      Das Fenster, eine Hand hoch über dem Boden beginnend und über
die ganze Breite des Zimmers, ging auf eine Avenue hinaus, in der sich
ein heiterer und lebendiger Abend im reichen Glanze verschiedenfarbi-
ger Lichter heruntermalte. Es war ganz von einem kunstvoll gewobenen
Spitzentuche bedeckt, das in anmutigen Verschlingungen die liebliche
Szene von Paris und den Göttinnen darstellte.
      Das Gewebe war so dicht, daß man dadurch von den dunklen
Formen der Straße nichts wahrnehmen konnte, sondern nur die
mannigfachen Farben der Lichter, große und kleine Ballen, zitternde
und unbeweglichen, rot, grün und weißliches Gelb. Von Zeit zu Zeit,
wenn einer der schweren Omnibusse vorüberrasselte, dann bohrte sich
eine große brennende Feuerkugel in das zarte Linnen, schreiend
gewalttätig, als wollte er das ganze in Rauch verzehren.

30. Jänner

Prächtig der *Ghirlandaio* im Louvre! Ein in helles, saftiges Rot
gekleideter alter Mann mit weißen Haaren, kleinen zusammengekniffe-
nen Schweinsaugen, eine Warze auf der Stirne und einen ganzen Haufen
auf wulstiger, davon unförmlich aufgeschwollener Nase; ein kleiner
Junge, schwarze Ärmel, sonst dasselbe Rot, auch Mütze. Kleiner
Ausblick auf phantastische Landschaft mit so gewissen Gugelhupfber-
gen.
      Ingres ist ein hundsfader Kerl, beinahe wie unsere Sippschaft
Cornelius. *Scheffer* ist dumm-sentimental. *David* Prachtkerl. Sein
Schwur der Horatier von mächtiger Wirkung, entzückend sein *Paris und*

Helena, ein reizendes Liebesgedicht — das ist nicht kalter Kathederklassizismus, sondern durch Rokoko gesehener und an dem Rokokofeuer zu modernem Leben entzündeter Klassizismus.

(Ohne Datum)

Ich bin modern. Daher kommt es, daß ich ganz anders bin als alle die anderen. Das ist vielleicht ein kleines Verdienst, aber es ist jedenfalls, was den Erfolg betrifft, ein großes Unglück. Modern — das heißt, ich hasse alles, was schon dagewesen ist, jedes Vorbild, jede Nachahmung und lasse kein anderes Gesetz gelten in der Kunst als das Gebot meiner augenblicklichen künstlerischen Empfindung. Der gehorche ich unbedingt, denn ich glaube, wenn wir die Kleidermode alle Jahre wechseln, könnten wir schon auch anstandshalber die literarische Tracht alle Jahrhundert einmal wechseln, und wenn wir anders essen, wohnen, sprechen, singen und lieben als unsere greisen Ahnen, warum gerade nur sollen wir immer in der nämlichen Weise dichten?

(Ohne Datum)

Un âge de décadence, de complexité et de joies morbides. Paul Bourget.

31. Jänner

Mit Vanières in einem ganz letzten Café Concert gewesen, wo zwei Mädchen anzumerken waren. Die eine eine lebendige Frage, von oben bis unten Verwunderung, Überraschung, Erwartung irgend einer Sache. [. . .] Die andere war eine jener eingeteufelten Pariserinnen, die, ohne das mindeste an Schönheit zu besitzen, in vielem nicht bloß unregelmäßig, sondern geradezu häßlich, einen Parfüm von Wollust ausströmen, daß man ganz toll wird vor Begierde.

Wunderschönes schwarzes Haar, tiefsündige schwarze Augen mit einem köstlich verlotterten Blick, und das rosige Fleisch mit einer weißen Robe bedeckt. Wenn sie nur mit einer leichten Bewegung den Arm hob, dann sah man zwischen diesem blendenden Weiß und diesem sanften, wie eine betäubende Melodie lockenden Rosa einen tiefschwarzen Flaum in den Höhlen der Äpfel — und es war, als ob von da eine brennende Höllenglut ausginge, die den ganzen Saal verzehre. Ich werde das Zusammenspiel dieser drei Farben nie vergessen. Nachmittag, vor dem Luxembourg-Garten, habe ich lange den Himmel betrachtet. [. . .]

In dem *Eifersuchtsroman*: Der Moderne — der hochgespannte Idealismus, mit dem er zuerst an die Welt herantritt, hat sich, sobald er ihre Erbärmlichkeit und Niedertracht erkannte, zunächst in wilden Entrüstungspessimismus verwandelt, der sie um jeden Preis vernichten möchte; dann, wie er das als Unmöglichkeit einsieht, in Gauloiserie, die

die Welt verachtet und verhöhnt und gerade für gut genug hält, sich mit ihren Genüssen zu betäuben. Der raffinierte Genußmensch — aus Idealismus.[6]

6. Februar

Mein Visavis eine allerliebste zierliche, ganz kleine petite femme, einen großen schwarzen Rembrandthut mit mächtiger weißer Feder, schwarzer Boa, schwarzen Übermantel, einen breiten schwarzen Schleier mit großen schwarzen Tupfen, den sie mit der linken gelb behandschuhten Hand hinaufschiebt, indem sie die Hand quer an die Nase legt, so daß er über sie wie über eine mit Ranunkeln überwachsene Terrasse herunterfällt. Das Köpfchen hat sie ganz in das mit einer roten Flüssigkeit gefüllte Glas vergraben, sodaß die weiße Feder vorne über baumelt.

Die Horizontale neben mir ist sehr stark und süß parfümiert, sodaß ich immer schlucken muß — so nimmt es mir den Atem.

(Ohne Datum)

Von zwei Dingen eins: entweder wir suchen in ernster Forschung die unheimlichen Rätsel der Zeit zu ergründen und ringen mit der Zukunft, ihr den Schleier zu entreißen. Oder wir amüsieren uns. Gut. Dagegen habe ich gar nichts, oh, gar nichts. Ich bin auch ein Mensch ... Plaisanterien.

(Ohne Datum)

Montmartre.

So ist Montmartre, wenn ich das richtige Wort brauchen soll, das Cafè Grünsteidl in Paris. Das muß aber schon ein braver Wiener sein, der das verstehen will.

8. März

Es gibt keine prunkendere Pracht, keine festlichere Freude als diese unvergleichliche Würde der Galerie d'Apollon. Erst ist das Auge wie gebannt und verzaubert durch diese rauschende Fülle gleißenden Goldes, oben und unten, überall, die Wände hinabkletternd in trunke-

---

[6] Der „Eifersuchtsroman" ist ein unveröffentlicht gebliebenes Romanfragment, mit dessen Entwurf BAHR im Jänner 1889 begonnen hat. Unter dem Arbeitstitel „Die Märtyrer der Liebe" schildert der Autor die erotische Beziehung des „Modernen" Heinrich Hönig zu einer bürgerlichen Frau, deren Unterwerfung er vergebens versucht. Das Romanfragment enthält autobiographische Züge.

nem Jubel und über den mächtigen Bogen der Höhe sich schwingend in verwegenem Übermut.

Es ist ein lärmendes Bacchanal von gleißendem Golde. Wenn wir uns aber nur erst an diese laute Sprache gewöhnt und auf diesen hellen Ton gestimmt haben, welche Grazie, welche Anmut, welche Freude! Diese rastlosen Statuen überall, trotzige Kämpfer, marmoren, aber das Haupt goldig bekränzt, Helden, üppige Frauen, kosende Amoretten, schnaubende Wildtiere, in alle Winkel flatternd, ruhelos, immer bewegt, die Muskeln zum Brechen überspannt! Welches Leben! Welche Gewalt! Welch ein Jauchzen selbstbewußter Kraft.

12. März

Vor Puvis de Chavannes könnte ich Jahre weilen, in andächtiger Bewunderung versenkt vor so viel unfaßlicher Größe. Da ist alle Realität überwunden, nicht durch die Willkür angestoßen, sondern durch eine höhere Realität aufgehoben, durch eine überwältigende Notwendigkeit, neben der jene gewöhnliche Irdischkeit nur wie eine belanglose Zufälligkeit erscheint, wie bei Böcklin. Es ist ein Gedicht. Oder es ist eine Symphonie. Es ist eben die eigentliche Malerei. Es ist nur Farbe, nichts als Farbe und darum die höchste Philosophie. [...]

Es ist jene unendliche Lyrik, deren Hauch manchmal über unsere Seelen streift, daß es einen bangen hastigen Seufzer gibt, und es wird uns unsäglich wehe und unsäglich gut und wir möchten die Arme ausbreiten, um zu umfangen, was hinter der Welt ist, und möchten fragen, was über uns ist; bleiben aber starr und staunen, und in einem Augenblick, wie heißer Jasminduft im lauen Atem der Sommernacht, ist es verweht. Es ist ein Evangelium. Es ist die neue Kunst. Wie Böcklin. [...]

Und noch eines bei Puvis de Chavannes. Weil diese neue Kunst, zu deren ersten Offenbarungen seine Werke gehören, in ein ganz neues Gebiet schlägt, schlägt sie zunächst, um nur aus ihrem Inhalt herauszukommen, in jenen der Nebenkunst ein: Die décadents suchen das Gedicht, das malt, Richard Wagner ist die Musik, die denkt, Puvis de Chavannes ist die Malerei, die singt.

(Ohne Datum)

Die Moderne ist alles seit dem Zusammenbruche des Individualismus: alles, was da nicht ist, sondern wird. Dieses namenlose Wünschen, das Ringen nach einer Weltanschauung und einer Kunst. Die moderne französische Malerei zeigt seit ihrer Geburt, die im 18. Jahrhundert (wie alle Moderne) ist, drei große Richtungen: die Richtung auf die raffinierte Lyrik, die Richtung auf den kritischen Naturalismus, und die Richtung auf das Repräsentative.

27. März

Zwei Stunden bei Catulle Mendès gewesen.[7] Ein blonder Paul Heyse, auch von der schlanken Biegsamkeit und turnerischen Elastizität Paul Heyses, nur zarter, feiner ziseliert, mehr im Detail ausgearbeitet. Eine edle, hohe prächtig gewölbte Stirn, in den Ecken, wo die Haare schütter sind, tief in den Schädel hineingegraben. Wunderschöne Lippen, nur eine feine Linie, aber fleischig, bebend vor Leben ... Alles an ihm ist Bewegung, lebt und flattert. Er hat ein kleine Pfeife, die er immer wieder anzündet, ausklopft und von neuem stopft ... [...]

Über Baudelaire und Musset, davon der eine am Haschisch, der andere an Absinth starb, sagt er bei aller Bewunderung, die er für sie hegt, sie hätten der Literatur mehr geschadet. Über Liebe spricht er wie ein Priester vom Allerheiligsten. Aufmerksam gemacht auf das komische Leben Zolas, Flauberts, Goncourts.

Les décadents *sind* nichts, aber es ist unzweifelhaft, daß sie was werden, und aus ihnen was wird. Nur leben die jungen Leute zu gern. Lieben die jungen Frauen und die guten diners zu sehr.

(Ohne Datum)

Einige schelten Catulle Mendès, er sei alle Augenblicke anders. Jetzt leidenschaftsloser Lyriker marmorener Verse, jetzt romantischer Schwärmer akzentuierter Leidenschaft, Shakespearomane und Hugoist und Heinerianer und Properzianer. Und also, schließen die strengen Moralisten der Ästhethik, er habe — dichterisch — keinen Charakter. Es sind das dieselben Leute, die in der Politik, wie einer einmal eine Dummheit gemacht hat, ihm nur dann ihre Hochachtung nicht versagen, wenn er so ehrenvoll ist, sie unermüdlich alle Tage zu wiederholen, bis an sein Lebensende. Als wenn die Dummköpfe ein Privileg hätten: Anständigkeit. [...]

Ich aber, der ich kein Kritiker bin, oh nein, sondern ein Don Juan der Schönheit, wo ich sie finde, braun oder blond, mit tränender Wimper oder kichernden Zähnen, ich liebe ihn, ich liebe ihn gerade deshalb. Eine Zeit, mit einer ausgeprägten Richtung, wird scharfe Charaktere in der Dichtung; in jener großen Odyssee nach dem unbekannten Ideal, das überall sein kann und nirgends ist, die man die

---

[7] In einer Besprechung des Märchenspiels „Isoline" bezeichnet BAHR MENDÈS als den bedeutendsten zeitgenössischen Lyriker (Deutsche Zeitung, vom 8. Februar 1889). Catulle MENDÈS (1841—1909) hatte sich insbesondere durch die Heraugabe der ersten Lieferung des Sammelwerks „Le Parnasse contemporain, recueil de vers nouveaux" verdient gemacht, von dem die literarische Schule der sogenannten Parnassiens ihre Bezeichnung ableitete. Er ist einer der frühesten französischen Verehrer Richard WAGNERS.

Gegenwart nennt, scheint mir der unerschrockenste Wanderer überall-
hin der wahrste Held.

(Ohne Datum)

Ein einziges Gemeinsames war es, das sie zusammenhielt — neben
persönlicher Freundschaft, und dem neidlosen Wohlgefallen eines
Talents an dem anderen — die Liebe zur Schönheit der Form, la phrase
bien dite, der Cultus der reinen Form. [...]
Von Charles Baudelaire ist das bekannt, darin Heine vergleichbar,
dem größten Formkünstler in deutscher Sprache. Aber außer ihm, diese
echt künstlerische Leidenschaft charakterisiert überhaupt die moderne
Literatur der Franzosen, seit dem Ausgang der Romantik. Sie sind
allesamt raffinés der Form. Flaubert, Goncourt, Daudet und der rauhe
Zola.
Und haben sie denn nicht recht?
Ein vollkommener Satz, ein blühendes Wort, ein Geschmeide ist
doch das einzige auf der ganzen Welt, das ewig. Völker verschwinden,
spurlos, Berge sinken und die Götter werden enthront, die Farbe des
Malers verblaßt und der Marmor des Bildhauers bricht im Sturm der
Jahrhunderte. [...] Aber das einmal gesprochene Wort ist ewig und an
seinen heißen Klängen und seiner blühenden Farbe, selbst wenn sein
Gedanke längst erstorben ist, schwelgt nach Jahrtausenden noch ein
ferner Nachfahre in lebendiger Freude. Was ist uns die Heldenwirt-
schaft Homers und wir berauschen uns doch an der Symphonie seiner
Worte, deren Bedeutung keine Gewalt mehr hat über unsere Seele!

(Ohne Datum)

Vorwort zur *Novellensammlung.* [...]
Und immer dann, wovon wir auch begonnen hatten, wir endeten
immer bei jenem tiefschaurigen Rätsel der Menschheit, das so großes
Sterben anrichtet unter den Hoffnungen und den Freuden; wir endeten
immer bei jenem einen Unbegreiflichen und Unfaßlichen, das durch die
Welt schreitet, lachend und bluttriefend, küssend und mordend zugleich, wir endeten immer beim Weibe.

(Ohne Datum)

Die französische Höflichkeit kennt nicht die Habtachtstellung der
berlinischen. So gleicht sie weit mehr der unsrigen — in Wien — nur daß
freilich diese ein Privileg weniger Gebildeter, jene hingegen Gemeingut
der Nation ist. Sie sitzt im Herzen, nicht im Rückgrat.

(Ohne Datum)

Wir wollen überall die Synthese des Äußerlichen und des Innerlichen,
Welt und Ich, der wildesten Kraft (brutal, ungebrochen) und der
zartesten, überreiztesten Raffiniertheit.

(Ohne Datum)

Ich kümmere mich jetzt nicht mehr um die Nationalökonomie, jene
schöne Wissenschaft, in der alles wahr ist und man nur etwas zu
behaupten braucht; aber wenn ich, alle Halbjahre einmal wieder nach
einer ihrer Zeitschriften greife, finde ich immer den nämlichen Artikel
Zur gegenwärtigen Wirtschaftskrisis.[8]

15. April

Luxembourg. Vor dem Bilde des Benjamin Constant, *Les derniers
rebelles*, welches von großer dekorativer Wirksamkeit ist und in der
Wahl und der Vereinigung der Farben von einem bravoureusen
Raffinement, fällt mir, einmal mehr, diese unvergleichliche Begabung
der Franzosen für das Repräsentative auf. [...]
   Darum haben sie die besten Schauspieler, darum sind gewöhnliche
Bilder französischer Mittelmäßigkeit so oft wohlgefälliger als die
Meisterwerke unserer Berühmten (wodurch der Neuangekommene in
Frankreich so verwirrt wird), darum schreiben ihre Reporter einen
besseren Stil als unsere großen Dichter. Gerade dieses Talent für das
Repräsentative, für die große, ruhige, majestätische Gebärde führt sie
gern in den Orient mit seinem hellen Licht, seiner Farbenpracht, seinen
mächtigen, langsamen, großzügigen Gesten. [...]
   Chaplin, schlafendes Mädchen mit aufgelösten Haaren und nack-
tem Busen. Fragonard. Von unglaublicher Süßigkeit und Milde und
einem Raffinement von anmutiger Keuschheit, das wie Heliotrop
berauscht und verwirrt. Es ist gemalter Catulle Mendès. Dabei ist das

---

[8] Von den hohen Erwartungen, die der junge Student in das 1884 aufgenomme-
ne nationalökonomische Studium setzte, schreibt BAHR in seinem „Selbstbildnis" 1923: „Ich war nach Berlin gegangen, um Nationalökonomie zu
studieren, eine Wissenschaft, von der ich zwei Jahre früher noch kaum den
Namen kannte; sie war eben erst Mode geworden ... Sie war uns fast, was den
Neugierigen heute der Okkultismus ist: Einsicht in die geheimsten, Völker-
schicksal bestimmenden Kräfte versprachen wir uns ja von ihr, auch wir
wollten zaubern lernen, eine glücklichere würdigere Zukunft der Menschheit
herbeizaubern."

Hermann Bahr, 1909.

7.

„Une phrase bien faite est une bonne action."

Zola Le Roman Experimental S. 304.

8.

9.

O fils et frères, O poètes,

10. Ein schönes Wort von Paul Bourget in La Vie Parisienne:

„Ce qui dépasse l'imagination en brutalités, la dépasse aussi en délicatesses."

11.

Tagebucheintragung vom Jänner 1889.

Charles Baudelaire. Heliogravure nach einer Lithographie von Emile Deroy
(1844).

Paul Bourget. Um 1890.

Hermann Bahr mit seiner Pariser Geliebten.

Hermann Bahr vor Rodins Plastik „Le penseur", Paris 1900.

Hermann Bahr, 1906.

Adalbert Stifter. Gemälde von Ferdinand Georg Waldmüller (um 1830).

Rosa Bahr, geb. Jokl.

Villa Bahr in Ober-St. Veit (Architekt Josef Olbrich).

der Typus der jungen Französin aus der Aristokratie, wenn sie aus dem Kloster kommt, die wohl das reinste, süßeste und keuscheste ist, was man nur mit der lautersten Phantasie zu ersinnen vermag. Merkwürdig, daß gerade daraus so oft dennoch tigrisches Scheusal wird, une vraie mondaine.

Van Dyck, La vierge aux donateurs. Wunderschön, Synthese der germanischen Gewalt in Charaktertreue, der romanischen Grazie ... Erfassung des Schönen. [...]

Gericault (*Le Radeau de la Meduse*) erinnert an Byron, dessen Vorwürfe er so gern behandelt hat. Er ist einer jener Gewaltmenschen, die viel größer sind als ihre Werke, deren eigentlicher Reiz nur in der Kunde besteht, die sie von ihrem Schöpfer bringen. Es ist immer was Gequältes, Gezwungenes, Gesuchtes und Suchendes in ihnen. Man hat nicht das Gefühl, das ist groß, das ist schön; sondern, wie Großes, wie Schönes muß der in der Seele gehabt haben, um diese Bruchstücke und Scherben davon lossplittern zu können. Es ist die Linie Michelangelo — Beethoven.

(Ohne Datum)

Der Grundsatz des Naturalismus ist das Dokument, die Kopie. Die Persönlichkeit kann also nur in der Form unterkriechen, in den „épithètes rares", in der „trouvaille des mots".

(Ohne Datum)

Fuenterrabia, hieß es, dürfte ich nicht versäumen: hart am Französischen, sei es spanischer als irgend tief drinnen.

Nämlich, von rauhem und kriegerischem Schicksal oft überfallen, das es von seiner Art losreißen und fremden Gebote unterjochen wollte, verbiß es sich nur desto störrischer in seine Weise und verstockte desto hartnäckiger in das Brauchen der Heimat. [...]

Aber von so viel Heldenschaft ist nur Tod in Trümmern übrig und in den zerborstenen Säulen und Toren spinnt Moos seine Träume. Alles ist schwarz und still; nichts regt sich und nur der furchtsame Schritt des Wanderers hallt weithin; es wandelt einen an, den Hut zu ziehen, wie auf einem Kirchhof.

(Ohne Datum)

Burgos. Zuerst in einer Kirche, die ich für 17. Jahrhundert halten würde, eine von maurischen Erinnerungen geleitete Spätrenaissance. Um den mit üppigem Ornament geschmückten Dom sechs Kapellen, jede mit einem überladenen Barockaltar in Gold, der Hauptaltar mit von geschweiften Statuen und Säulen eingefaßten Goldquadraten den ganzen Grund füllend. [...]

Nachmittags bin ich zum Friedhof hinauf. Da hat man zwischen Pinien eine weite Sicht auf die flachwelligen, kahlen Hügel; Häuser sind kaum, keine Spur des Menschlichen da in wenigen zerstreuten Trümmern.

Hier ist, auf der Rampe, ein Obelisk zum Andenken des General D. Juan Martin Diez *à la lealtad al Patriotismo al valor heroico al Moderno Cid Castellano*, wie die Inschrift sagt. Davor kugelte ein Haufen Murilloscher Jungen im Grase, in farbigen Lumpen; das jüngste stillte die Mutter, sehr schwarz und sehr bleich, ganz nach der Vorstellung des Spanischen, in ein paar Fetzen. Daraus hätte sich ein kastilianisches Gedicht machen lassen. Langsam zogen in langen Reihen die Esel vorüber.

Noch einige Schritte weiter zwischen Geröll ragt zwischen zwei verwitterten Säulen auf massigem Sockel eine plumpe Platte, welche das Wappen des Cid trägt. Hier war sein Haus. Heute waren ringsum, daß man die Inschrift zu lesen verhindert war, Laken zum Trocknen gehängt, die eine halbnackte Dirne wendete.

Wenn man dahinter zum Schloß hinaufsteigt, auf den korinthischen Bogen, das sind nur Trümmer, weithin versplittert, rauchig, borstig, fleckig, schwarz die einen, die anderen rot, manche von einem matten Moose übergrünt. Selten tönt hier ein Laut. Einen Seiler sah ich sein Tau stricken, hoch oben auf der Kante des Berges, im Winde flatterte sein roter Gürtel. Vor dem Bogen tropfte eine gelbe alte Hube Mist und Unrat in einem Bettsack.

Unten, neben der Kirche, ging eine langsame, müde Säge. Es ist unsäglich traurig.

(Ohne Datum)

Valladolid. Eines Abends erinnere ich mich, dessen ich niemals vergessen kann, in hundert Jahr nicht, der Zufall schenkte mir seine Wollust. Ich schlenderte durch die Stadt, nach dem Mahle, zum Verdauen, ohne Plan, und fernen Klängen vertraute ich mich an, die schmeichelten, wie sie der Wind so zerrissen trug. Sie geleiteten mich an eine elende Orgel, von einem lahmen Alten stümperlich gedreht, in einer steilen, schüssigen Gasse, der fürchterlichen ähnlich, die Rochegrosse im *Vètellins* gemalt hat: so schmal, verfallen und in Trümmern war sie, elend spitz gesteint und von den morschen Erkern hing zersetzter Splitter. Da aber, zu dem matten Klange des ausgedienten Werkes, das jenes ewiges Lied versuchte, mit dem Bizet die *Arlesienne* gekrönt hat, walzten kastilianische Bettler.

Ja, bettelarmes Volk war es, in Lumpen und Rissen, das sich da majestätisch drehte, in königlichen Gebärden. Und die Töne schwollen zum Jauchzen, erstarben in Seufzern. Und immer mit der nämlichen schmerzlichen Würde, als ob sie — priesterlichen Dienst verrichteten von schauriger Bedeutung, drehten sich feierlich die Jungen im roten Mantel mit den schwarzen, feurigen Dirnen.

Ich lehnte da, eine Stunde wohl, am Ecksteine, und träumte und hätte weinen mögen vor Wollust.

(Ohne Datum)

Venteurs dans le musée de Madrid.

Goya [...] Phantastischer Realismus, in den Greuel- und Schrekkensszenen. Er will das ganze Grauen des menschlichen Unglücks malen, aber nicht kalt, ein Stück nach dem anderen, als ob er ihm seinen Schauer zu nehmen fürchtete, wenn er es in seine Teile zerlegt. Sondern wo wie Empfindung des Grauens von solchen Szenen aus durch die Seele huscht. Er malt naturalistisch die Empfindung.

Tiepolo (1693—1770). Rokoko. [...] Il est naturaliste, décoratif et lyrique, tout en même temps ... la verité n'est pas seulement ni dans la fait, ni dans la couleur, mais elle est encore et anvant tout dans le coeur, dans le sentiment, dans l'esperance. Le *Petit triomphe de Venus* enfin rien qu'un rêve heureux, qui oublie tout l'exterieur et ne connâit plus soi même.

Velasquez. Il était toujours chercheur, affamé de nouveau, desireux de l'inconnu. Il commençait tout, essayait tout. Il suivait toujours les nouvelles idées, des nouveaux caprices ...

(Ohne Datum)

El Escorial. Ich kann also ruhig sterben — wenigstens, da ich schon immer unruhig gelebt — ruhig sterben, nachdem ich das größte Wunder der Welt gesehen, so versichern die Spanier. [...] Es ist unglaublich, wie schamlos süßlich und gemein dieser Bau ist, vom Anfang bis zum Ende, innen und außen, im Ganzen und durch alle Teile. Man tut gut, sich Hegelische Begriffe vorzuenthalten, daß auch solche Erniedrigung des Menschengeistes einmal notwendig gewesen und unvermeidlich durch die Bedingungen der Zeit; man kann sich vandalischer Anwandlungen nicht erwehren. Es gibt gewisse Gemeinheiten, in Taten und in Werken, die ein rechtschaffener Mann nicht erträgt, ohne dreinzuhauen.

Schon die Farbe ist scheußlich: gelb und grün, als wäre es aus Gift und Galle zusammengeneidet. Sie hat was schleimiges und krötenmäßiges, das den Ekel auftreibt. Und es ist, als sähe man in die ausgeronnene Fratze dieses Philipp selbst, so speichelhaft und weichtierisch (molluskisch).

(Ohne Datum)

Sevilla. Die Häuser, meist ein- oder höchstens zweistöckig, flachdachig, sind entweder grell weiß oder mit sehr lustigem Hellgrün, Rosenrot, Ocker getüncht. [...] Alles ist blühend in dieser Stadt, blühend und lachend, die Ärmste steckt Knospen in das knisternd schwarze Haar und die Zeitungsrufer singen die Titel ihrer Ware, in melodischen Rythmen. Und überall ist von Orangen ein süßer Duft und es fächern sich die Palmen. [...]

Es ist eine Stadt, deren Atem gut, glücklich und gesund macht. In der Luft liegt Lieben. Alles Schauen ist hier Lachen und jedes Wort Gesang. Trauer hat keinen Platz, Mühseligkeit ist verbannt. Märchen werden gelebt, schönere alle Tage.

(Ohne Datum)

In Turbaran fassen sich diese beiden Triebe — der epische und die Anfänge des farbigen — das erste Mal zusammen und in einer von der italienischen besonderen Form. Mit dieser neuen, spezifisch nationalen Weise beginnt er den Ausdruck spezifisch nationaler Gefühle: den heißen Mystizismus, das brennende Brüten über dem Heiligen, die grausame und blutige Wollust des Glaubens. Er hat die Inquisition in der Farbe, ihr Großes und Erhabenes, wie ihre Schrecken. [...]

In ihm ist das Gefühl ein springendes, von demütiger Kontemplation zu blutiger Begierde. Etwas Rastloses, Suchendes, nimmer Zufriedenes; einer von denen, welchen die Kunst ein Kainszeichen ist. Wie in Ribera ringt mit mächtigem Lyrismus ein ebenso heftiger Trieb nach der alltäglichen Wahrheit.

(Ohne Datum)

„Il n'a qu'une manière d'être heureux par le coeur; c'est de ne pas en avoir." Bourget.

September/Oktober 1889

Das Spanische Buch.

„S'empoisonner, parfois, rend sage" (Jean Richepin).[9]

29. September

Erstens: Ich schreibe dieses Buch für mich, als eine Hilfe des Genusses, dem allein ich hinfort leben will. Ich weiß, aus Erfahrung, daß alles Lüge ist, außer mir, und eigentlich gar nicht besteht, wie ich mir nur einen Augenblick die Mühe gebe, es nicht zu wollen. Ich weiß, daß mein Ich nur in einer Reihe von Empfindungen vorhanden ist, je reicher und kräftiger diese Empfindungen hervorgebracht werden. Ich will also ihnen allein und mit eifrigem Dienste leben, diesen weltschöpferischen Sensationen und, seit jenem unverhofften Gewinn, kann ich es auch, was immer meine Sehnsucht gewesen. [...]

Die Sensation wirkt aber nur halb und versagt den Genuß, solange sie unbewußt bleibt: Ihre Vorstellung ist erst das rechte Vergnügen. Dieses ganz zu kosten und in den wechselnden Sensationen jedesmal völlig heimisch zu werden, schreibe ich dieses Buch, von einer Stunde zur anderen: Es sei ein Protokoll aller Empfindungen, woher sie kommen, wie sie sich in meinen Sinnen einrichteten, was sie auf meinen Nerven machten.

So werden sie mir erst vertraut, zugänglich und recht wirksam werden und auch von der Erinnerung, wenn ich in den alten Seiten blättere, verspreche ich mir wieder neuen Kitzel. So winkt in der Form das Ideal, mir in den gesammelten Sensationen eine Zukunft von Sensationen aufzuzüchten, die außer sich gar nichts mehr nötig hätte und ganz einsam und unabhängig leben könnte — ich brauchte nur die gewisse Seite aufzuschlagen, die ein aufmerksames Register angäbe, um jede beliebige Sensation in mich zu leiten, und so wäre ich Gott. [...]

Also, noch einmal, daß es ja gewiß recht deutlich und ausgemacht sei: ich will faire du sensationnisme, aber nicht, wie André Mellerio, von

---

[9]   Jean RICHEPIN (1849—1926), der von Romantik und Naturalismus beeinflußte Schriftsteller und Globetrotter, wird von BAHR als Schutzpatron seiner Reise durch Frankreich und Spanien angerufen. Das nie veröffentlichte Romanwerk „Das Spanische Buch" erweitert Stationen der im September 1889 angetretenen Fahrt durch phantastisches Imaginieren von Grenzerfahrungen — von Drogenrausch und Prostituiertenbesuch bis zu religiöser Buße und Pilgerschaft. Die sechs Hefte des abgeschlossenen Werkes dokumentieren letztlich vergebliche Selbstfindungs- und Selbstmitteilungsversuche des Autors.

dem ich dieses Wort habe, und die anderen braven Bourgetisten, bloß in der Schrift, was eine verderbliche Halbheit, sondern in der Tat, was erst die selige Erfüllung ist. Ich will Sensationalismus leben, und nichts als Sensationalismus. Dieses Buch sei mein Instrument.

Empfindungen, Sensationen, Emotionen, Nervenschwünge, Sinnenreize — unter diesen Namen kann man wählen. Sie sind die einzige Wahrheit. Was ihnen nicht dient und hilft, ist fürder ausgeschlossen aus meinem Leben.

Zweitens aber: ich schreibe dieses Buch, indem ich es für mich schreibe, zur selben Zeit auch für die Nachwelt, als ein Denkmal, das nicht vergehen kann. Unsere Zeit das erste Mal hat sich von den Vorurteilen und Irrungen einer denkenden und deshalb leidenden Vergangenheit befreit und über wenige Erleuchtete ist das Heil gekommen, das sich ausbreiten, die Vernunft hinrichten und das Glück, welches nur in sorgfältig abgemessenen, behutsam gesteigerten und durch mannigfaltigen Wechsel erfrischten Schwüngen der Nerven besteht, begründen wird. Unter diesen Erleuchteten aber ist, so viel ich auch suche, keiner zu finden, der es so helle wäre wie ich.

4. Oktober

So geht es mir immer: Am Meere schwelgte ich von den Bergen und in den Bergen jetzt schwelge ich vom Meer. Wirkung, Freude und Genuß gewinne ich von den Dingen, erst wenn sie, vorüber, der Wirklichkeit entblößt und in Vorstellung verwandelt sind. Was anders als durch meinen Geist in meinem Geiste ist, das Fremde, tut mir weh.

5. Oktober

Was in und an den Dingen selber geschieht, ist uns sehr gleich und wirkt niemals auf uns. Aber die Schicksale unseres Bewußtseins bestimmen unser Glück und was den Vorstellungen geschieht, das bereitet uns Lust und Schmerz.

6. Oktober

Indem ich meinen Constant wieder einmal durchblättere, den göttlichen Weisen, halte ich an jenem ewigen Worte, welches den ganzen Menschen, das ganze Leben, das ganze Schicksal enthält: „Les circonstances sont bien peu de chose, le charactère est tout; c'est en vain qu'on brise avec les objets et les êtres extérieurs, on ne saurait briser avec soi-même."[10]

Wozu haben sie eigentlich nachher noch Literatur gemacht, ja machen sie einige noch immer, wofern ich recht berichtet bin? Besser können sie das doch nicht sagen, als es hier gesagt ist, und das andere kann doch demjenigen nichts mehr bedeuten, dem dieses gesagt ist.

Ich habe nämlich meine ganze Bibliothek mitgeschleppt, die sämtlichen Bücher, welche verdienen, nicht verbrannt zu werden, wenn das große Sengen angehen wird; und die von unserer Kultur bleiben müssen: die *Nachfolge Christi*, die *Wahlverwandtschaften*, den *Adolphe*, die *Fleurs du Mal*, *Rouge et Noir*, den *homme libre*, nicht zu vergessen die *Mensonges*, natürlich.

18. Oktober

Viel Baudelaire in diesen Tagen. Er war von meiner Rasse und von meinem Stile. Doch fand er an seinem Leide, weil seine Eitelkeit es für was besonderes hielt, so viel Vergnügen und Zeitvertreib, daß, wenn man am Ende die Rechnung macht, ein Rest von Glück herauskommt; dagegen ich, ja, ich erkenne mein Leid als das ganz gemeine und lumpige aller Menschen.

Aber darin hatte er recht: sein Leid zu untersuchen und zu zerlegen, alle Tage und alle Tage, die Muskeln des Schmerzes in reinlichen Präparaten anzulegen und diese Sammlung unermüdlich durch neue Exemplare zu bereichern — es ist wirklich das einzige, was man tun kann, wenigstens vergeht das Leben.

22. Oktober

Fuenterrabia. Endlich im toten Lande! Trümmer, Moder, Verwesung. Und kein Laut. Allein, allein! Nichts lebt sonst. Ich bin das einzige Lebendige.

Wie ich dich lieben will, mein Spanien, weil du tot bist! Alles ist Spanien, überhaupt. Gebirge, Weib und Vogel ist Spanien. Wenn ich's erwecke, lebt's; ohne mich ist's Leiche. Es gibt nichts als Spanien, auf der ganzen Erde — verschlissene Soffiten, wenn meine Einbildung nicht über sie brennt, das Wunderlicht des ewigen Lebens. Alles ist Spanien,

---

[10] BAHR bezieht sich auf einen Roman des revolutionsbegeisterten Schriftstellers und Politikers Henri Benjamin CONSTANT DE REBECQUE (1767—1830), welcher 1816 erschienen ist: „Adolphe, anecdote trouvée dans le papier d'un inconnu".

aber nur Spanien verschmäht selbst die heuchlerische Gebärde des
Lebens. [...]

So ist hier endlich die Welt, was zu sein ich ihr erlaube ... ein weites,
weites, mannigfaltiges Museum meiner Neugierde.

25. Oktober

Dummes Gerede, als ob einer zwei Mal lieben könnte. Die Liebe ist von
jenen Krankheiten wie Scharlach und Blattern: Wer das erste Mal nicht
daran zu Grunde geht, der bleibt gefeit. [...]

Und übrigens, Liebe, Liebe, das wird in einem fort geschwatzt und
ereignet sich alle Jahrhundert zehn Male vielleicht — nicht einmal. Das
liebt aus Bequemlichkeit und liebt aus Mode und das liebt aus dem
Bauch heraus und in den Geldsack hinein und von selbst wären sie alle
miteinander niemals darauf gekommen, wenn sie sich's nicht aus den
Romanen vorläsen und anläsen, und da äffen sie dann die vorgezeichne-
ten Grimassen.

Aber der schnaubende, ruchlose Wahnsinn, der die Liebe ist, Marter
der Vernunft, Pest und Fieber des Leibes, Vulkan des Gefühles zugleich,
dieses fressende Gift durch die ganze Natur, höhlend, sengend, auszeh-
rend, diese wölfische Wut; welche in reißendes Raubtier verwandelt —
nein, dieses Vergnügen ist uns Großen reserviert.

26. Oktober

Das erste Mal wieder etwas wie ein Gefühl von dieser Gotik. Es ist noch
immer nicht das rechte, bei weitem nicht, und zu viel Verstand und
Bewußtsein hineingemischt: Die Überwältigung fehlt. Aber wenn ich es
nur sorgsam pflege und seine Elemente zusammenhalte, wenn ich
Erinnerung, Kritik und Vergleich hinausreinige, wenn ich was Goti-
sches dazu lese, um nachzuhelfen, vielleicht könnte es mir hier glücken,
mich aus dem Gleichgültigen und Unempfindlichen herauszumachen;
vielleicht klänge es in meiner Seele dann wieder einmal rein und voll. [...]

Offenbar, diesen schlichten gotischen Meistern fiel es nicht ein, was
zu „machen". Sie liefen nicht durch die ganze Entwicklungsgeschichte
der Menschheit hinauf und hinab und rastlos immer noch einmal
zurück, um das „Gebot der Moderne" auszubaldowern, „was uns Not
tut", und die kastilianischen Cafés haben sie kaum durch viele Debatten
beunruhigt über die „Sendungen der neuen Kunst", sich ihrer selbst
bewußt zu werden und das Innere erst in faßlichen Formeln auszugra-
ben, um nach dieser Vorschrift dann „das Werk" zu bauen. Offenbar,
sie waren keine „denkenden Künstler" und die „Aufgaben und
Bedingungen aller Kunst" kennen wir zehnmal genauer — nur in der
Kunst selbst sind sie uns über ...

Alle Tage, alle Stunden geben, was man gerade in der Seele hat, wie man's hat; das nämliche tausendmal, so oft man es fühlt, und tausendfachen Wechsel, so oft das Gefühl wechselt; dunkel und verworren, so lange es nicht von selber deutlich und helle geworden, und mit wachsenden Ausdrücken, wenn die Seele wächst, und mit Erschlaffungen und Ermattungen, wenn sie müde ist — und wem's nicht gefällt, der mache sich's selber anders. Von jeder Stimmung jedesmal einen Ausdruck, alle Tage, und statt in einem einzigen, in so viel Werken der Seele, als sie sich selber in Regungen und Wallungen zerstreut. Viele Blätter fallen, manche Blüte erbleicht, hohle Früchte sind, aber am Ende gibts doch einen Baum und gibt Nahrung und Freude. [...]

Jenes absolute Kunstwerk, welches die Modernen suchen, den völligen Ausdruck der ganzen Seele, das ist vor allem schon eine psychologische Bêtise. Man kann die ganze Persönlichkeit schon deswegen nicht ausdrücken, weil es eine ganze Persönlichkeit nicht gibt, die nur in der Zeit sich entfaltet, in Reihen, aber keinen Augenblick jemals ganz beisammen ist. So sei die Kunst in Brüchen, wie der Mensch in Brüchen ist; dann erst wird sie wahr sein.

27. Oktober

Und vor jeder gotischen Kirche, unter der Rose über den Aposteln des Tores, zwischen zwei anderen Ungeheuern, sollte man einen deutschen Professor aufhängen. Von dieser Ehrengarde aller Dummheit stammt nämlich auch diese, daß das Kunstwerk planmäßig und maßvoll sei und in der Absicht, welcher es dient, sein Gesetz fände.

Maß nehmen und Maß halten ist aber Beruf des Schneiders und das Beinkleid bloß ist äußerem Dienste und dem Zwecke gehorsam. Der Künstler umgekehrt, ob er male, dichte oder meißle, kann gar nimmermehr unmäßig genug sein, unmäßig ein Genie, und in ihm selbst ist seine einzige Grenze, in seinem Vermögen. Wenn diese gotischen Künstler sich erst gemäßigt und ihre Fülle in einen Plan gezwängt hätten, statt in dieser unbändigen, überschüssigen Hast allen Wust kunterbunt aus der Seele zu sprudeln, dann wären sie auch nur Seifensieder und Leinenweber geworden.

29. Oktober

Seelengotik, wie ich sie jetzt treibe, das ist die Kunst, Seelengotik immerfort zu fühlen, nichts als fühlen, das ganze Leben, aber statt in den dumpfen verworrenen Trieben der Masse, in Freiheit und bewußt, unter Geleit des Geistes, der lauscht und merkt. Keine Botschaft hinaus, die nur erst den Zusammenhang zerrissen, innere, innere Gotik.

1890

(Ohne Datum)

Abfahrt von Cadiz 31. Dezember abends auf dem französischen Dampfer Bastillio. [...] Ich fühlte es einmal mehr, daß das Meer gut macht. Es hat eine moralische Kraft und bläst das Schlimme weg. Es kam auf einmal über mich, daß ich an meine Liebe denken mußte, an das arme Mädchen, das im Norden friert. Und sie hätte Augen gemacht, wenn sie da gewesen wäre, wie gut und gerührt es mich auf einmal anwandelte. Ich habe sie niemals inniger geliebt. [...]

Es war alles hell: der Himmel war weiß und der Saum von Cadiz, immer ferner, schimmerte weiß und die Woge war weiß. Es war eine Helle ringsum, daß die Seele ganz licht ward. Man konnte nichts Böses denken; wie wenn man hohe Geigenseufzer. So schwammen wir in Silber, in welchem mählich das Tau und Takelwerk des Hafens, das wie mächtiger Wald schien, stumm versank.

Ich wollte die Temperatur wechseln und wechselte die Welt ... Gedanken stöhnten in ihm wie wenn ein schlaffes Segel im Winde seufzt. *Quid novi fert Africa?*

(Ohne Datum)

Alle suchen le clef du monde hors de nous. — Die Entdeckung eines neuen Sinnes. Maler genießt bis zu Extase Farben, Linien. „Les parfums, les couleurs et les sons se repondent." Baudelaire.

Der inneren Musik der Dinge horchend — am Meere — wenn alle Linien versunken waren, und unter den rieselnden Sternen, nur halbe Farben leise zu mir sangen. — Das Unmögliche jenseits der Sinne, das unerreichbar und doch in den letzten Gründen der verschwiegenen Seele irgendwo wirklich ist. Fern von den Mengen, den rohen Lauten irdischer Sprachen, der widerlichen Wahrheit. Curiosités morbides.

Was heißt Symbolismus früher und was nennt sich heute so? Setzt der Symbolismus von heute den Symbolismus, der überliefert ist, fort (wie auch natürlich mit aus dem neuen Geiste geschöpften Veränderungen) oder ist er etwas wesentlich verschiedenes? Und wenn, wo unterscheidet er sich?

Der alte Symbolismus à „Märchen" ist der künstlerische Ausdruck unsinnlicher Dinge in sinnlichen Zeichen, das Jenseits der Erscheinungen, das sinnlich nicht erreichbare Wesen der Dinge, das dennoch in uns sehr lebendig ist. Die hinter der zufälligen Wirklichkeit verborgene ewige Wahrheit ist der Gegenstand dieser Kunst; aber sie kann ihn freilich nur durch Zeichen ausdrücken, durch unzulängliche Stellvertreter des Unsäglichen. Sie nimmt aus dem Sinnlichen die Gleichnisse des Unsinnlichen. [...]

In der Schule der französischen Symbolisten finde ich von diesem Symbolismus keine Spur, als manchmal einen dunklen und unwirksamen Drang nach ihm, der sich in der Verehrung eines Symbolisten vom alten Schlage deutlich zeigt: Villiers de l'Isle Adam. Sondern nur eine neue lyrische Technik, ein vorher unbekanntes lyrisches Verfahren, eine besondere Methode. 1. Die rhetorische sentimentale Lyrik erzählt von Gefühl oder Stimmung. 2. Die naive realistische Lyrik erzählt die Ursache, deren Effekt dieses Gefühl ist und sucht eine ganz andere Ursache, die aber das nämliche Gefühl zum Effekt hat. Sie nimmt aus dem Sinnlichen Gleichnisse vom Sinnlichem. Also um Brucknersche Symphonien auszudrücken — Farben. [...] 3. Symbolistische Lyrik, sehr modern, indem sie ein Raffinement der Nerven, eine Feinhörigkeit und Empfindsamkeit verlangt, die unserer Zeit eigen sind.

(Ohne Datum)

Goya. Erste Begegnung mit Goya im Louvre. Ich schrieb gleich die Note: davon müßte man mehr sehen, weil — aber hier riß mir der Satz. Denn ich wußte mir keinen Grund für diesen gleich so sicheren Wunsch, sondern er war nur als verläßlicher Instinkt da. Jedesmal, wenn ich in diesen Saal des Louvre kam, fiel es mir wieder auf. Ganz wie man manchmal im Café einen findet, zu dem es einen zieht; und man weiß nicht, warum.

Vor meiner spanischen Reise sagten die anderen Künstler: Goya müssen sie sehen. Die Maler aber rümpften geringschätzig die Nase. Nun wurde ich erst recht geringschätzig.

Das Charakteristische der Künstlernatur ist der unüberwindliche Trieb, sich zu realisieren, sich aus sich selbst heraus zu setzen, eine bedurfte Wahrheit, welche sonst nirgends zu finden ist, aus sich selbst heraus zu gestalten: die Welt zu komplettieren, der etwas fehlt.

Das ist nichts weiter als die Tendenz des Künstlers, sein Kunstwerk in sie zu führen, welches für ihn die Ergänzung und sozusagen das letzte Wort der Schöpfung ist, ohne welches sie Stückwerk bleibt. Jeder Künstler ist ein Weltverbesserer: durch sein Werk will er sie reformieren.

Aber oft lange nicht zum Bewußtsein: er mißdeutet seinen Trieb auf diese Reform, als müßte wirklich die äußere Welt umreformiert werden. Goya war nun surtout un homme d'action. (Mir fällt Stendhal ein.) [...]

Er ist, für den Künstler, zu reich: der einzige spanische Rokokoist und schon, lange vor den Franzosen, der erste Romantiker. Daher, weil er alle Schläge des Lebens auffängt, auf alle reagiert, daher ist es ihm versagt, die einzelnen Stimmungen des Lebens zu malen, sondern er malt in alles die impréssion generale de la vie hinein: Schrecken und Schauder.

(Ohne Datum)

Berlin mußte ihm von vornherein antipathisch sein. Diese Leute ordneten sich unter Zwecke; er hatte niemals begreifen können, wie man sich auch nur mit der Vorstellung eines anderen vergliche. Diese Leute modelten sich nach Grundsätzen; er holte seine Gesetze nur aus seiner Laune. Diese Leute wollten in der Welt schaffen; er benutzte die Welt, ob sie ihm nicht einen neuen Nervenreiz schaffen könnte.

Angenehm: das Neue; es war ihm entsetzlich, täglich demselben Baum zu begegnen, weil seine Sinne sich gegen die Wiederholung empörten. Zweitens: befriedigte Eitelkeit; er war bekannt und die Leute kamen ihm näher ... Drittens: da er aus Frankreich kam, fühlte er sich ihnen gesellschaftlich überlegen; so mußte Stanley unter den Wilden empfinden.[11]

(Ohne Datum)

Modefarben 90: Karriert, schottisch. Vom Grün nur mehr das graugrüne Kaktusgrün, das rötliche Skabiosenbraun. Amarantrot, Daliarot, dunkles Marine-Blau, lebhaftes Husaren-Blau, zartes Türkis-Blau. Für Blondinen hortensienfarbig = ein rosiges Heliotrop à la Altrosa. Brünetten wie immer gelb.

Kombination: blaugraue, gallonierte Kostüme mit einem Vorstoß aus jonquillegelbem Samt an dem Westeneinsatz, Kragen und Ärmeln. Oder: myrthengrünes Kaschmirkleid mit pflaumenblauem Samtband.

(Ohne Datum)

Die Tragödie der Tragödin.[12]

Wir haben alle eine ganz vortreffliche Bildung. Vor den Ausschweifungen ins Phantastische der Romantik bewahrte uns der praktische Geist und der Versuchung schöner Lügen blieben wir fern: Prediger der

---

[11] Nach Berlin übersiedelte BAHR, um an der „Freien Bühne" mitzuarbeiten, eine journalistische Kooperation, die er im August 1890 abbrach. Im Februar 1891 endet, nach verschiedenen literarischen Veröffentlichungen, der Berlin-Aufenthalt des jungen Autors. Die Ablehnung der in seinen Augen rückständigen Berliner Gesellschaft dokumentiert sich auch in den Briefen BAHRS an seinen Vater. So vermerkt er am 6. Juni 1890: „Ich kenne bald alle ,Berühmtheiten' von Berlin, aber im Vergleich mit meinem Pariser Packträger sind sie nur Trotteln, ohne Ausnahme. Dieses ganze Volk, oben und unten, ist um zwei Jahrhunderte zurück."

[12] Die zeitkritischen Notizen sind Vorarbeiten zu einem Beitrag, welcher unter dem Titel „Die Tragödie der Tragödin" in Hermann BAHRS zweiten Essayband (1891) aufgenommen wurde.

Wahrheit und der praktischen Lebensweisheit haben unser Temperament gezügelt und zu den blauen Blumen verirrt sich kein Wunsch mehr. [...]

Sie haben uns zur praktischen Lebensweisheit erzogen und nun reift überall die Frucht. Die natürlichen Illusionen haben sie uns erdrosselt und das Glück in der frommen Lüge der Väter ist verscheucht. Wir haben es herrlich weit gebracht in der Wahrheit und des Künstlichen jeder Illusion sind wir uns bewußt. Wir folgen zielbewußt dem Verstande und mit dem anderen, was nicht Vernunft ist, spielen wir nur: wir erkennen alles Mechanische und nur um es zu ölen, lassen wir die Illusionen gelten. [...]

Ich sehe diese unglückliche Wisnowska vor mir, die größte Tragödin der Polen, ein schönes und gewaltiges Weib.

Sie trug die ewige Sehnsucht in sich, ohne welche nichts gut ist. Aber dieses Geschlecht hat verlernt, sich im Inneren abzusperren und im Traum zu befriedigen. In die Wirklichkeit ist es gestellt und eine teuflische Begierde der Wahrheit jagt es durch die Zweifel. Ist es wirklich groß, das Große? Ist es wirklich schön, das Schöne? Ist es wirklich gut, das Gute? Aber das Große ist klein und das Schöne ist gemein und das Gute ist Verrat und nichts bleibt als diese in Gram und Abscheu wachsende Gewißheit, daß niemand leben kann, ohne das Große, ohne das Schöne, ohne das Gute. Es in uns zu suchen, haben wir als Heuchelei und Lüge verlernt und draußen ist es nicht zu finden; so flehen wir Opium und Morphium an; und dahinter lauert der Tod.

Da schrie es mit schrillem Durste in ihr nach Glück, aber an dem Glücke des Glücksbedürfnisses konnte sie sich nicht genügen, weil es nichts ist, solange es wahr ist. Und dann warf sie sich ins Wirkliche, auf die Wahrheit und rang und quälte sich und tränkte sich mit allen Genüssen. [...]

Wild ist sie gestorben und das Gesindel der anständigen Menschen wendet sich ab. Einsam haben sie sie irgendwo verscharrt. Aber blasse Blumen, barmherziger als die Menschen, werden den schwülen Balsam ihres Duftes über ihren langen Schlaf neigen und der Wissende des Lebens erkennt das schimmernde Zeichen über ihrem Grabe. Sie hatte sich phantastisch bekränzt, wie eine Braut, denn nur noch vom Tode erhoffte sie ihren Wünschen Gewähr.

Es trottet sich immer herrlicher über den Globus, aus dem sie die Lüge verscheucht haben und das Glück.

Wir aber feiern Feste. Könige, verirrt in Wahnsinn, morden sich; Prinzen, an welchen die letzte Hoffnung lehnte, entfliehen dem Grauen des Lebens; die Herzen der Größen und Besten gerade sind verwüstet. Aber wir achten es nicht und feiern Feste. Wir schauen nicht die Handschrift an der Wand und feiern Feste.

Es gab noch kein lustigeres Jahrhundert als dies der Morde.

Wehe, wenn es einer sagt, einen leisen Ton nur aus dem wilden Sturm des unendlichen Schmerzes, der an Palästen und Hütten rüttelt. Er wird als „übertrieben" getadelt und weil es „kaum glaublich" klingt, schütteln alle die Köpfe. Als ob, wenn dieses ganze Geschlecht versunken sein wird, die in die Leichenfelder vorrückenden Barbaren es nicht glauben würden!

Einleitung:

Der Kampf um die Wiener Moderne

Hermann Bahr plante die Durchsetzung seiner Positionen mit höchstem Eifer und außerordentlichem strategischen Geschick. Zahlreiche Veränderungen des Wiener Kulturlebens in der zweiten Hälfte der neunziger Jahre gehen unmittelbar oder mittelbar auf seine Tätigkeit zurück, wie etwa die Aufnahme von Vertretern der Moderne in Zeitungsredaktionen, personelle Veränderungen im Theaterwesen, nicht zuletzt die erfolgreiche Selbstorganisation großer bildender Künstler. Schließlich gelang es dem geschäftigen „Herrn Adabei", wie Bahr sich nannte, sich in diesen Jahren finanziell abzusichern. Aus dem lange auf die väterliche Unterstützung angewiesenen Bohémien wurde ein anerkannter, wirtschaftlich saturierter Bürger, der sich in einem Brief an Josef Redlich 1902 über seine „Pensionistenexistenz" bitter beklagte.[1] 1900 bezog der „Polykrates von Ober St. Veit" (Karl Kraus) eine von Josef Olbrich entworfene Villa in der Veitlissengasse 5.[2]

Hermann Bahr bemühte sich mit einem bis an die Grenzen körperlicher und geistiger Leistungsfähigkeit reichenden Einsatz, das Wiener Kunstpublikum und die Leserschaft seiner hunderten Feuilletons von der Mission der Moderne zu überzeugen. Die moralische Erneuerung der Menschen konnte seiner Ansicht nach nur von einer ästhetisch durchgebildeten Elite ins Werk gesetzt werden, deren Formierung er sich zur Aufgabe gestellt hatte. Damit kam der Schriftsteller einem Ziel näher, das er seit seinen Studienjahren verfolgte.

Bahr, der sich selbst in dieser künstlerischen Hierarchie einen gebührenden Platz einräumte, wandte sich daher gegen die Selbstabschließung bedeutender Künstler der Zeit, wie er sie in den Bildern der Präraffaeliten oder den Büchern Oscar Wildes zu erkennen glaubte. In einer abfälligen Besprechung des österreichischen Schriftstellers Leo-

---

[1] Brief an Josef Redlich. In: Fritz FELLNER (Hg.), Dichter und Gelehrter: Hermann Bahr und Josef Redlich in ihren Briefen, 1896—1934, Salzburg 1980 (22.8.1902), 7.

[2] Karl KRAUS, Villa Bahr. In: Die Fackel 50, 2/1900/01, 23—24.

pold von Sacher-Masoch (1836—1895) hielt er die verhängnisvolle Isoliertheit dieses Mannes fest.

„Es gab keine Gemeinschaft, die er als Ausdruck seiner Kräfte fühlen konnte. So löste er sich von den Menschen, sonderte sich von der Welt, gehorchte statt ihren Gesetzen nur seinen Launen und statt Vergangenheit und Gegenwart der anderen in sich walten zu lassen, verhärtete er sich trotzig allein und unfruchtbar mußte seine einsame Schönheit verschmachten."[3] Wie Maurice Barrès, den er als Zeugen anführte, forderte Bahr die Eingliederung des Künstlers in die Tradition jener Kultur, der er angehörte.[4] So sollten in befruchtender Wechselwirkung von Kunstschaffenden und Volk die Grundlagen der modernen Welt gelegt werden.

Ein Schritt zur Erreichung dieses hochgesteckten Zieles war die Gründung einer kulturpolitischen Wochenschrift. „Wenigstens sollen die Wiener einmal sehen, wie ein modernes Blatt aussieht", schrieb Hermann Bahr am 29. Juli 1894 seinem Vater.[5] Financier des Unternehmens war der Wiener Nationalökonom Isidor Singer (1857—1927), der in der Zeitung vornehmlich ein Organ seines „Verein für Sozialpolitik" sah. Die politische Berichterstattung übernahm der Journalist Heinrich Kanner (1864—1930), wohlbekannt mit dem Vorbild amerikanischer Wochenmagazine. Bahr selbst widmete sich dem kunstkritischen Teil des Blattes.

Wie einst in Eduard Michael Kafkas *Moderner Dichtung* erläuterte Hermann Bahr auch diesmal in der ersten Ausgabe der Zeitschrift deren Zielsetzungen.[6] Nicht zufällig schrieb der Autor diesen wie andere Beiträge unter dem Pseudonym „Caph" (auch eine Novellensammlung ist unter der Bezeichnung erschienen); das magische Zeichen der Goldgewinnung verdeutlichte ihm die Erlösung des Bestehenden durch die Berührung mit künstlerischer Form.[7]

Die Zeitschrift, deren kritische Berichterstattung des öfteren mit Zensurierung beantwortet wurde, war nach Ansicht Hermann Bahrs „das einzige bürgerliche Oppositionsblatt", wie er im November 1894 seinem Vater schrieb.[8] Gegen die Beschlagnahme des Organs setzten

---

[3] Hermann BAHR, Sacher-Masoch. In: ders., Renaissance. Neue Studien zur Kritik der Moderne, Berlin 1897, 103—107, 106 f.

[4] Vgl. Maurice BARRÈS, Les Déracinés, Paris 1897. Über den Autor berichtet Ernst Robert CURTIUS, Maurice Barrès und die geistigen Grundlagen des französischen Nationalismus, Bonn 1921.

[5] Brief an Alois Bahr, ABaM 65/253 (29.7.1894), Th.

[6] Vgl. (Hermann BAHR) CAPH, Der Abonnent. In: Die Zeit, Band I, 1894, 6—7.

[7] Vgl. Hermann BAHR, CAPH. Mit einer Zeichnung von Ferry BERATON: Bild von Hermann Bahr, Berlin 1894. Zur Verwendung der magischen Bezeichnung vgl. ders., Selbstbildnis, 230.

[8] Brief an Alois Bahr, ABaM 65/267 (4.11.1894), Th.

sich damals im Parlament die Abgeordneten Kronawetter und Pernerstorfer ein. Karl Kautsky, der österreichische marxistische Nestor, titulierte die *Zeit* abfällig als „Bastard von Sozialismus und Liberalismus", was in der Tat der Verbindung ihres Herausgebers Singer mit der sozialliberalen Partei Wiens entsprach.[9]

War *Die Zeit* gleichsam das Standbein des auf Umsetzung seines Konzepts von Modernität bedachten Schriftstellers, so setzte sich das Spielbein Bahrs in der Kunstszene selbst in Bewegung — und gerade diese Verbindung von Kritik und direkter Einflußnahme, die Karl Kraus böse anprangerte, erklärt den erstaunlichen Erfolg der Operationen.[10] Über seine enge Freundschaft mit Burgtheaterdirektor Max Burckhard und dem Leiter des Deutschen Volkstheaters, Emmerich von Bukovics, nahm Hermann Bahr Einfluß auf Spielplangestaltung wie die Besetzung der einzelnen Theaterstücke. Schon im Oktober 1894 wußte er seinem Vater erfreut über „die heimliche Nebenregierung in der Burg" zu vermelden, welche „namenlos amüsant" sei und darauf abziele, „Platz für meine Leute" zu schaffen.[11] Ein Jahr später begann er bereits Pläne für die Installierung eines eigenen Theaterunternehmens zu schmieden.

Hermann Bahr, der eheliche Verbindungen zuvor in der Regel mit Augenzwinkern oder Verachtung gestraft hatte, heiratete am 5. Mai 1895. Die Auserwählte, Rosa Jokl, war nach seiner Schilderung „Schauspielerin am Deutschen Volkstheater, ziemlich unbegabt, nur durch ihre wirklich klassische Schönheit berühmt, 23 Jahre, Jüdin, Tochter eines Wiener Kautschukstempelfabrikanten".[12] Bahrs Vater, empört ob dieser Mesalliance, suchte zunächst die Verbindung zu hintertreiben und sprach dann, als ihn sein Sohn vor vollendete Tatsachen stellte, ein Hausverbot aus.

Die Ehe, zu deren Rechtsgültigkeit Bahrs Austritt aus der katholischen Kirche erforderlich war (freilich nur mehr eine Formsache), dauerte de jure bis zu ihrer Scheidung am 14. Mai 1909. Schon seit dem Herbst 1904 war dieses Beziehung jedoch verdrängt durch die innige Freundschaft mit der Opernsängerin Anna von Mildenburg, die Bahr im September kennengelernt hatte. In den Tagebüchern finden sich auffallend wenige Zeugnisse der ersten Ehe des Schriftstellers, die von den Dichterfreunden als recht ungleichgewichtig bezeichnet wurde. Trotz für ihn befriedigender Verbindungen zu anderen Frauen schien Hermann Bahr seine Gattin noch Ende 1903 durchaus „unentbehrlich",

[9] Vgl. Heinrich KANNER, Kleine Gerngroße. In: Die Zeit, Band VI/104 (26.9.1896), 105.

[10] Vgl. Karl KRAUS, (o.T.). In: Die Fackel 69, 2/1900/01, 1—14.

[11] Brief an Alois Bahr, ABaM 65/266 (29.10.1894), Th.

[12] Brief an Alois Bahr, ABaM 65/286 (2.4.1895), Th.

„nicht nur, wie sie meint, als Mascotte, sondern weil sie das ist, was ich gern wäre: durch ein unerschöpflich heiteres und selbstbewußtes Temperament vor allen Wechseln des Schicksals sicher, die doch nur Äußeres, nicht ihren Sinn treffen können".[13]

Ende 1896 feierten die Bahrs die Einweihung ihrer neuen Wohnung am Liechtensteinpark im 9. Wiener Gemeindebezirk — mit dem Ehepaar Kutschera, Lou Brion und Max Burckhard. Das gemütliche Quartier, teilweise schon elektrisch beleuchtet, wurde in der Folge zum Treffpunkt von Schauspielern und Theaterdichtern. Hier verkehrten Alfred Freiherr von Berger, der seit einer von Bahr geförderten Intrige Müller-Guttenbrunn als Direktor des Raimundtheaters abgelöst hatte, Arthur Schnitzler oder der Bildhauer Rudolf von Weyr, hier waren die Odilon mit Girardi zu Gast, Adele Sandrock, das Schauspielerehepaar Karl und Marianne Langkammer.

Pikanterweise begründete Hermann Bahr die Reihe seiner erfolgreichen Gesellschaftsstücke durch die öffentliche Inszenierung des Familienlebens der Langkammers, in das er durch gemeinsame Urlaubsaufenthalte mittlerweile ausreichend Einblick erlangt hatte. Karl Langkammer (1854—1936), seit 1893 am Raimundtheater engagiert, wurde zur verspotteten Hauptfigur im Volksstück *Das Tschaperl*, dessen „provinziale Note" Karl Kraus bemäkelte.[14] Hier zeigte sich die Skrupellosigkeit, mit der Bahr Menschen seiner Umgebung zur Verdeutlichung seiner Thesen verwendete. Auch Vater Alois hatte über die wiederholte Thematisierung von Familiengeschehnissen auf Bühnenbrettern zu klagen. Das Theater, nach Auffassung Hermann Bahrs ein „Seher, Ordner, Architekt der Welt", die „Stätte des großen Friedens und der reinen Freiheit", diente so auch zu persönlicher Abrechnung mit Menschen, die dem Autor im Widerspruch zu geforderter Modernität zu stehen schienen.[15]

Im Frühjahr 1897 eröffnete sich für Bahr, der sich soeben der Freimaurerbewegung angeschlossen hatte, mit der Gründung der Wiener Sezession ein neues künstlerisches Feld, mit dem er seit seinem Aufenthalt in Paris gut vertraut war. Die neue Bewegung der Moderne war aus der Hagengesellschaft — so genannt nach dem Inhaber des Restaurants „Zum Blauen Freihaus" — und dem Siebenerklub mit Hoffmann, Moser und Olbrich entstanden. Gemeinsam mit dem

---

[13] ABaM 69/1903, Skizzenbuch 3 (31.12.1903), 487, Th.

[14] Vgl. Hermann BAHR, Das Tschaperl. Ein Wiener Stück in vier Aufzügen, Berlin 1899; ferner: Karl KRAUS, Tschaperl. In: Wiener Rundschau, Band I, 1897, 354—357, 356.

[15] Hermann BAHR, Komödianten. In: ders., Wiener Theater (1892—1898), Berlin 1899, 252. Hermann BAHR, La Città morta. In: ders., Rezensionen. Wiener Theater 1901—1903, Berlin 1903, 248.

mittlerweile vom Burgtheater geschaßten (und dort durch Schlenther ersetzten) Max Burckhard redigierte Bahr 1898 das sezessionistische Organ *Ver sacrum*, dessen programmatischer Titel seinen Visionen wohl entsprach.

Besonders eng schloß sich der Schriftsteller an Gustav Klimt, dessen gefeierte *Nuda veritas* sein Arbeitszimmer schmückte, und Josef Olbrich. Der Architekt setzte Bahr im Juli 1899 von seinen erfolgreichen Gesprächen mit dem Großherzog von Hessen über die Errichtung einer Künstlerkolonie in Darmstadt in Kenntnis. Hermann Bahr, der in diesem Projekt auch eigene Wirkungsmöglichkeiten erblickte, widmete seinen 1900 veröffentlichten Essayband *Bildung* dem Großherzog Ernst Ludwig mit den Worten „Dort oder nirgends wird unser Athen sein!"[16]

Im Herbst 1899 schied Bahr aus der elitären *Zeit* aus und verdingte sich an das *Neue Wiener Tagblatt* und die *Österreichische Volkszeitung* — keineswegs aus finanziellen Gründen, wie er Hugo von Hofmannsthal versicherte, sondern um sich eine breitere Wirkungsmöglichkeit zu sichern. Insgesamt schien dem Schriftsteller schon damals, daß sich das Wiener Kunstpublikum nicht in erhofftem Maß den modernen Strömungen angeschlossen hatte. Er suchte breitere gesellschaftliche Schichten anzusprechen, öffnete sich der Heimatkunst und dem Regionalismus und vollzog damit eine wiederum seinem französischen Pendant Maurice Barrès vergleichbare Entwicklung. Ausdruck der zunehmenden Entfernung von der Donaumetropole ist nicht zuletzt die Auseinandersetzung mit der Kultur von Bahrs oberösterreichischer Heimat. Der Schriftsteller suchte während einer Reise ins Hausruckgebiet nach den Spuren des Dichters Franz Stelzhamer (1802—1874) und hat diesem in seinem Theaterstück *Der Franzl* ein großartiges Denkmal geschaffen.[17]

1894/95

28. Februar

Die Straßen sind für die Leiche des Prix gesperrt.[1] Erste warme Sonne mit der Vehemenz des jungen Lenz auf den gelben Häusern und nun in

---

[16] Hermann BAHR, Bildung. Essays, Berlin 1900, Zueignung, o.S. Dort schreibt Hermann BAHR: „Es ist Ihr Entschluß, dass in Ihrem Hessen wahr werde, was an den anderen Orten blos erträumt und gewünscht werden darf: Dort soll die Kunst nicht mehr ein äusserer Schmuck und blosser Tand der Menschen sein, sondern die innere Uhr ihres ganzen Wesens."

[17] Vgl. Hermann BAHR, Der Franzl. Fünf Bilder eines guten Mannes, Wien 1900.

[1] Der Wiener Bürgermeister Johann Prix war am 25.2.1894 verstorben.

den dunklen finstern Gassen, von der Arbeit weg, schmierig, hämisch, trübe — schauerlich, wie der mediokre Mensch immer als Fleck und Schmutz in der Natur wirkt. Die schönen Rappen, die Kränze, das Bengalische der Sonne — nur der mediokre Mensch dunkel, grau, elend im Glanze. Niedriger Geruch, wie von schlechter Wäsche, auf der Masse.

Immer ist die Masse nur ein unvermeidliches Mittel gewesen, l'homme de génie zu wecken und ihm zu dienen. Propheten, Häuptlinge, Helden — die Masse dient ihnen. Erst seit 100 Jahren der Wahn, als ob die Masse für sich, als Zweck, ein Recht zu leben habe. Herrschaft der Masse und also Sklaverei des Genies.

Genie oder Künstler — wer eine andere Vision der Welt hat, diese gestaltet und so den ersten Versuch Gottes durch eine besondere Darstellung korrigiert, indem er der nämliche Gott ist, der nur Erfahrungen gesammelt und sich geläutert hat. Die mediokren Menschen sind nur Stoff für ihn. Begrifflich schon die große Trennung von Mensch und Künstler, indem der erste Geschöpf, der andere Schöpfer ist. Ein Buch schreiben: Der Künstler.

Es ist absurd, sich Gott fertig, unbeweglich, starr zu denken. Er ist in ewigem Flusse. Er schafft unerschöpflich Korrekturen seiner selbst, das ist seiner Werke. Die Organe dieser Korrekturen, in welchen er sich besinnt, mit sich berät und seine Entschlüsse gestaltet, sind die Künstler. [...]

Ob jeder in seinem Leben diese Perioden hat? Zuerst die Periode der naiven Poesie — das Kind nimmt unwillkürlich das Leben, die Welt für seine Träume. Der Sandhaufen *ist* eine Burg; die Geliebte ist, wie er sich die Geliebte denkt. Einheit von Welt und Mensch — Homer.

Dann die Entdeckung der Trennung von Poesie und Leben. Die reelle Geliebte und die geträumte Geliebte sind verschieden. Frage: Wie findet man sich da ab? Entweder, indem er die Poesie unterdrückt, sich versöhnt, unterwirft, keine Forderungen an das Leben, Gehorsam. Das ist die Tendenz seit dem 18. Jahrhundert. Oder, indem er mit seiner Poesie gegen das Leben zieht, es nach ihr facionnieren, unter sie zwingen will. Das sind die Männer der Tat wie die Männer der Kunst.

Der Mediokre kommt gar nicht zu diesem Konflikt. Er vermag weder seine Poesie noch das Leben zu fühlen. [...]

Wir sind mitten in der sozialen Revolution. 1791 wußte man wahrscheinlich nocht nicht ... Erst 1900 werden wir bemerken, daß sie vorüber ist. Man merkt Revolutionen immer erst, wenn sie waren, nicht während sie sind. Loris zweifelt. Ihm fehlen die Massen. Bomben sind so — gespenstisch. Ich: Die erste Kanone war auch gespenstisch.

20. März

Das Deutsche Volkstheater ist nicht mehr, was es war. Es ist aus einem Theater der Sandrock ein Theater der Odilon geworden. Das heißt: Es ist aus einer Bühne der Kunst eine Bude für Possen geworden. Ich sage das ohne Entrüstung. Ich will es nur konstatieren.

Ich schmähe den Direktor nicht. Man darf ja nicht meinen, daß private Theater von den Direktoren geleitet werden. Sie werden von den Kassieren geleitet und also schließlich vom Publikum. Aber das Publikum will nicht Kunst, die Strenge der Kunst, die über seinen Verstand, über sein Gefühl geht, ist ihm unbequem, unheimlich ... Nun ist aber durch die Organisation der Gesellschaft von heute die Verwaltung der Kunst in die Gewalt der Masse gegeben, indem auch das Werk des Künstlers Ware und unter die Gesetze des Handels gestellt wurde. Früher wurde die Kunst einfach von den Künstlern und Kennern oktroyiert. Jetzt muß sie auf den Markt, wo sie nur zum Schein, aus Heuchelei begehrt wird. [...]

Der Unkünstler hat, anerzogen, das Bedürfnis, künstlerisch zu scheinen. Er braucht den Schein, Kunst zu brauchen. Aber sie ist seiner Natur versagt; da fehlen alle Fäden zur Kunst, ja er hat Ärger. Aus dem Konflikt machen die Händler ein Surrogat von Kunst, das nicht Kunst ist und doch zur Not für Kunst ausgegeben werden kann.

15. Mai

Jeder ist ein Moment, eine Geste Gottes, und es sei seine Pflicht, diese Geste in unermüdlichen Äußerungen zu geben. Sein Werk ist für ihn, was er für Gott ist. Jede Tätigkeit ist recht, wenn er nur sich (die Geste Gottes) in ihr ausdrücken kann. Aber allerdings wird manche Tätigkeit ein besserer, manche ein schlechterer Stoff sein, und die Wahl ist am Ende eine der wichtigsten Fragen.

(Ohne Datum)

Der bärtige Dionysos.

Ruhige Ekstase — Ekstase als Zustand, nicht bloß als vergängliches Moment — Dauer von Ekstase scheint mir das Genie. Jeder kann in Momenten zu seinem ganzen Gefühle, und das ist die Anschauung Gottes, getrieben werden. Jeder kann momentan All werden. Es immer zu sein ist das Genie.

Die Liebe ist nichts als die Suche seiner selbst. Der viel reichere Mann braucht eine Frau, die wie er ist, aber eben als Frau auf sein konstitutives Element reduziert. Diese Beatrice muß Stil haben und zwar seinen Stil. Sie darf nichts sein als Wesen und zwar sein Wesen. Das Kennzeichen der Beatrice ist ruhige Andacht — Besinnung auf sich selbst. Kann ein Mann mehrere Beatricen haben?

4. Juni

Die Definition scheint mir, daß wir endlich wieder, was den Naturalisten ganz fehlte, *Kunst* fühlen — ihren Beruf, ihr Wesen. Wie Barrès schreibt: „qu'une oeuvre d'art est surtout faite par l'élimination de tout ce qui n'est pas indispensable." Das gerade Gegenteil vom Naturalismus. Das ist der Stil von Wilde, Whistler und Khnopff.

(Ohne Datum)

Gegen die Präraffaeliten.[2] Das Wesen der Kunst ist, die Welt, welche die Sinne bieten, durch den Geist, durch seine persönliche Note zu gestalten, daß sie deutliche Botschaft wird. Sie sind besser als die Naturalisten, indem sie die Welt der Sinne nicht annehmen, sich nicht fügen. Aber entweder fühlen sie ihre Note nicht stark genug, um eigenes Leben zu finden, mit dem sie die Welt verwandeln könnten, und nehmen also die Primitiven als Symbol — dann Betrug. Oder sie haben wirklich das seelische Leben der Primitiven, dann Epigonen — vielleicht sympathischer als die Epigonen der Cinquecentisten, aber auch keine Künstler.

Der Künstler nimmt aus der Welt, was ihm als Zeichen seines seelischen Lebens dienen kann, was er als sich selbst empfindet. Das andere eliminiert er. Was nicht sein Symbol ist, läßt er also ohne Leben weg; die Welt lebt nur also, insofern sie seine Seele ist. Sein Verfahren ist, die Welt der Sinne auf das Leben seiner Seele zu reduzieren (Goya, Turner, Hokusai). Die Japaner.[3]

16. Juni

Politisch kenne ich keine andere Norm als alles auf sein Leben prüfen. Die Dinge der Welt annehmen, die in den Seelen der Menschen noch Äquivalente haben. Die anderen verneinen, deren Äquivalente verstorben sind. Neue Dinge verlangen, wenn neues in der Seele entsteht. Verlangen ist genug. Wünschen ist hier tun.

---

[2] Die im Jahre 1848 gegründete Pre-Raphaelite Brotherhood ist eine bedeutsame Vorläuferin der symbolistischen Kunst. Ihre Vertreter (William HUNT, John Everett MILLAIS und Dante Gabriel ROSETTI) knüpfen an die Malerei der frühen italienischen Renaissance an.

[3] Bahr bezieht sich auf den japanischen Meister des Farbholzschnitts, Katsuschika HOKUSAI (1760—1849), dessen Werke von großer Bedeutung für Künstler des Impressionismis und des Jugendstils waren. Dieses Zitat ist ein Beleg für die frühe Beschäftigung Hermann Bahrs mit japanischer Kunst, die als pantheistisch verstandene „Kunst der Erregung" grundlegend für die Wiener Sezession sei (Hermann BAHR, Japanische Ausstellung. Sechste Ausstellung des Vereins bildender Künstler Österreichs, in: Secession, Wien 1900, 216—230).

17. Juni

Meine Idee ist wohl das dankbar freudige Staunen vor der Fülle, Mannigfaltigkeit und dem ewigen Fluß der Welt. Klingers *An die Schönheit* drückt mich aus. Knieen, schauen, horchen, gierig mit allen Sinnen trinken, und schauern vor der Unerschöpflichkeit an Wundern dieser Erde. Ich glaube, daß es auch die Idee der Impressionisten ist. Idee = Kern = Dominante = l'originalité intime de notre être moral (Bourget).

Das Wesentliche unserer Generation ist, daß sie sich fühlt, daß jeder in der Flucht von Stimmungen, Begierden, Gefühlen eine ewige Dominante, sein unaussprechliches Ich, weiß, während die letzte Generation der Meinung des Taine folgte: il n'y a rien de réel dans le moi, sauf la file de ses événements. Daher jene Theorie der petits faits vrais und unser Drang, zu eliminieren, zu reduzieren, auf das Element zu kommen.[4]

18. Juni

Vaterland. Die Liebe zum Vaterland ist ein natürliches Gefühl, das als solches weder Lob noch Tadel verdient. Wenn sie gerühmt und empfohlen wird, so kommt es daher, weil sonst das Vaterland für alle die ewige Quelle ihrer Kultur war, wo die ermattende sich kräftigen und erneuern konnte. Jeder bestand seelisch aus Dingen, die er dem Vaterlande schuldete, er konnte sich nicht deutlicher, nicht wirksamer, nicht reiner empfinden, als wenn er sich recht in das Vaterland versenkte. Seine Idee war in der Idee des Vaterlandes.

Heute stimmt das nicht. Die Seele hat heute ein anderes Vaterland als der Körper. Wenn man einen auf die Idee des Vaterlandes reduziert, verkleinert man ihn heute. In mir ist gewiß mehr als Linz. Wenn man heute das nämliche erreichen will, was sonst durch kräftige Hingabe an das Vaterland erreicht wurde, muß man das Vaterland seiner Seele nehmen, jenen European Club.

19. Juni

Gesellschaft.

Die Menschen vereinigen und ordnen sich, um zu vegetieren, um nicht einer den anderen zu töten, um Trank und Speise friedlich zu haben. Dann erst können sie leben, auf sich horchen, die Welt auf sich

---

[4] BAHR hat sich bereits in seinen Berliner Studienjahren mit diesen erkenntnistheoretischen Fragen beschäftigt. Vgl. etwa Hermann BAHR, Erkenntnistheoretische Forschungen. In: Deutsche Worte, Jg. 7, Nr. 4 (1887), 158—164. Wichtiges ist im „Dialog vom Tragischen" zusammengefaßt.

wirken lassen. Die Verbindung vom Menschen außerhalb jener Verbindung zu vegetativen Zwecken ist die Gesellschaft. Dort erscheint jeder als Träger einer Funktion, Hofrat, Schneider, Kaiser. Hier erscheinen Menschen unter Menschen.

Je besser Kultur, desto selbstverständlicher, rascher und unmerklicher wird jenes erledigt; eine desto größere Rolle spielt diese und kann sich ungestört entfalten. Die edle Gesellschaft in Athen; im Hause des Agathon. Festlich geschmückte Gäste, um die ganze Nacht hindurch über das Wesen der Liebe zu sprechen; oder das Haus der Kallias, wo schon vor Tagesanbruch die Gäste mit den Sophisten in der Halle promenieren und der Vormittag in dem Gespräche vergeht, ob Tugend lehrbar ist. Das Treiben an den Liebeshöfen, wo man Monate mit den feinsten und schmerzlichsten Fragen der Erotik verbrachte. Renaissance.

Und heute: Das höchste ist, die Yvette Guilbert[5] einzuladen.

21. Juni

Die Welt der Sinne ist ungestalt und wüst, bis sie durch das Gefühl der Seele geordnet wird. Die Welt der Seele ist dunkel und irre, bis sie sich an den Dingen der Sinne manifestiert und erst erfährt.

26. Juni

Oscar Wilde, *The decay of lying.*[6]

Die Definition der englischen *décadence* (einer Flucht aus der Natur, nicht Verklärung, Stilisierung der Natur) ist in dem Satze Vivians: „Enjoy Nature! I am glad to say, that I have entirely lost that faculty."

Der Mangel der Natur ist die Ursache der Kunst. „Nature has good intentions, but, as Aristotle once said, she cannot carry them out. It is fortunate for us, that Nature is so imperfect, as otherwise we should have had no art at all. Art is our spirited protest, our gallant attempt to teach Nature her proper place."

---

[5] Wie Sarah BERNHARDT oder Isidora DUNCAN zählte die Chanteuse Yvette GUILBERT zu den gefeierten Künstlerinnen der Jahrhundertwende.

[6] Die von Hermann BAHR gestaltete Wochenzeitschrift „Die Zeit" hat die Abhandlung im November 1894 publiziert — unter dem Titel „Der Verfall des Lügens". Oscar WILDE (1854—1900) legt Vivian die Auffassung in den Mund, die Natur selbst sei für den Künstler bedeutungslos und jeder beliebigen Interpretation offen. Der Verfall des Lügens habe das Dokumentarische in der Kunst begründet, während doch deren Schöpfertum zu fordern sei. Bahr lehnt diese Auffassung in seinem Aufsatz „Décadence" als „Ausflucht von Dilettanten" ab. (Hermann BAHR, Décadence. In: Die Zeit, Bd. I, Nr. 6 (10.11.1894), 87—89).

Der Klub der müden Hedonisten, die welke Rosen tragen und den Domitian verehren. [...]
1) Die Kunst ist kein Bild des Lebens und hat mit der Zeit gar keine Verbindung. Sie ist für sich allein. 2) Nichts meide der Künstler ängstlicher als Modernität von Form und Thema. Das Moderne veraltet gleich. 3) Das Leben ahmt die Kunst nach, nicht die Kunst das Leben. „The final revelation is that Lying, the telling of beautiful untrue things, is the proper aim of Art."

(Ohne Datum)

Hugo. 1. Seine Dominante ist das Wilhelm Meisterliche. Ruhiger Empfang der Dinge ist nicht seine Sache; er ist immer bekümmert, sie sich zu deuten. Alles soll geordnet, verbunden werden. Diese bunten, hastenden Verse fragen immer das Leben um seinen Sinn.
2. regret, melancholisches Bedauern unwiderbringlicher Verluste. Was ihm fehlt: das „Tropische", wie Nietzsche sagt. Er gehört zuletzt doch zu den geschmeidigen Renanisten.

(Ohne Datum)

„Ich kann nicht oft genug wiederholen, daß den Menschen nur eine symbolische Bedeutung zukommt." Ralph Waldo Emerson.[7]

23. September

„L'univers est l'externisation de l'âme — les choses sont la contination de l'Etre que nous avons." Emerson.

1895

(Ohne Datum)

Von dem kleinen Kraus.
Er hört gut zu. Die wunderlichen Gelenke, wie nicht vom Körper aus, sondern am Körper durch eine fremde Maschinerie von außen beweglich.

---

[7] Ralph Waldo EMERSON (1803—1882), der amerikanische Philosoph und Dichter, hielt die Menschen für Organe einer Weltseele, die sich in ihnen manifestiere. Sein pantheistisch geprägtes Christentum war von großem Einfluß auf die Modernisten der Jahrhundertwende.

(Ohne Datum)

Anarchismus.

Aus dem „ästhetischen Wohlgefallen" ist auch die anarchistische Mode der Pariser zu erklären, die immer mehr ein künstlerisches als politisches Volk waren und die beau geste über alles stellen. [...] Was die „ästhetische Schönheit" der Anarchisten betrifft: es sind Menschen. Wenn ich mir in hundert Jahren einen Dichter denke, der aus unserer Zeit einen Roman schreibt, ich glaube nicht, daß er bessere, ästhetisch wirksamere Helden fände.

Man tut, als ob die „Propaganda der Tat" was Neues wäre. Sie ist vielmehr immer selbstverständlich gewesen. Es kann nicht geleugnet werden, daß immer selbstverständlich war, den Träger der Gewalt, die einem nicht paßt, gewaltsam zu beseitigen. Boccaccio sagt: „Gegen den Tyrannen kann ich Waffen, Verschwörung, Späher, Hinterhalt, List gebrauchen; das ist ein heiliges notwendiges Werk. Es gibt kein lieblicheres Opfer als Tyrannenblut" und man lese das 6. Kapitel im 3. Bande der *Discorsi* von Macchiavelli. Warum aber Brutus, der das Genie mordet, ein Held und, wer auf einige zweifelhafte Deputierte anschlägt, ein Verbrecher sein soll, das ist nicht ganz klar.

Also die Taktik nichts Neues. Und daß die Theorie nichts als die logische letzte, freilich mit keiner Ordnung verträgliche, nur im Gedanken mögliche Folge der Renaissance, des Erwachens des Menschen zur eigenen Herrlichkeit ist, braucht man wohl erst nicht zu sagen. Den Einzelnen aus seiner Rasse, seiner Klasse zu lösen und auf sich selber zu stellen. Ich sage das nicht, um für die Anarchie zu werben. Mich hat die Begeisterung für den dummen Mörder eines Helden immer verdrossen. Aber sie ist doch ein Axiom der liberalen Herren von Toute le monde.

(Ohne Datum)

Vortrag bei den *Literaturfreunden*.

Warum ist eigentlich das Dichten ganz aus der Mode gekommen? Da haben Sie die Situation der Kunst um das Jahr 1880. Wir als Studenten. Marx, Rodbertus, Darwin. Gedichte lasen wir nicht. Gindely. Professor Eduard Richter: Goethe wäre heute ein Bismarck. Die alte Kunst hatte die Kraft über diese neuen Menschen verloren. Eine neue Kunst aus dem neuen Leben fehlte. Die alte Kunst war nicht mehr lebendig, war blaß und dünn geworden und so lebten die Menschen in der Finsternis. Es galt a) zur Kunst zu rufen, b) die Kunst zu suchen. [...]

Vom Ende der Epigonen bis zur Renaissance der Kunst, dieser ganze Abschnitt, hat nur Vorläufer der Kunst, keine Künstler. Diese Scheidung auch in Österreich. An erster Stelle bin da wohl ich zu nennen, als Lärmmacher im Publikum und als unermüdlicher Sucher, der sich mit halben Annäherungen nicht zufrieden gab, sondern in das Wesen selber wollte. Einige halfen mir tasten. Sie kennen die Namen Torresani, Schnitzler, Beer-Hofmann, aber keine Künstler. [...] Sie sind, wir alle sind nur gotisch demütige Figuren an der Kirchtüre der großen Kunst — jener ewigen Kunst, die mehr ist als das Leben. Ob diese große Kunst kommen wird? Ob wir sie erleben werden? Ich glaube, sie ist schon da. Wir brauchen bloß die Augen zu öffnen.

Zwei Künstler sind uns geschenkt worden, zwei Künstler jener reinen und edlen Kunst, die nicht alt und nicht neu, sondern ewig ist. Den einen, Hugo von Hofmannsthal, kennen Sie. Der andere, nicht so reich, nicht so bunt, nicht so graziös, aber tiefer, ernster und leidenschaftlicher, Leopold Andrian, wird heute das erste Mal öffentlich genannt.[8] Mir sind diese zwei das größte Glück, das mir je wurde: denn sie geben meinem Leben erst wieder einen Sinn.

Es mag ja sein, daß ich selber noch einmal in einer guten Stunde ein paar Sächelchen schaffe, die vielleicht einige Zeit bleiben. Aber das ist nicht mein Amt. Als mein Amt betrachte ich es, diese zwei Künstler, Hofmannsthal und Andrian, zu verstehen, zu kommentieren, kritisch tapfer fechtend zu begleiten, aus ihren Werken die Gesetze der ewigen Kunst abzulesen und der Menge zu verkünden, bis sie dankbar fühlen wird, was sie an ihnen hat.

(Ohne Datum)

Nietzsche nennt Cesare Borgia einen „tropischen Menschen" ... „Die europäische noblesse des Gefühls, des Geschmackes, der Sitte, kurz, das Wort in jedem hohen Sinne genommen — ist Frankreichs Werk und Erfindung, die europäische Gemeinheit, der Plebejismus der modernen Ideen — Englands."

„Das Gute ist leicht, alles Göttliche läuft auf zarten Füßen".

(Ohne Datum)

Wenn ich das „gotische Buch" zusammenstelle, darf ich nicht vergessen, 1) die Theorie der Beatrice, 2) daß wir nicht der liebe Gott sind, sondern

---

[8] Leopold von ANDRIAN-WERBURG (1875—1951) stand zunächst der Weltanschauung Stefan GEORGES nahe, dessen „Blätter für die Kunst" Andrians Jugendgedichte veröffentlichten. Des Dichters Erzählung „Der Garten der Erkenntnis" (1895) hat BAHR zum Anlaß einer Rezension genommen, die in seinem Essayband „Renaissance" abgedruckt wurde. Mit ANDRIAN verbinden BAHR zahlreiche persönliche Begegnungen, seinen Gemütszustand nimmt er zum Anlaß psychologischer und philosophischer Erörterungen.

seine Instrumente; darum ist es uns versagt, alles mit Liebe zu begreifen, sondern Haß ist oft unsere Pflicht. Edwin Arnolds *Geschichte von der Schlange* — der Mann hätte die Schlange doch zertreten sollen. Wir sind Karten im Spiele Gottes. 3) Horatio — der sein Leben als Entfaltung seines Schicksals fühlt und darum Glück und Mißgeschick „mit gleichem Danke nimmt", weil beides ihn vorwärts zum Ziele bringt — darin der vollkommene Mann.

Das Schicksal ist der Weg, auf dem jeder zur höchsten ihm möglichen Schönheit kommt. Es will, daß jeder doch sein Moment von Schönheit habe.

(Ohne Datum)

Lieblingsspruch Jakob Böhmes, den er in die Hausbücher seiner Freunde schrieb: „Wem Zeit ist wie Ewigkeit/und Ewigkeit wie Zeit/der ist befreit/von allem Streit."

1896

1. Jänner

Den ersten Besuch im neuen Jahr Direktor Burckhard, der sehr über zu viel Arbeit klagt.

5. Jänner

Leopold Andrian, Hans Schlesinger zu Abend.

6. Jänner

Abends bei Saar; die Tochter Wertheimstein kennengelernt.

7. Jänner

Über Stefan George. [...]

Gar nicht mehr zu wissen scheinen wir, was ein Dichter ist. Nicht anders zu sein als die anderen, nicht besonders zu sein, nicht seinen Launen und Marotten sich hinzugeben; sondern das Allgemeine, Ewige, in dem alle Menschen zusammenstehen — eine Posaune der Menschheit sein — wenn er redet, glauben sich alle selber zu hören. Er ist es, der den Gefühlen, die alle haben, die Namen gibt. [...]

Der Dichter ist ein edles Gefäß, das die guten Gaben der Nation trägt. So sehen wir den dionysischen Menschen: entsetzt, besessen, begeistert. Der eigenen Launen ist er entsetzt; der große Geist, der in allem ist, besitzt ihn. Er schüttelt sich, springt und schlägt um sich: den Teufel seiner eigenen kleinen Person will er austreiben; nur was allen gemeinsam ist, soll in ihm bleiben. Und alle horchen auf und lauschen und das tiefste Eigene glauben sie aus seiner Stimme zu hören.

11. Jänner

Mittag Berti Goldschmidt bei uns, der bei der Première von „Florian Geyer" in Berlin war und von seiner Schwärmerei für Hauptmann geheilt ist.

16. Jänner

Müller-Guttenbrunn ist suspendiert. Alles gratuliert mir.[9]

18. Jänner

Mittag Kienzl samt Frau bei uns und Berti Goldschmidt. Ich gehe zu Julius Bauer und Dr. Bacher. Alle wissen, daß Müller-Guttenbrunn ein Schwindler ist, aber fürchten, als Juden zu gelten, wenn sie es sagen. Abends Langkammers bei uns.

23. Februar

Begräbnis von Redlichs Vater. Oberdöblinger Friedhof, kalte helle Sonne, Gesänge der jüdischen Kantoren ... Abends Raimunddirektion.

22. März

Wir machen mit der Brion große Radpartie Purkersdorf — Gablitz; Langkammers begleiten uns zu Fuß.

---

[9] Der Schriftsteller und Journalist Adam MÜLLER-GUTTENBRUNN (1852—1923) war bis zu seiner nicht zuletzt auf Betreiben von BAHR erfolgten Suspendierung Direktor des Wiener Raimundtheaters. In einem Brief an seinen Vater bekennt BAHR stolz „die Führung der Intrige im Raimundtheater, die nun hoffentlich bald reif ist, sodaß in ein paar Wochen schon Herr Müller gegangen werden und meine Leute an seine Stelle treten dürften". (Brief an Alois Bahr, ABaM 65/318 (18.11.1985), Th).

28. März

Duell mit dem antisemitischen Studenten Werner. — Redlich und Gold
begleiten mich nach Hause. Herzl, Dr. Zuckerkandl, Prof. Singer,
Hugo.

1. Mai

Mein Gemüt wird immer heiterer, wendet sich gern dem Tätigen der
Welt zu, die Verstimmungen und schwarzen Launen von einst entweichen. Das Gefühl für Rose wird immer tiefer. [...]¹⁰
  Die Beschäftigung mit Shakespeare fördert mich immer. Seine
Weltanschauung, die „schauspielerische Vision" der Dinge, eigne ich
mir an; nun kann ich tun, nun kann ich nicht mehr leiden. Es treibt mich,
zum Objektiven durchzubrechen, „mein bißchen subjektiver Jammer"
ist mir nicht mehr so wichtig.

28. Mai

Duell Salten-Jacobsen, bei welchem ich dem siegenden Salten sekun-
diere.

22. Juni

Radle abends nach Dornbach zur Waldschenke, wo ich mit Poldi
soupiere.

24. Juni

Ich kaufe mir ein neues englisches Rad.

26. Juni

Abschiedsradeln mit Direktor Burckhard nach der Rohrerhütte und
Sofienalpe. Er geht morgen in seine Holzhütte am Almsee.

6. Juli

Maler Goltz bei mir, der gegen die „Jungen" verstimmt ist, sich über den
Dünkel von Krämer beklagt und Angst um den fortwährend herumex-

---

¹⁰ Seit dem Mai 1895 war BAHR mit der Schauspielerin Rosa Jokl verheiratet.

perimentierenden Engelhart hat.[11] Abends mit Fanto nach Hietzing geradelt, wo wir Salten und Dr. Glaser treffen. Nachmittags Konferenz mit Weisse, der mir sein Ehrenwort gibt, bei jedem Theater mich „aufzunehmen".

8. Juli

Poldi bei mir, dem ich meine Idee einer *Enzyklopädie der österreichischen Kultur* entwickle. Wir fühlen alle etwas bei dem Wort „österreichisch". Nun möchte ich in Monografien das Material geben, wie zu einem *Begriff* des Österreichischen zu kommen.

10. Juli

Abends fahre ich nach Ischl.

20. Juli

Mit Fanto geradelt, fortwährend über Girardi sprechend, der sich von der Odilon scheiden will.

(Ohne Datum)

Görres wäre mit Hello zu vergleichen, auch so ein Gefäß des Dionysischen im Menschen. Ein Mann der großen Wallungen, die das principium individuationis, die Abtrennung des Einzelnen vom Ganzen aufheben. Sich zu entäußern, nämlich seiner besonderen Existenz zu entäußern, das Persönliche wie eine heiße Maske abzuschütteln, die uns den Atem beklemmt und auf der Wange brennt, und vom Ganzen aus fortgetragen zu werden.

1. August

Früh nach Traunkirchen. Von da nach Ebensee geradelt. Einen Moment mit meiner von Ischl radelnden Frau. Dann mit Hugo: Griechentum, das Dionysische. Wie entsteht „Kultur"? Sie setzt eine ehrfürchtig dem Weisen gehorchende Menge voraus.

Betrachtet man die Gegenwart, so heißt es immer zuletzt: Wir leben eben in einer ganz schlechten Zeit. Darin stimmen alle überein; es ist ein

---

[11] Der 1857 in Wien geborene Alexander GOLTZ, Schüler Anselm FEUERBACHS, war insbesondere für seine vom Studium des Orients beeinflußten Stimmungsbilder berühmt.

Gefühl, das jeder hat, der nur ein bißchen über sich, sein Wollen und das Geringe, das er bei allen wackeren Anläufen erreicht, nachzudenken unternimmt. [...]

Es bleibt unwidersprochen, daß es der Besitz von Kultur ist, der allein zuletzt den Wert oder Unwert einer Zeit, ihre Geltung und Bedeutung in der Geschichte des Menschlichen bestimmt. [...]

Historisch ist Kultur niemals von unten hinauf gebildet worden. Immer ist sie von oben herab gebildet und befohlen worden. Weise Männer haben verstanden, welches Verhältnis zum Ewigen im Wesen ihrer Nation ist. So lebendig ist es ihnen geworden, daß es sie antrieb, es in jeder Geste auszudrücken. Künstler haben das dann noch besonders *gestaltet.*

Ästhetik. Da können uns die Griechen führen. Sie haben das Ungeheure der Tragödie dadurch ausgedrückt, daß sie den Dionysos vom Apoll aufnehmen ließen. Als Statuen sind ihre ästhetischen Regeln auf jedem Platz gestanden. Die Bestrebungen, den Verstand der Massen zu erziehen, sind edel und sollen gefördert werden.

3. August

Mit Julius Bauer gefrühstückt. Langer Besuch bei Girardi-Odilon, die sich momentan, da Rothschild weg ist, wieder ausgesöhnt haben.

6. August

Fahrt nach Schliersee. Es regnet scheußlich. Wir wohnen in Wendelstein.

18. August

Radle allein nach Bayrisch-Zell, Landl, Thiersee nach Kufstein. Rosl zur Bahn nach. Abends nach Innsbruck, Tiroler Hof.

29. August

Radle nach Gaaden. Zeche einsam in der Höldrichsmühle. Die Schwester der Traun ist sehr nett, so im englischen Stil, den Hugo gern hat.

20. September

Mit Kutscheras und Burckhard nach Laxenburg, wo wir eingeregnet werden und bis abends Pfirsichbowle kneipen. Abends bei Burckhard, die zwei betrunkenen Frauen, in Angst vor der Babette, auf der Stiege.

21. September

Ernst von Wolzogen besucht mich.[12] Abends mit Wolzogen, Schnitzler, Ebermann und Salten im Schwarzen Adler. Der kleine Gold ist aus München zurück.

30. Oktober

Adele Sandrock von 4 Uhr nachmittags bis 4 Uhr früh bei uns. Abends kommt auch Burckhard.

5. November

In unsere neue Wohnung eingezogen.[13]

10. November

Das *Tschaperl*, ein Wiener Stück in vier Akten, zu diktieren begonnen.

15. November

Mit Singer Vormittag bei Burckhard, der in die Sozialpolitische Partei eintreten wird, soll, will.

6. Dezember

Letzten Akt von *Tschaperl* beendet. Gold ist sehr lieb und hilft mir beim Streichen.

11. Dezember

Bildhauer Weyr, Marie Weyr, Baurat Roth und die Lou abends bei uns. Bis drei Uhr früh. Nachmittag bei der Odilon, die durch den großen Skandal ganz hin ist.

---

[12] Ernst von WOLZOGEN (1855—1934) war als Kabarettist und Schriftsteller tätig.

[13] Diese Wohnung im 4. Stock der Porzellangasse 37 im 9. Wiener Gemeindebezirk ist nach einem Schreiben an Alois Bahr vom 10. November „wunderschön: Meine zwei Zimmer, die Bibliothek und mein Salon sind hinten und gehen direkt in den Liechtensteingarten, der mit seinen graziösen schlanken Bäumen und den grauen, schon verwitterten Statuen wunderbar wirkt; an meinem Schreibtisch sitzend, sehe ich übers Grüne bis zum Leopoldsberg." (ABaM 65/366, Th.).

13. Dezember

Ich sende die Aushängebögen des *Tschaperl* durch Fanto an Girardi, der den ganzen Tag bei der Schratt sitzt.

15. Dezember

Mit meinem Niveau steht es nicht zum Besten. Depressionen, Melancholie, dann wieder hastige Aktivität, der ich doch nicht froh werden kann. In mir kündigt sich die Notwendigkeit einer italienischen Reise immer heftiger an.

16. Dezember

Die ersten Exemplare des *Tschaperl* kommen an und werden Frau Langkammer, Herrn Langkammer, Hugo, Arthur, Burckhard, Karlweis und Julius Bauer mitgeteilt.

17. Dezember

Schnitzler meint, bei Bewunderung mancher Details, es sei im *Tschaperl* die Fanny zu farblos, der Rosetti zu schattenhaft, („alles ist da, es fehlt nichts, als daß du vergessen hast, ihm Leben einzublasen") und der Lampl sollte „neidischer" werden. Abends Burckhard bei uns.

19. Dezember

Hugo schreibt mir über *Tschaperl* ähnliches, wie Schnitzler gesagt hat.

20. Dezember

Langkammer in der Früh verstört bei mir, durch das *Tschaperl* aufs Schwerste gekränkt. Wir plauschen vier Stunden, ich habe den Eindruck, er sei nicht mehr normal.[14]

21. Dezember

Frau Langkammer zu Mittag bei uns. Das *Tschaperl* scheint diese Ehe zur Krisis gestoßen zu haben. Nun, reif war sie lange dazu. Sein Grundmotiv scheint in der Tat der Neid zu sein; doch benimmt er sich bereits wie ein Verstörter. Merkwürdig, daß er so viel lügt.

---

[14] Als „Tschaperl" stellt sich zu Ende des Theaterstücks der Schauspieler Karl LANGKAMMER (1854—1936) heraus, während seine Gattin Marianna Margaretha (1866—1922), selbst Schauspielerin und Mitarbeiterin renommierter Wiener Blätter, als Heldin gefeiert wird.

22. Dezember

Schnitzler bringt mir seine neue Novelle *Die Frau des Weisen* für die *Zeit*. Wir sprechen über die Familie Sandrock. Er empfindet das Wesen der grande comedienne wie ich in der „Anverbindung vieler Personen an einem Körper".

1897/98

1. Jänner

Telegramme von Brakl, daß Jauner das *Tschaperl* um 1000 Gulden für das Carltheater, mit Girardi, gekauft hat.[15]

1. Februar

Meine *Renaissance* erscheint; Schnitzler, Herzl, Christomanos, Poldi und Hugo danken mir in warmen Worten.

2. Februar

Vortrag in Brünn, für den Volksbildungsverein, über das Junge Wien mit sehr großem Erfolg.

16. Februar

Erste Vorlesung über Regie bei Arnau.[16] Thimig, Triesch, Salten, Brion. Abends Orgie bei Burckhard mit Karlweis, J. Bauer, Ebermann, Brion, Dommaier und unseren Fräuleins. Reizend.

21. Februar

Mittag Burckhard mit Max Halbe, um über *Mutter Erde* zu konferieren, die Burckhard annimmt. Besuch bei der Kalmar.[17] Abends bei Karlweis, mit Beer-Hofmann, Ebermann und Halbe.

---

[15] Franz Ritter von JAUNER (1832—1900) war Schauspieler und Theaterleiter. Die Aufführung des „Tschaperl" am 27. Februar 1897 im Carltheater war der Auftakt zur Öffnung der Wiener Bühnen für Hermann BAHR.

[16] Der 1843 in Ungarn geborene Carl ARNAU, seit 1890 wirklicher kaiserlicher Hofschauspieler, war an der Schauspielschule des Konversatoriums tätig.

[17] Es handelte sich um die 1876 in Wien geborene ungarische Malerin, Bildhauerin und Lithographin Elza KALMÁAR DE KÖVESHÁZA. Sie machte Hermann BAHR mit der Chiromantie bekannt.

27. Februar

Première des *Tschaperl* im Carltheater. Äußerlich starker Erfolg, ich denke mir: Presse abwarten. Milan in der Loge. Nachher mit Karlweis und Ebermann.

28. Februar

Presse einstimmig glänzend, ja enthusiastisch; nur Uhl schimpft. Telegramme, Briefe, bis ich den Atem verliere.

1. März

Der Erfolg in der Presse ist sensationell; alle auswärtigen Zeitungen Telegramme, ja große Feuilletons. Ich werde von allen Menschen antelephoniert und antelegraphiert. Abends bei Beer-Hofmann zur Beendigung der Affaire Salten.

3. März

Abends Burckhard bei mir, den Bonn gefordert hat, weil er Bonn von der Generalprobe der *Versunkenen Glocke* fortgeschafft hat. — Korrigiere die letzten Bogen meines Romanes „Theater", der in 14 Tagen erscheint.

20. März

Ich erhalte die ersten Exemplare meines Romans *Theater*.

21. März

Rosl fährt nach Abbazia. Abends mit Burckhard, dem mein Roman gefallen hat.

27. März

Bei Adele Sandrock, die in ihrer enthusiastischen Weise meinen Roman das „Herrlichste" nennt, das jemals geschrieben wurde.

28. März

Ich lese im Bösendorfer Saal mit Georg Hirschfeld, Hugo von Hofmannsthal und Arthur Schnitzler vor und habe einen geradzu stürmischen Erfolg.

29. März

Kritiken unserer Vorlesung über mich glänzend; Julius Bauer nennt mich „den besten Vorleser", den er kenne. — Abends stellt mich Conrad Löwe den wichtigsten Leuten von der Loge Freundschaft vor.

24. April

Meine Aufnahme in die Loge „Freundschaft" in Preßburg.

10. Mai

Lese in der „Literarischen Gesellschaft" in Breslau vor.

31. Juli

Will 7 Uhr 45 abfahren.[18] Aber der ganze Verkehr eingestellt. Nachmittag um 4 Uhr 5 ab, nach 8 in St. Pölten an, weiter geht nichts. Wir haben einen dirigierenden Ingenieur im Zug (fester Bursche, in kurzen, grünen Lodenhosen mit hohen Stiefeln, Regenmantel), der an allen gefährlich scheinenden Stellen aussteigt und prüft, während wir auf der Strecke warten. Rutschungen der Dämme schon bei Purkersdorf; über die Brücken wird nur ganz behutsam gefahren, alle Kondukteure sind während der ganzen Fahrt an die Bremsen kommandiert [...]
Die ganze Zeit fahren wir in einer seltsam schönen Landschaft: links Seen, rechts Seen, keine Felder, keine Wiesen; Wasser, Wasser, aus dem die Giebel kleiner Häuser hervorstehen. In den Stationen hören wir, daß fast überall der Verkehr unmöglich ist: alle Brücken sind weggeschwemmt, alle Straßen zerrissen. Merkwürdig, wie sich die Passagiere (meistens kleine Wiener Geschäftsleute, die über den Sonntag zu ihren Frauen wollen) doch bei guter Laune halten. Man ist ein bißchen lauter, als man es sonst wäre, Gespräche entwickeln sich leicht; das gemeinsame Malheur macht Kameraden aus Fremden; die gute Wiener Art zeigt sich, jeder hat eine Freude, wenn er dem anderen in einer Kleinigkeit aushelfen kann.
Eine gemeinsame Bedrohung durch eine große Not könnte schlechte Menschen gut machen (die Türken oder Chinesen könnten, auf uns eindringend, die Nationen sich vergessen und zu Vereinigten Staaten von Europa verbinden lassen). In St. Pölten esse ich mit zwei Radfahrern im Hotel Bittner und schlafe dann mit ihnen in einem kleinen Gasthof; in einem großen Zimmer mit sechs Betten, um 40 Kreuzer.

---

[18] Die von den geschilderten Ereignissen begleitete Eisenbahnfahrt führte Hermann BAHR nach Ischl, dem Aufenthaltsort seiner Frau Rosa. Anschließend ging es über das bayerische Schliersee in die Dolomiten.

14. August

Nach Toblach, ich abends per Rad nach Landro.

15. August

In der Früh mit Dr. Bunzl, Friedmann und einem Herrn Strakosch nach Cortina geradelt. Zurück per Wagen nach Ospitale. Nachmittags, da es zu regnen anfängt, an den Misurinasee gegangen.

16. August

Mit Herrn Strakosch nach Toblach geradelt. Wir sitzen am Toblacher See im Regen, er erzählt mir die Misere eines Brünner Fabrikanten, dem das Leben mit dem Bestreben vergeht, aus dem fünften in Wolle, der er ist, der vierte oder gar der dritte zu werden. [...] Auf dem Rückweg im Mauthaus bei der Annette gehalten, einer etwa 30jährigen Italienerin, die einmal schön gewesen sein muß. Feine edle Nase, die ernstesten Augen, einen zierlichen Mund; nur geht ihr das Haar stark aus, besonders hinter den Ohren, wo sie eine Glatze hat. Sie zahlt jährlich 150 fl. Pacht. Die Maut trägt ihr das Essen, sie hat eine Ziege, verkauft Edelweiß, macht Stickereien und Handarbeiten.

Ob sie einen Schatz hat? Ja, als sie in Sterzing Kellnerin war, hat sie einen Baumeister aus Budapest kennen gelernt und sechs Jahre geliebt. Dann ist er an den Blattern in Pest im Krankenhaus gestorben. [...] Sie ist aus Ampezzo. Aufs Jahr wird die Maut verlegt, nach Schluderbach; dann muß sie fort. Eine Frau hat ihr versprochen, sie nach Wien in Dienst zu nehmen (sie spricht Biin aus; wir verstehen erst, als sie Viene sagt). Darauf freut sie sich sehr.

Ob man dort tanzen kann? Tanzen ist ihr das Liebste. Zu Sterzing hat sie bei einem Ball eine „Krone" bekommen; für ihr amerikanisches Kostüm. [...] Sie sagt alles mit einer unbeschreiblichen Stille; man macht einen Witz, so sieht sie ernst auf, versteht nicht gleich, muß einem erst in die Augen schauen und dann lacht sie leise um den Mund, während sonst das Gesicht feierlich bleibt. Die harten schweren Laute der Tiroler Rede werden auf ihrer Zunge leicht und hell. Nachmittag an den Misurinasee gegangen. Abends Skandal mit Norddeutschen.

18. August

Radeln mit Fräulein Gerti Schlesinger (Karlweis sagt von ihr, sie hat all das Liebenswürdige eines jungen Neufundländers) und Frau von Friedmann nach Ospitale.[19]

---

[19] Hermann BAHR war mit der späteren Frau Hofmannsthals gut befreundet (Vgl. Brief an Alois Bahr, ABaM 65/399 (17.8.1897), Th).

19. August

Mit Fräulein Gerti und Frau Friedmann zur Annetta und Edelweiß suchen. Radeln.

1898

(Ohne Datum)

Brünn. Die Sandrock spielt die *Athenerin* menschlicher, sinnlicher, also wohl der Meinung des Autors näher als die Hohenfels. Merkwürdig ist, wie diese rastlose Künstlerin nach und nach die Rede zu beherrschen gelernt hat.[20]

(Ohne Datum)

Herr Bettelheim lügt. Es ist notorisch, daß er sich mit der Cottage-Clique (zum Sturze des Direktors Burckhard) verbündet hat. Soll ich ihn daran erinnern, wie man in seiner eigenen Familie von seinem Verhalten gegen Burckhard denkt?

(Ohne Datum)

Das Carltheater hat Ibsen durch seine *Hedda Gabler* gefeiert. Die Leute haben sich dabei benommen, als wenn es ein Stück von irgend einem Unbekannten wäre. Hevesi hat neulich in einem tiefen und außerordentlichen Aufsatz gezeigt, wie in allen Personen von Ibsen noch die alten Wikinger lebendig sind. Darum braucht er Schauspieler von so großen Instinkten, wie Mitterwurzer war oder die Sandrock ist.

---

[20] Es handelt sich um die Aufführung eines Schauspiels des Schriftstellers Leo EBERMANN. Vgl. Hermann BAHR, „Die Athenerin". In: Die Zeit, Bd. VIII, Nr. 104 (1896) 202—203.

[21] Anton BETTELHEIM hatte an der Ablösung Max BURCKHARDS von seiner Funktion des Burgtheaterdirektors mitgewirkt. BAHR löste daraufhin eine Pressepolemik aus, die sich auch gegen den neuen Direktor Paul SCHLENTHER richtete.

1899

4. April

Dienstag 7 Uhr früh in Rom an.[22] Burckhard am Bahnhof. Albergo Minerva. Im Regen das Pantheon besichtigt; das wunderliche Treiben der Geistlichen in dem heiligen Raume. Dann Peterskirche, die man sich größer erwartet, die aber durch das unkirchlich Prunkende ihrer weltlichen goldvergnügten Architektur gefällt. Einen schönen Eindruck habe ich von der Pietà des Michelangelo, die einfach „ein junges Mädchen" ist, das so nebenbei den Leichnam des Herrn im Schoß hält. Schön ist alles von Bernini. [...]

Abends der Empfang in der *Assoziatione della Stampa*, recht ungeschickt und schlecht arrangiert. Mendès, Harancourt, die Tochter Clemenceaus, Conrad — eigentlich kein Mensch, der einen interessieren könnte.

5. April

Mittwoch. Auf dem Kapitol eröffnet der König, der etwas Marionettenhaftes und etwas Verstelltes im Wesen wie Girardi, wenn er alte Patrone darzustellen hat, mit der gezierten Königin und der reizenden, ein bißchen schüchternen, befremdet herumguckenden Kronprinzessin den Kongreß.

Gehe zur Fontana Trevi. Hier gibt es mir zum ersten Male einen Ruck. Das ist wirklich schön. Der barocke Brunnen, Buben lungern, eine Miss photographiert, die Sonne auf dem brennend roten Haus, daneben geht eine Gasse steil hinauf, herabhängende Zweige auf einem flachen Dach, ein Stückel von einer barocken alten Kirche. Herrlich! Noch einmal in die Peterskirche. Nachmittags Kongreßsitzung.

24. April

D'Annunzio.[22] Weekend-Hotel. Im Flur. Kurze rote Haare, mit einem roten Spitzbart. Er ist klein, sehr agil, von merkwürdigen Bewegungen,

---

[22] Hermann BAHR reiste mit Burckhard zum Internationalen Pressekongreß nach Rom, in der Folge nach Neapel und Pompei. Aus späterer Sicht will sich der Autor während dieser Reise zum „barocken Menschen" gewandelt haben (Vgl. Hermann BAHR, 1919, Leipzig 1920, 152).

[23] BAHR berichtet über seinen Besuch bei D'ANNUNZIO in der „Zeit". Vgl. Hermann BAHR, Bei d'Annunzio. In: Die Zeit, Band XIX, Nr. 240 (1899), 91—93. Vgl. Hermann BAHR, Burgtheater. In: Die Zeit, Band XIV, Nr. 173 (1898), 59—60.

die man klappern zu hören glaubt, indem Arme und Füße, statt mit dem Körper verwachsen zu sein, nur lose angebunden scheinen. Eine starre Miene, wie eine Maske. Die Nase hart, um den harten Mund etwas Maladives, wie eine Spur alter Leiden, die sein Geschlecht seit vielen Jahren gekennzeichnet hatte. [...]

Dazu schmale Augen, die gar nichts Träumerisches haben, sondern wie von einem klugen und gewandten Geschäftsmann. Eines solchen Art hat er auch im Reden; nichts Suchendes, sondern fertig; immer zu allem mit einem Satz schon bereit.

(Ohne Datum)

Erinnerung an *Josephine* und *Star* vielleicht so formulieren: Seit dem Abfall des Menschen vom antiken Glauben haben sie den Wahn gehabt, als ob das Schicksal jenes Juden gleichsam ein Schatten seiner Werke und Taten wäre, während wir jetzt wieder empfinden, daß vielmehr wir selber ein Schatten unbekannter Mächte sind, ein vom Schicksal geworfener Schatten. Nun denke man sich einen Schatten, der das nicht weiß, der für sich selber sein will, der sich von der Macht, die ihn geworfen hat, ablösen und entfernen will — und man hat unsere Tragik des modernen Lebens — So steht am Ende der modernen Tragödie wieder die Predigt zum amor fati — mein Motto: Lerne dein Schicksal lieben! [...]

En lisant *la Gioconda*.[24] Er hat die Gabe, alle Dinge in so schönen Worten zu gestalten, daß man sie begehren muß. Wenn er von den Gefühlen eines, der krank gewesen ist und zum neuen Leben erwacht, spricht, möchte man selber krank werden. [...]

Um nun gerade das auszudrücken, was wir wollen, gibt es heute wohl in Europa keine zwei Künstler, die so sehr das haben, wie die Duse und Zacconi (vielleicht Kainz). [...] Nicht vergessen zu bemerken, wie schön das ist, daß sich einem Künstler, der sagt, nun will ich mich auf dem Theater versuchen, ich habe da auch meine besonderen Gedanken, mit der Zeit werde ich die Form dazu, die die Bühne verlangt, schon finden — daß sich diesem Künstler die zwei größten Schauspieler seiner Heimat zur Verfügung stellen.

---

[24] „La Gioconda", D'ANNUNZIOS Tragödie in vier Akten, im April 1899 im Teatro Bellini (Palermo) uraufgeführt, ist im November desselben Jahres im Wiener Raimundtheater gestaltet worden, kommentiert von BAHR im „Neuen Wiener Tagblatt". Das Drama verdankt sich in seiner Wirkung wesentlich der Schauspielkunst der mit d'Annunzio befreundeten Eleonora Duse, die das Stück auf ihren Tourneen in vielen Ländern begleitet hat. BAHR bezieht seine Äußerung auf die Figur des Künstlers Lucio, welcher nach einem Selbstmordversuch von seiner Frau gesund gepflegt wird.

3. Juli

Das heutige Gespräch mit Holzer:[25] Wir leben in einer tragischen Zeit und bemerken es gar nicht. Welche Tragödien um uns! König Ludwig, Kronprinz Rudolf, Kaiserin Elisabeth — Bismarck, Dreyfus — und vor allem Stürme des Pöbel, der sich ausstreckt und einbrechen will!

Und in dieser so tragischen Luft leben wir mit unseren kleinen Wünschen, lieben Behaglichkeiten, winzigen Verdrüssen so banal wie in einem bürgerlichen Idylle dahin, während wir doch im furchtbarsten Gewitter stehen. Aber ist es nicht selbst beim persönlichen Leide auch so? Am Todestage teurer Menschen bemerken wir, ob der Café gut oder schlecht ist. Wie schnell ist jener Schmerz vergessen! Was bleibt zurück? Gleichsam nur eine andere Beleuchtung. [...]

„Die Ablösung der Kunst durch das Leben" — (sich mit meinem Gedanken berührend, als ob die Künstler nur inkomplette Menschen wären, die sich durch ihre Werke ersetzen müssen, was sich aus dem Leben zu holen sie nicht stark genug sind) als Inhalt des Buches *Die plastische Kraft* von Driesmans, Leipzig, Naumann. Dabei nicht vergessen, daß ja auch der Faust die Erlösung und seine Beruhigung in einer stillen Resignation nicht durch das reine Leben im Geiste („faustisch", wohin also doch wohl auch der Künstler gehört) noch durch den wilden Genuß, sondern erst durch ein umfassendes gesellschaftliches und politisches Wirken fürs Ganze findet. — Vgl. die schlechte Meinung Platos über die Dichter.[26]

17. Juli

Am 17.7. erzählt mir Olbrich in seiner einfach kräftigen Weise, einen immer mit seinen frohen Augen hell ansehend, nur mit der klaren Zuversicht seines frischen unverbrauchten Wesens, das große Kräfte angesammelt, aufgehäuft und bereit liegen hat, erzählt mir, wie der Großherzog von Darmstadt, im einfachen bürgerlichen Rock (ein kleines Mädel geht einmal durchs Zimmer und sagt good morning, der Großherzog ist froh, wenn er die Uniform ausziehen darf) ihn ruhig, ohne Vermittlung eines Sekundanten oder Kabinettsrates, selber seine Pläne auseinandersetzen angehört hat, schließlich einfach fragend: „Was kosten die kleinen Häuser für die Künstler?" Darauf Olbrich:

---

[25] Rudolf HOLZER, 1875 in Wien geboren, Kunstkritiker und Redakteur der sozialpolitischen Monatsschrift „Austria", ab 1901 an der „Wiener Zeitung" tätig, war mit Bahr befreundet, was auch ein umfassender Briefwechsel bezeugt.

[26] Eine ausführliche Behandlung dieses Gedankens findet sich im Essay „Die plastische Kraft" im 1900 erschienen Sammelband „Bildung" (92—100).

„Sagen wir 75 000 Mark." — „Und das Atelier mit den Werkstätten? Reichen im Ganzen 150 000 Mark? Abgemacht!"

Keinen Minister zu fragen, nicht erst mit Laien, denen man sich so schwer verständlich macht, mühselig zu verhandeln! Der Großherzog ist selber ein halber Künstler, der besten Kenntnis aller auf die angewandte Kunst bezüglichen Bewegungen voll. „Mir wars wie im Märchen, wie im Traume — was ich mir so oft gewünscht und kaum zu hoffen gewagt, nun stehts erfüllt da!" Seine ökonomischen Pläne, seine Überzeugung, daß man kein Kapital für das Land besser anlegen kann, seine Hoffnung, daß das Unternehmen zu einer internationalen Macht werden wird.[27]

Wir erinnern uns, wie ich dasselbe im kleinen voriges Jahr als „künstlerische Auskunftei des Ver Sacrum" geplant, wie ich bei der Zuckerkandl geredet, wie er beim Stadler dasselbe versucht, der sich aber nicht getraut, der erst Meier und Müller um Rat hätte fragen müssen und der schließlich kein Geld gehabt. „Im Großen geht so was auch nur unmittelbar zwischen Künstler und Fürsten."

(Ohne Datum)

In der Halle unterbringen 1) Stahlstich der Mona Lisa in einfachem schwarzem Rahmen, 2) Keller *Gekreuzigte*, Ölbild in braunem Rahmen; und Kellersche Ölskizze *Erweckung*, 3) Photographie der Duse, Photographien der Vanini, der Bernhardt, der Sandrock (?), nur wenn es paßt, ich kann sie auch in den Kasten sperren. [...][28]

Eindruck des Zimmers: Ruhe, bis zur Nüchternheit. Ein Mensch wohnt hier, der bei seiner Arbeit durch kein Ornament, das immer Spiel ist, gestört sein will.

Bei dieser größten Einfachheit, ja Nüchternheit und einer fast puritanischen Vermeidung von Verzierungen ist doch ein vornehmer Ton zu erzielen. Mein Ideal wäre jener silbergraue Ton, den man manchmal auf Bildern von Whistler sieht (Bild seiner Großmutter), ein perlendes Velasquez-Grau. [...]

Ein Tisch — wie Architekten haben, aber keine andersfarbigen Füße. Ein Teil der Fläche mit Tuch bezogen wegen der Tintenflecke. Zwei schlanke Sessel, ohne jede Verzierung, nur die Konstruktion; mein Ideal die Sessel von van de Velde im Speisezimmer seines Hauses oder etwa die Sessel im Riemerschmidschen Musikzimmer auf der Dresdner

---

[27] An der von Josef OLBRICH entworfenen und durch die großzügige Förderung des Großherzogs von Hessen umgesetzten Darmstädter Künstlerkolonie auf der Mathildenhöhe war Bahr frühzeitig geistig beteiligt.

[28] Im Sommer 1899 plante BAHR gemeinsam mit OLBRICH sein Landhaus.

Ausstellung. Vielleicht am Fenster ein Tisch zum Auflegen von Kunstzeitschriften usw. und zwei ebensolche Sessel.

1) Meine Frau von Keller, 1m16 hoch, 90 cm breit. Vis-à-vis vom Schreibtisch. 2) Kassa [...]. 3) In der Bücherstelle *versperrbare* Lade in der Größe einer großen Schreibtischlade; wünschenswert 2 andere versperrbare Laden für Zigarren etc. 4) eine Nische für Tschibuk, Pfeifen etc., Bretter für neue Bücher, Zeitungen etc., Raum für Säbel, Muskelstärker etc. 5) das erste Plakat (Minotaurus) und das mit dem Olbrich'schen Hause, 6) ganz kleine Miniatur meines Großvaters, 7) Relief von Hugo.

1. August

Mit Bukovics nach Lambach. Mittagessen. Mit Wagen nach dem Traunfall und durch das hübsche Schwanenstadt nach Attnang.

2. August

Bukovics früh nach Goisern, ich bummle nach Puchheim, sehe eine recht geschmacklose neue Kirche und sitze im Garten zur alten Linde. — Nachmittag durch die reiche, blühende und riechende Hausruckgegend mit den schwer niedergebeugten Obstbäumen, den runden waldumgrenzten Hügeln, den mächtigen Feldern und hell rieselnden Bächen — nach Ried. In „Hubers Hotel" auf dem Hauptplatz, der mit den schmalen, flach gedeckten Häusern was südliches hat; von der großen Salzburger Barockzeit mag da mancher Strahl herübergefallen sein, der in der Erinnerung der hiesigen Baumeister nachmals nicht mehr verlöschen konnte. [...]

Erinnerungen, hier in einem ganz revolutionären Lande zu sein. Diese Bauern haben nie eine Autorität gelten lassen wollen und rings ist hier ihr Blut geflossen, wofür, weiß man nicht recht, aber gegen alles, was sie als Macht empfunden haben. Auffällig sind die kleinen hastigen Augen der Leute.

Plan für morgen: Vormittag Piesenham. Nachmittag mit Bahn nach Andernshofen, per Rad nach Reicherswang. Zurück. Per Bahn nach Eberschwang. Übernachten. Freitag früh mit Rad nach Wolfsegg. Abends nach Straßwalchen. Samstag früh Tour nach Henndorf. Abends Salzburg.[29]

---

[29] Die Reise galt den Spuren des oberösterreichischen Dichters Franz STELZHAMER (1802—1874), den Bahr in seinem Theaterstück „Der Franzl" zum Träger einer pantheistischen Weltanschauung machte.

3. August

Fahre um neun Uhr mit einem Einspänner hinaus. Neuhofen, Kircherl, hinter Kornfeld mit Manderln. Leinberg, rechts Pattigham sichtbar. [...] Kirche von Schildern, das Haus weiß glänzend, der Jesuitenturm, wie gedämpft (Schindeln?) ... In der Kirche: Andreas Stelzhammer. Hausbesitzer und Schneidermeister in Großpiesenham 1799—1834, von dem tieftrauerndem Sohn Josef Stelzhammer in Graz.

Der Weg geht immer auf und ab, nie gerade, immer sich krümmend und biegend, eine Zeit zwischen nicht überhängenden, schiefen, oft gestützten Birnbäumen, an deren Ästen Kornfahnen (von unten durchfahrenden Erntewagen) hängen geblieben sind, dann wieder frei zwischen hohen, von Schafgarben und Raununkeln schimmernden Wiesen oder Kleefeldern oder mit Mandeln belegten Äcker oder auch Obstgärten, immer schräge ansteigend, oben den Blick meist auf einer Gruppe schwarze Schatten werfende Bäume ausruhen lassend, während ganz am Ende, vorn, der große Wald in der Ferne schwarz ist. [...]

Stelzhamers Haus liegt ein paar Schritte über dem Wege, zu diesem geht ein mit den üblichen krummen und schiefen Mostbirnbäumen (deren einer über den Weg heraus hängt) bewachsener Abhang herab. Gegenüber ist nichts, sondern es zweigt sich da ein Weg ab, der hier hinunter geht, im Verlaufe aber hinauf zum großen Walde führt. [...] Die Häuser, sowohl die hölzernen, mit Stroh gedeckten, wie die besseren, wo man die rohen Ziegel sieht, sind ganz ohne Schmuck, aber durch Blumen (Geranien, Pelargonien, Kapuzinerblüten) recht freundlich, weithin rot glänzend, manchmal auch im kleinen Vorgarten neben Gemüse Blumen hegend, besonders den großen blauen Eisenhut (oder Rittersporn).

Die Art der Leute kurz, einfach, verschlossen. Keiner sagt mehr, als er gefragt worden ist. Die Kinder sehen weg, wenn man sie anschaut. [...]

Abends um 7 Uhr nach Manning — Wolfsegg. Hier keine Fahrgelegenheit, ich muß mir den Koffer nach Manning zum „Spediteur" tragen lassen. Es dunkelt schon, nur im Westen, wohin wir gehen, ist noch ein lichter Streif. Dabei eine ungeheure Ruhe und Deutlichkeit der Dinge, am fernsten Baum glaubt man jedes Blatt zu sehen, wie ausgeschnitten, mit der Schärfe, die in Zink ausgeschnittene Schatten haben, so leicht und fest umrissen. Nach einer Viertelstunde, in der wir nichts hören als einmal die Glocke von einem fernen Turm, die Viertel auf neun schlägt, und plötzlich das Murmeln eines kleinen Baches, daß man wie vor einer Stimme im Dunkel erschrickt, aber gleich wieder verhuschend, sind wir beim „Spediteur", einem alten Bauern, der mit seiner Familie vor dem Hause sitzt. Während er einspannen geht, kommt ein schwarzes Mädel, kaum zehnjährig, aber mit viel älteren heißen Augen, ein Tuch um den Hals, eine Katze im Arm, auf mich los und schmiegt sich wie eine Zigeunerin an. Ich bin froh, wie der Bauer endlich mit dem Einspannen fertig ist und wir den steilen Weg nach Wolfsegg hinauffahren. Nun ist die letzte Sonnenspur am Horizont verloschen, aber es ist noch nicht finster, die Dinge scheinen gleichsam in ihrem eigenen Lichte zu liegen, von ihnen selbst geht ein Glanz in die Finsternis hinein.

Merkwürdig ist auch, wie wir so fahren, die Leute, manchmal zu zweit, manchmal aber fünf und sechs, in tiefer Schweigsamkeit, wie an die Mauer gemalt, unbeweglich, meist den Kopf ein wenig gesenkt und die Arme verschränkt, vor dem Hause sitzen zu sehen. Notiert habe ich mir heute die Gewohnheit, ganz dicht und hart an die Wand des Hauses Bäume so zu pflanzen, daß sie oben an das vorspringende Dach stoßen und umgebogen werden.

Im Gasthaus zur Post sind Kadetten mit zwei Oberleutnants, anscheinend zur Mappierung. Ein Kadett spielt hübsch Klavier, die anderen lesen die *Reichswehr*.

4. *August*

Stelzhamer lesend, finde ich seinen Ort in der *Kleinen Geschichte aus der Heimat meiner Lieder* gut, nur freilich großartiger, als er ist, geschildert. Liest man von dem „langgestreckten Dorf", so darf man nicht vergessen, daß es im ganzen kaum 15 Häuser sind. Ein kleines Bauernhaus nennt Stelzhamer eine „Sölde". Im Lexikon nachsehen.

Die Zeitangabe meines Stückes dürfte heißen: Der erste Akt spielt in Schärding in den dreißiger Jahren, der zweite am nächsten Tage in Siebengütl zu Piesenham, der dritte in Linz in den Fünfzigern, der vierte in Vöcklabruck in den sechziger Jahren, der fünfte am 14. Juli 1874 in Henndorf. [...]

Mittags den Berg lustig herunter mit einem Einspänner, dann nach Seekirchen. Mit dem Omnibus in den Ort hinein, der mit munterem Kirchturm zwischen dem langgestreckten Untersberg und der flachen Kuppe des Gaisbergs, von diesen durch den dunklen Streifen eines Waldes geschieden, fröhlich hersieht. [...]

Erstes Zimmer, die zwei vorderen Fenster, von Wandbirnen (an der Wand gezogenen Bäumen) verwachsen schauen auf den Weg... Auf der linken Seite die zwei Fenster sehen auf ein paar große Bäume, auf den hier steil zur Hauptstraße des Dorfes ansteigenden Weg und auf ein blendend weißes Stück Mauer des weitläufigen Anwesens, das zum Gasthaus Lachner gehört. Hinter diesem ist ein kleineres Zimmer mit zwei Fenstern ins Grüne, auf den Gemeindebach, rechts auf die Brauerei Moser, links auf das erhöht liegende Kirchlein; in der Ferne der Tannberg. [...] Das Haus ist ein Rohbau, grau rötlich gesprenkelt; mit

Schindeln gedeckt. Drei Steinstufen führen zur Tür hinauf. Die Wand zwischen den Fenstern des Parterres und dann des ersten Stockes ist ganz dicht mit dem Laube der Wandbirnbäume bedeckt. Inschrift auf schwarzer Tafel: „Franz Stelzhamers Wohn- und Sterbehaus."

Über eine Brücke herab, an einer Krämerei (einem weißen Hause mit einem Wandbirnbaum) und dem Vorgartl mit blauem Eisenhute vor, dann vom Wege rechts ab über eine Stiege zur Kirche hinauf. Die Kirche ist mit einer hohen weißen Mauer eingefriedet. Über Stufen hinan sind wir im Friedhof. Hier sein Denkmal in Granit trägt ein lorbeerumschlossenes Medaillon mit seinem Profil (gez. M. Reiner 1875). Darüber steht eine Leier. Das Ganze wächst aus Lorbeer heraus. Inschrift: „Franz Stelzhamer, geboren zu Piesenham den 29. November 1802, gestorben zu Henndorf den 14. Juli 1874." Also hier wieder mit *einem* M! [...]

Abends 7 Uhr im Seekirchner Wirtshaus, auf den Zug wartend, will ich kurz unsere Fahrt schildern. Sie ging von Seekirchen aus, zuerst auf den Untersberg zu, aber sogleich wendet sich der Weg nach links ab, den Ort umkreisend, sanft ansteigend, den ruhigen, etwas monotonen See anblickend, geht dann landeinwärts und nachdem wir steil hinaufgefahren, sind wir auf einmal in einem abgeschlossenen Tal mit hohen Wiesen und schönen Äckern, vor uns einen welligen Rücken, der nur an zwei Stellen entblößt, sonst von einem mächtigen Walde überzogen ist, dem Henndorfer Wald, sagt mein Kutscher. Nun biegen wir gleich in die stattliche Salzburger Straße ein und schon schaut der spitze Turm der Henndorfer Kirche her, die auf einem kleinen Hügel steht und wirklich, wie eine Henne ihre Küchlein, die Häuser um sich geschart hat.

Beim Zurückfahren fällt mir erst auf, wie schön da von den Salzburger Tauern bis zum Staufen die ganze Bergkette sichtbar ist.

5. August

Bei der Mama in Salzburg.

7. August

In Ischl. Girardi, Julius Bauer.

Ahnentafel Hermann Bahrs

16. Bahr, Michael, Rotgerber ~ Raase 21. IX. 1708 † Raase 12. VIII. 1772 ⚭ (I) Raase, Maria Beyer 26. I. 1739 († 19. VII. 1745) ⚭ (II) Raase 21. XI. 1745

17. Rosmanith, Susanna ~ Raase 24. V. 1722 † Raase 3. V. 1771

8. Bahr, Karl Josef, Anbauer in Raase, * Raase 26. IX. 1755, † ebd. 24. VII. 1814 (Nervenfieber), ▭ ebd. 26. VII. 1814, o ebd. 18. I. 1773

18. Rosmanith, Michael, Bauer ~ Raase 19. VIII. 1714 † Raase 10. IX. 1795 ⚭ Raase 28. X. 1738

9. Roßmanith, Maria Magdalena, * Raase 16. III. 1753, † ebd. 11. XII. 1814 (Gicht), ▭ ebd. 13. XII. 1814.

19. Jüttner, Eva ~ Raase 26. IV. 1719 † Raase 5. VI. 1783

4. Bahr, (Pahr), Engelbert, Oberpostverwalter und Mitvorsteher der Kleinseltener Kinderwartanstalt in Prag * Raase (Razová) 7. IX. 1790, † Prag 7. V. 1842 (Sepsis), ▭ ebd. 10. V. 1842; ⚭ Salzburg-Gnigl (U. L. Fr. in Salzburg) 22. IV. 1833

20. Reisinger, Josef Franz, Büchsenmacher * Wien, Hundsthurm 25. III. 1741 † Mödling ⚭ Wien, Gumpendorf 18. V. 1765

10. Reisinger, Kaspar, Büchsenmacher im k. k. I.-R. 59, Besitzer eines Anwesens bei Gnigl, zuletzt Privatier in Salzburg-Schallmoos (Haus Nr. 35). Mödling 3. X. 1775 † Salzburg-Schallmoos 8. XI. 1853 (Entkräftung), ▭ Gnigl 11. XI. 1853; ⚭ I, R. 59 20. II. 1804

21. Vogl, Anna Maria ~ Lupburg, Oberpfalz † Mödling

5. Reisinger, Maria Rosina (rosalie), * Linz 25. I. 1811; ⚭ II ... Karl Waniczek, k. k. Postdirektionsadjunkt in Brünn, später in Temesvar).

22. Jauffner, Jakob, Huterermeister ⚭ (I) Innsbruck, Katharina Blayer 22. II. 1762 ⚭ (II) Innsbruck, 25. IV. 1769

11. Jaufner, Magdalena. (Helena Elisabeth) * Innsbruck 12. V. 1781

2. Bahr, Alois Caspar Julius, Dr. iur., k. k. Notar, Finanz-Prokuratur-Adjunkt in Linz, Präsident der k. k. oberösterr. Notariatskammer, Landtagsabg., Vizepräsident der Bank für Oberösterr. in Salzburg, Ehrenbürger v. Linz u. Markt Hall, * Brünn 11. IV. 1834, ~ 12. IV. St. Johann in Brünn, † Salzburg 5. IX. 1908 (Entkräftung); ⚭ Troppau (Hl. Geist) 11. VIII. 1862

24. Weydlich, Johann Caspar, Erbschulze in Nieder-Lindewiese, † Nieder-Lindewiese 6. VII. 1790 (45 Jahre alt); ⚭ ...

25. Prießnitz, Theresia, † Nieder-Lindewiese 6. VII. 1808 (71 Jahre alt).

12. Weidlich, Franz Anton, Erbschulze in Nieder-Lindewiese, * Nieder-Lindewiese 12. III. 1770, † ebd. 1. II. 1845 (an gastrischem Fieber); ⚭ Gurschdorf 15. I. 1793

26. Schmidt, Joseph, Freibauer in Gurschdorf; ⚭ ...

Nichelschin, Theresia.

6. Weidlich, Ritter von, Franz Karl, Oberamtmann auf Schloß Johannisberg bei Jauernig i. Schl. zuletzt Statthalterei-rat in Troppau, Ritter d. Els. Krone III. Kl., * Nieder-Lindewiese 12. III. 1804, † Troppau 29. V. 1868 (Schlagfluß), ▭ ebd. 31. V. 1868; ⚭ Freiwaldau (Schles.) 4. II. 1833

13. Schmi(e)d, Anna Barbara, * Gurschdorf 29. V. 1773, † Nieder-Lindewiese 6. VI. 1837 (an Krämpfen) (64 Jahre alt.)

3. Weidlich, Wilhelmine, * Jauernig (Mähr.-Schles.) 6. VI. 1836, ~ Johannesberg 7. VI. 1836, † Salzburg 16. V. 1902 (Lungenlähmung), ▭ ebd. (Kommunalfriedhof).

28. Rosner (Roßner), Johann Simon, Wirt in Kirchendemenreuth bei Neustadt a. d. Waldnaab; ⚭ ...

29. Maierhofer, Maria, * Kornthan bei Wiesau.

14. Rosner (Roßner), Maximilian Emanuel, 1795 Regierungsregistrator in Amberg, 1802 Landesdirektionssekretär ebd., * Kirchendemenreuth (Pf. Parkstein, Obpf.) 2. IV. 1766, † Amberg 19. VIII. 1833 (Blutschlag), ▭ ebd. 21. VIII. 1833; ⚭ Amberg (St. Martin) 31. I. 1795

30. Pulling (Bulling, Polling), Georg Anton, kurfürstl. Reg.-Sekretär und Kirchenrechnungsjustifikant in Amberg; * Stadteschenbach (1744) † Amberg 29. I. 1793 (49 Jahre alt), ▭ ebd. (Dreifaltigkeitsfriedhof); ⚭ Amberg (St. Martin) 28. II. 1769

15. Pulling (Bulling), Anna Katharina, * Amberg 16. VII. 1774, † ... (mensa et thoro separata).

31. Domayr (Dobmayer), Maria Theresia Johanna Nepomucena Josepha[1]), * Amberg 11. IV. 1749, ~ ebd. (St. Martin) 11. IV. 1749, † ebd. 3. I. 1799 (Abzehrung), ▭ ebd. (Dreifaltigkeitsfriedhof).

7. Rosner, Maria Anna Katharina, * Amberg (Bay.) 3. III. 1802, ~ ebd. (St. Martin) 3. III. 1802, † Troppau 20. VII. 1866.

1. Bahr, Hermann Anastas, Dichter und Schriftsteller, stud. iur. Wien Graz, Czernowitz, stud. rer. pol. Berlin (1884), 1887/88 Einj.-Freiw. im 84. Linzer Hausregiment in Wien, * Linz a. D. 19. VII. 1863, † München 15. I. 1934 (Herzleiden, Arterienverkalkung, Lungenentzündung), ▭ Salzburg (Kommunalfriedhof) 18. I. 1934; Grabinschrift nach seiner Bestimmung: *non confundar in aeternum;* ⚭ I, Wien 5. V. 1895 Rosa Jokl ... 1872 ✝ Wien 14. V. 1909 ⚭ II, Salzburg-Aign 22. VIII. 1909 Anna Bellschan von Mildenburg.

Geschwister:
Otto Bahr, Dr. iur. pens. Bezirksrichter in Linz, † 1927 Robert Bahr, † Linz 27. X. 1887, 10 Jahre alt, Anna, * 1870; ⚭ Linz Karl Hans Buz, Fabrikdirektor, lebt in Augsburg, Moltkestraße 12.

I.	II.	III.	IV.	V.

1)

62. Dobmayer, Joseph Lorenz Ludwig. Reg.-Sekretär und Kirchenrechnungsjustifikant in Amberg; (⚭ I. Amberg 2. V. 1734 Maria Theresia Franziska Kun); ⚭ II. Amberg (Hauskapelle des Dechanthofes) 7. X. 1744

63. Eder, Maria Anna.

124. Dobmayer, Christoph, kgl. Bayr. Hof- und Feldtrompeter im 14. Schützen-Reg.;
⚭ ...
125. ..., M. Barbara.
126. Eder, Ägidius. rechtskundiger Ratsherr und Bürgermeister von Neumarkt;
⚭ ...
127. ..., Maria. † vor 7. IX. 1744.

VI.	VII.

Die Verteidigung der Moderne

Nach dem stürmischen Fortschreiten der Wiener Modernen mehrten
sich nun Stimmen, die zum Zurückdrängen der neuen Strömungen
aufriefen. Zu diesen zählte auch die unermüdliche *Fackel* von Karl
Kraus, der zwar im Jahre 1901 einen Prozeß gegen Bahr verlor, diesen
aber unvermindert attackierte. Unter dem lastenden Druck der antimo-
dernen Reaktion, die sich auf christlich-soziale und liberale Kreise
stützte, begannen Hermann Bahrs Hoffnungen auf Umgestaltung der
Wiener Kultur zu sinken.

In dieser Situation kam seinem Auszug aus dem grauen Häusermeer
der Donaumetropole in den damals noch dörflichen dreizehnten Wiener
Bezirk symbolische Bedeutung zu. Josef Maria Olbrich (1867—1908)
hatte ihm dort, auf den Hügeln von Ober St. Veit, ein „kleines
Märchenhaus" errichtet, „mit dem weiten Blick über die Kaiserstadt
nach Osten".[1] Das Häuschen, eine faszinierende Modifikation des
traditionellen Landhaustypus, war — damals durchaus ungewöhnlich
— weiß verputzt, mit hellrosa Ziegeldach und grünen, von roten Frucht-
und Blütenornamenten durchsetzten Holzteilen versehen. „Es scheint
wirklich, daß es aus der lebendigen Erde gewachsen ist, wie die
Bauernhäuser und die Akazienbäume" (Ludwig Hevesi).[2] In einer, von
den Besuchern erfreut wahrgenommenen, luftigen und lichten Atmosphäre waren Gemälde zeitgenössischer Künstler zu sehen. Der Schwei-
zer religiöse Maler Albert von Keller, Theodor von Hörmann, Ludwig
von Hofmann waren vertreten; an einem Ehrenplatz hing Gustav
Klimts *Hexe*, seine *Nuda veritas* prägte die Stimmung des Arbeitszim-
mers.

Der ländliche Charakter des Hauses wie seiner Umgebung, die
zünftige Kleidung Hermann Bahrs, dessen aufgestülpter Hut, dessen

---

[1] Hermann BAHR, Josef Hoffmann, ABaM (Prosa-Manuskripte) 97, 3, Th.
[2] Josef Maria Olbrich 1867—1908. Das Werk des Architekten. Ausstellungska-
talog, Hessisches Landesmuseum Darmstadt (Hg.), Darmstadt et al. 1967,
34.

Wadenstrümpfe auffielen, die kräftigen Hunde schließlich, die der
Schriftsteller sich hielt — all dies verdeutlicht die innere Abwendung, ja
Verachtung für das großstädtische Leben Wiens. Mit zunehmender
Schärfe distanzierte er sich von den politisch und gesellschaftlich
führenden Kräften der Metropole, sein 1907 veröffentlichtes „Wien"-
Buch wurde nicht zufällig von der Staatsanwaltschaft beschlagnahmt.[3]

Mit Felix Salten, Ludwig Speidel und Robert Hirschfeld protestierte
Bahr im September 1900 gegen die Ablehnung des Schauspiels Der
Schleier der Beatrice, in welchem Arthur Schnitzler die Fülle und Kraft
des Lebens beschworen hatte. In der Zurückweisung des Stückes durch
den neuen Burgtheaterdirektor Paul Schlenther, den Bahr von frühen
Berliner Tagen kannte, sah er eine allgemeine Reaktion der Wiener auf
künstlerische Größe. Die sich weiter verstärkende kulturpolitische
Auseinandersetzung um Schnitzlers Werke hat diesen — „über die
zeitweiligen Entfremdungen hinaus", wie er im Juni 1901 betonte, dem
zuvor reservierten Schriftsteller angenähert.[4] Schnitzler, der vierzehn
Tage vor Abfassung dieses Schreibens seines Offiziersrangs entkleidet
worden war, erklärte die gegenseitige Distanz der neunziger Jahre als
entwicklungsphysiologisch bedingt und versicherte Bahr seiner Freundschaft. Dieser legte sich verstärkt für den umstrittenen Dichter ins Zeug,
klagte 1902 über die anderweitige Verleihung des Grillparzerpreises und
übernahm bald darauf die Verteidigung der skandalisierten Szenenfolge
Reigen.

Gustav Klimt, den Bahr in seinen Tagebüchern des Jahres 1908 als
„hellen Heiden" feierte, hatte das Gedankengut der sezessionistischen
Moderne wie kaum ein anderer Künstler populär gemacht.[5] Gerade
deshalb war er zum Hauptangriffspunkt klerikaler und liberaler Kreise
geworden. Insbesondere der pantheistische Diesseitskultus seiner für die
Wiener Universität ausgeführten Monumentaldarstellungen, der wie
eine Illustration von Friedrich Nietzsches Gedanken wirkt, erregte
antimoderne Gemüter. Anläßlich der Debatten um Klimts Darstellung
der Medizin — die monistische Interpretation der Philosophie hatte ein
Jahr zuvor für Aufregung gesorgt — trat Bahr auf einem Leseabend der

---

[3] Vgl. Hermann BAHR, Wien. Mit acht Vollbildern, Stuttgart (1907). In einem
     Teil der Auflage fehlen S. 18, Zeile 11 bis S. 40, Zeile 13 infolge Beschlagnah-
     me der Textstelle durch die Wiener Staatsanwaltschaft. Dieser Teil wurde
     später ergänzt durch den Abdruck von: Interpellation des Abgeordneten
     Professor Dr. Josef REDLICH und Genossen (Haus der Abgeordneten, 6.
     Sitzung der XVIII. Secession am 2. Juli 1907) betreffend die Beschlagnahme
     des im Mai 1907 erschienenen Buches „Wien" von Hermann BAHR durch die
     K.K. Wiener Staatsanwaltschaft.
[4] Brief an Arthur Schnitzler, A 23.344 (26.6.1901), Th.
[5] Hermann BAHR, Tagebuch, Berlin 1909, 140.

Concordia am 24. März 1901 für die Standpunkte des Künstlers ein. „Neben ihm ist alles winzig, was heute in Österreich geschaffen worden ist", notierte er am 18. September des Jahres 1903 in sein Tagebuch, eben auf Anregung Wärndorfes damit befaßt, Klimt erneut publizistisch zu verteidigen.[6]

Diese Rückzugsgefechte machten es für den erfahrenen Beobachter Bahr augenscheinlich, daß sich die Positionen der Moderne zwar in bestimmten Enklaven einnisten konnten, daß die gesellschaftlich tragenden Kräfte der Donaumonarchie der Konstruktion eines „neuen Menschen" jedoch wenig aufgeschlossen waren. Er, der sich seit der deutschbewußten Burschenherrlichkeit seiner Jugendjahre die Abneigung gegen die Instanzen Österreich-Ungarns bewahrt hatte, verhöhnte erneut die Staatsverwaltung. Das klamaukhafte Lustspiel *Der Krampus* gab in der Person eines pensionierten Hofrats eine Klischeefigur der Lächerlichkeit preis, deren Zeichnung Bahr in den folgenden Jahren weiter verschärfte, bis sie in *Sanna* (1905) in perverser Bösartigkeit erstarrte.[7]

In einem Schauspiel mit dem beziehungsvollen Titel *Der Apostel* vertrat der Autor die Ablehnung von Parlament und Parteien, die er der Unfähigkeit, Bestechlichkeit und Doppelbödigkeit zieh — eine Position, die er schon in seinen frühen Schauspielen vertreten hatte.[8] Dagegen vertrat er die Verbindung engagierter und führungswilliger Persönlichkeiten mit den Kräften des Volkes, über die Schranken der Parteien hinweg.

Voller Enttäuschung über die zunehmende Kritik an Exponenten der Moderne sehnte sich Hermann Bahr in günstigere Gefilde, träumte von einer Abrechnung mit der Donaumonarchie, die er auf einer griechischen Insel vornehmen wollte, und suchte zumindest seine Sommeraufenthalte weitab Österreich-Ungarns zu verbringen. 1900 arbeitete er einen Organisationsentwurf für eine Schauspielschule aus, die er in Olbrichs Darmstädter Idyll einrichten wollte; schon für das kommende Jahr sollten aus Werken Hofmannsthals, Dehmels und d'Annunzios prächtige Festspiele gestaltet werden, bis 1903 wollte Bahr eine fünfzehnköpfige Schauspielertruppe ausbilden. Das vorgesehene

---

[6] ABaM 69/1903, Skizzenbuch 2 (18.9.1903), 398 f., Th. Vgl. das Vorwort Hermann BAHRS in der Schrift: Gegen Klimt. Historisches-Philosophisches-Medizin-Goldfische-Fries, Wien 1903.

[7] Vgl. Hermann BAHR, Sanna. Schauspiel in fünf Akten, Berlin 1905. An REDLICH schrieb BAHR, dies sei ein Theaterstück, „in dem unserem lieben, alten Österreich der Prozeß gemacht wird". (Brief an Josef Redlich. In: Fritz FELLNER (Hg.), Dichter und Gelehrter (2.9.1904), 34).

[8] Vgl. etwa Hermann BAHR, Die große Sünde. Ein bürgerliches Trauerspiel. Zürich 1888.

Theatergebäude sollte sich Richard Wagners Gesamtkunstwerkskonzeption zunutze machen und die Sprachelemente mit Musik, Architektur und bildender Kunst in bewußte Beziehung setzen. Diese Idee der Stilbühne wurde wenig später von Kolo Moser im *Jung-Wiener Theater zum lieben Augustin*, das Salten im November 1901 eröffnete, mit geringem wirtschaftlichen Erfolg aufgegriffen.

Ein anderes, von Bahr konzipiertes und vom befreundeten Fritz Wärndorfer finanziell getragenes Projekt blieb auf Dauer ebensowenig erfolgreich. Die *Wiener Werkstätte* konnte die faszinierenden Zielsetzungen ganzheitlicher Raumgestaltung nur in wenigen Fällen verwirklichen. Die in Bahrs *Secession* 1900 vorgetragene Idee einer „Colonie von Werkstätten, wo die Künstler mit den Handwerkern wirken, sie belehrend, von ihnen lernend ... das Ganze durch die Triebe unseres Volkes beherrscht" ist am Unverständnis der tragenden gesellschaftlichen Kräfte zerbrochen.[9]

Ein weiteres Unternehmen, an dem sich der Schriftsteller selbst beteiligte, das 1907 von Josef Hoffmann gestaltete Kabarett *Die Fledermaus* in der Wiener Spiegelgasse, ist ebenfalls nach kurzer Zeit gescheitert. Zu dieser Zeit hatte Bahr freilich schon der unverständigen Donaumetropole den Rücken gekehrt und arbeitete als Regisseur des befreundeten Theaterdirektors Max Reinhardt in Berlin, nachdem ein Versuch, sich in München zu etablieren, am Widerstand klerikaler Kreise Bayerns gescheitert war.

Während der Schriftsteller einen Teil seiner unermüdlichen Aktivität auf derartige Projekte verwandte (auch die Gründung eigener Theater schwebte ihm vor), vertiefte er sich andererseits in die theoretische Begründung seines Menschenbildes. Bahr suchte nach Wegen zur Überwindung des liberalen und katholischen Grundcharakters Österreichs, er wollte die „Beiseite- und Traumichnichtkultur" seiner verhaßten Umgebung sprengen.[10] Seit dem Frühjahr 1901 arbeitete er an einem großen Werk des Selbstbekenntnisses, das diesem Bemühen Ausdruck geben sollte. Von diesem „Credo", das er später mit der Bezeichnung *Dialog vom Laster* versehen hat, ist nur ein gewisser Aspekt im Rahmen der *Dialoge vom Tragischen* und vom *Marsyas* an die Öffentlichkeit gedrungen.

Die Notizen spiegeln die Auseinandersetzung mit einer Fülle von geistigen Einflüssen: von der heidnischen und christlichen Antike bis zu Weltanschauungen des 19. Jahrhunderts, Nietzsches Philosophie, Darwins Deszendenztheorie, Fechners Psychophysik, den Frühwerken Sigmund Freuds. In der religiösen Ekstase, die Bahr künstlerischer

---

[9] Hermann BAHR, Der englische Stil. Zur Winterausstellung im Österreichischen Museum. In: ders., Secession, Wien 1900, 182—187, 187.
[10] ABaM 69/1901/02, Skizzenbuch (20.3.1902), Th.

Entgrenzung gleichsetzt, offenbart sich vertiefte Wirklichkeitserfahrung, welche das alltägliche Leben als scheinhaft und oberflächlich entdeckt. Auch der geschlechtliche Umgang darf sich als Mittel verstehen, zu tieferer Erkenntnisstufe zu gelangen. Aus der Pose des Künstlers, des mystisch Erfahrenen wie des sexuell freien Menschen kündet der Schriftsteller von den Selbsterfahrungen, die jenseits der geordneten und trügerischen Bahnen bürgerlichen Daseins aufzufinden seien: Der Eintritt in ein neues Zeitalter, die Schaffung der Moderne bedeutete nicht zuletzt, diese Begrenzungen zu überwinden und den kirchlichen wie staatlich verordneten Lebensnormen die Kraft der eigenen Bedürfnisse, Instinkte, Triebregungen entgegenzusetzen.

1900

1. Jänner

Nach dem streben, was mir gemäß ist, aber mit mehr innerer Folge, nicht so sprungweise. Ekstasen nicht mehr suchen, Ermattungen vermeiden; dem wirkenden Manne sei, sich eine mittlere Lebenstemperatur zu erwarten, die Hauptsache.

2. Jänner

Holzer erzählt mir, wie man sich wundere, daß ich „gar nirgends hingehe", mich auch im Theater nicht zeige, keine Zeitungen lese und was man sonst für unerläßlich hält. Versteht man denn nicht, daß ein Mensch, der endlich gefunden hat, was ihm gemäß ist und wie er wirken soll, Fremdes abschütteln und den äußeren Zudrang abzuhalten seine Not hat.

4. Jänner

In der Buchausgabe will ich den *Franzl* nennen: „Fünf Bilder eines guten Mannes", und den „Oberösterreichischen Leuten" widmen.[1]

---

[1] Tatsächlich lautete die Widmung „Der Oberösterreicher Jugend/denen vom Pan/die vollenden sollen/sei das Denkmal eines guten Mannes anvertraut (St. Veit, Herbst 1900)".

20. Jänner

Gestern beim Bankett der Sezession sagte Engelhart in seiner Begrü-
ßungsrede, zu mir gewendet: „Wir werden dir nie vergessen, daß du von
Anfang an deine Pflicht getan hast." Das möchte ich als Grabinschrift
haben.

28. Februar

Toter, leerer Monat für mich gewesen. Unfroh. Krank. Ich muß eine
„Kur des Willens" durchmachen.

3. März

Das Buch von Philo vom Walde über Prießnitz gelesen und den
Entschluß erneuert, einen Übergang zu neuem naturgemäßen Leben zu
suchen. Will bei Holländer eine Wasserkur machen. Einmal probieren,
ob ich sechs Wochen lang Alkohol und schwarzen Kaffee ganz
entbehren kann.[2]

(März)

Der böse Goethe. Goethe von Bielschowsky.[3] Äußerungen seines
rabiaten Pessimismus. Seine heitere Ruhe war offenbar den furchtbarsten Verwirrungen abgerungen und nachher mit den schlimmsten
Ermattungen bezahlt.

(Ohne Datum)

Je mehr man das wunderbare Wesen und die seltsame Technik Novellis
beobachtend zu erforschen sucht, desto mehr wird man gewahr, worin
das Geheimnis seiner einzigen Wirkung besteht, die mit nichts verglichen, an nichts gemessen werden kann: daß er nämlich mit tausend
Zügen einen ganz besonderen, einzigen Menschen darstellt wie er so, in
dieser Mischung und Zusammensetzung niemals dagewesen ist, aber
dieses ganz einzige und ganz besondere Exemplar nun zugleich zum
höchsten Ausdruck einer Gattung, zum vollkommensten Beispiel eines
Typus macht.

---

[2] Vinzenz Prießnitz. Sein Leben und sein Wirken. Zur Gedenkfeier seines 100.
Geburtstages dargestellt von Philo vom Walde, Berlin 1897 (= Pseudonym
für Johannes REINELT).
[3] BAHR bezieht sich auf das Werk des Literaturhistorikers Albert BIELSCHOWSKY
(1847—1902): Goethe. Sein Leben und seine Werke, 2 Bände, erschienen
1895 bis 1903.

(Mai)

Der Einzelne gibt immer nur seine Person her. Alte prinzipielle Frage, ob das genügt. In den großen Zeiten der Schwarzen Kunst ist man doch immer der Ansicht gewesen, das Persönliche, wie stark oder interessant es sei, reiche nicht hin, die Kunst eines Schauspielers auszumachen, die mit der „Verwandlung" beginne — Zitat aus *Wilhelm Meister* — Jarno. Nun sagt aber: das Ensemble! Ja, das Ensemble hat Stil, aber immer nur einen, immer denselben Stil.

(Ohne Datum)

Ludwig Hevesi hat das Geheimnis der Ibsenschen Menschen einmal dahin ausgelegt, sie seien alle immer entartete Wikinger, die zu den ungeheuren alten Instinkten, welchen es in den heutigen Zuständen zu enge wird, doch die notwendige Kraft nicht haben. Auf die Hedda Gabler paßt das vortrefflich: Sie ist in der Tat, wie sie Maximilian Harden einmal genannt hat, ein „anmaßendes Nichts", aber die Anmaßung liegt ihr von den Vätern her im Blute: eine nichtige und leere Person, die mitunter plötzlich von einer Erinnerung, einmal eine Brünnhilde gewesen zu sein, aufgerüttelt wird und plötzlich, wie der Solneß, einen „Urheld" in sich spürt.

Dr. Carl Heine, der Leiter des Leipziger Ibsentheaters, hat den Ibsenschen Dialog als einen charakterisiert, „der sich fortwährend zwischen bloßem Salonton und einer höheren Region bewegt".

(Ohne Datum)

Ein August pflegt wie der andere zu verlaufen; Advokaten und Turner, Journalisten und Sänger sind darin gleich. Es wird nicht zu viel gearbeitet, mehr getafelt und am meisten gezecht; der „Tag", sei es der Buchdrucker oder der Notare, spielt sich hauptsächlich in der Nacht ab.

(Ohne Datum)

Pariser Notizen. [...] Seit Jahren erwarten wir in der großen dramatischen Verwirrung und Ratlosigkeit Hilfe der Franzosen. Ebenso die neue politische Form ... Die Größe der Franzosen ist ihre geniale Art gewesen, das in Europa zerstreut Aufgetauchte zusammenzufassen, zu ordnen, zu gruppieren und, puristisch formulieren, den Völkern zurückzugeben. [...]

Tour Eiffel und Maschinenseele — dies empfand man als Ausdrücke des arbeitenden Frankreich, ja sie schienen wie Pfeiler einer werdenden neuen Architektur, der Architektur einer neuen Menschheit. Hier hat man für die la-bàs was „machen" wollen, statt an jenes anzuknüpfen und diese banal gefällige Stadt aus Milch und Zucker. Alles Routine. Nirgends der Drang, etwas Besonderes, Eigenes zu schaffen — sich auszudrücken. [...]

Wenn ich so zuhören muß, wie die Franzosen sittlich zurückgegangen seien, während wir es so herrlich weit gebracht, muß ich doch fragen: Was ist Kultur? Wir spüren da doch: Dieses Volk muß eine Zeit durchgemacht haben, wo es in den höchsten Fragen zu solcher Ruhe und Sicherheit gekommen war, daß es doch Kraft behielt, auch das Kleinste zu besorgen und jede Minute seines ganzen Daseins, sei es ein leeres Geschäft, sei es ein rascher Genuß, zu bewußter Schönheit zu erheben. Es gibt doch noch immer kein anderes Volk, das in der feinsten der kleinen Künste so groß wäre, in der wunderbaren Kunst, die Minute zu genießen.

15. August

Nachdem ich bisher nur in der Nähe meines Hauses gestreift,[4] zum Aussichtsturm, in den Wald beim Weidmann hinauf, allenfalls ins Baumgartner Cottage, bin ich heute von Hütteldorf an Wagners Villa vorüber durch Hadersdorf nach der Knödelhütte und von da durch den Wald (Eichen und Buchen) im Regen hinaus bis zur Kreuzung mit dem Wege zur Rieglerhütte [...] und zur Restauration „Steinbruch" (Glassalon, große Veranda, weiße Sessel, Tisch voll bedeckt, ein Ringelspiel, ein Momentphotograph).

Die vielen Liebespaare, ganz junge Leute, die sich auf eine altmodische Art zärtlich an der Hand halten; sie sind offenbar erst bei der Biedermeier-Liebe angekommen.

(Ohne Datum)

Anknüpfend an was ich heute in irgendeiner Zeitung gelesen: daß sich die Chinesen über die schlechten Sitten der Europäer beklagen, über ihr lautes Lachen, ihre üblen Launen, ihre ganze Ungezogenheit, jede Stimmung vor jedermann zu zeigen, während es der Orientale für sein Gesetz hält, das Eigene bei sich zu behalten, sich aufs äußerste zu beherrschen und immer sittlich, zierlich, gebildet zu erscheinen — mit Anwendung von Zitaten aus den *Souvenirs* d'Annunzios. Vielleicht als Dialog.

---

[4] BAHRS Haus befindet sich in Ober St. Veit, Veitlissengasse 5.

1901

(Ohne Datum)

Gott, ein persönlicher Gott, als unabweisliche Forderung des Künstlers: Alles ist „zum Anschauen" da, [...] es muß also ein Anschauender sein, ein höchstes Wesen, im Vergleich zu dessen ungeheurer Sinnlichkeit unsere Sinne nur Teile sind. Auf die Frage des Suchenden: „Ist ein Gott?" antwortet der Weise: „Alles ist, was du brauchst! Ohne diesen Glauben können wir nicht leben."

3. April

Vielleicht das *Credo*-Buch mit dem Goetheschen Zitat anfangen, daß jedermanns Handlungen zwei Bedeutungen haben.[5]

6. April

Für Darmstadt: Plan einer Zeitschrift *Europa*.

14. April

Meine „Antinomien, die das Leben ausmachen":
1) daß ich, ein Teil des Ganzen, der doch das Ganze enthält, 2) zum Ganzen zurückzukehren verlange und doch spüre, daß ich „Mensch" eben nur ein Teil bin [...], 3) und daß ich bald zu erkennen glaube, wie gering die äußere Welt, die mir von meinem Geiste vorgespiegelt ist, und auch doch in ihr alles wirksam gebunden fühle.

Alle Geschichte von dem Gesichtspunkte zu betrachten, daß sich der Mensch ewig neue Instinkte schaffen will und darum ewig alte abschaffen muß. Er entwirft fortwährend Bilder von sich, die über seine Kräfte hinausgehen; sucht nun die Kräfte zu erwerben, die nötig sind, um diese Bilder im Leben darzustellen; alte Kräfte, früher notwendig, jetzt entbehrlich, ja hinderlich, müssen abfallen.

---

[5] Dieses geplante Werk sollte BAHRS Weltauffassung auf einen populären Nenner bringen, seine Konzeption geht teilweise in den unveröffentlichten und bruchstückhaften „Dialog vom Laster" über.

15. April

Figuren aus dem Streite gegen die Moderne.

Pötzl, als Ausdruck des kleinen Bürgers, der nach seiner materiellen Lage vor allem die Kränkung fürchten muß, weil er fühlt, daß ihm nicht mehr geholfen werden kann, sondern daß es nur noch schlechter werden kann. Daher der Haß gegen jede Bewegung.[6]

19. April

Räusche. Der höchste, ein geistiger Rausch des Schaffenden mit seiner ungeheuren Helligkeit und Klarheit.

7. Mai

An Kolo Moser, ob ich nicht aus Darmstadt für *Ver Sacrum* schreiben soll.

13. Mai

Haeckel hat die sogenannten Strahlinge oder Radiolaren entdeckt, ganz winzige Tiere im Grunde des Meeres, ,,einfachste Gallertkügelchen fast ganz ohne Organe", wie sie Bölsche schildert, die sich aber aus Kieselstoff die zierlichsten Häuschen bauen.[7]

1. August

8 Uhr 25, abends, nach Abbazia, die fast komisch schwere Trennung von meiner Frau, als ob mir etwas Drohendes bevorstünde. Vollmond, schwüler Abend mit Gewitterstimmung. Ich dusle halb bis Klamm, betrachte dann im Gange stehend meine geliebten Semmering-Berge und lege mich oben nieder, um dumpf, von Träumen beunruhigt, aber fest bis St. Peter zu schlafen. Hier sieht man sich gleich von südlicher

---

[6] Eduard PÖTZL (1851—1914), seit 1874 Schriftleiter im ,,Neuen Wiener Tagblatt", verantwortete den Feuilletonteil des Blattes, für den BAHR schrieb. Karl KRAUS: ,,Wie ein erratischer Block ragt dieser erotische Schmock aus jener Rubrik hervor, deren Verwaltung dem armen Pötzl anvertraut ist." (Die Fackel, Jg. 3, Nr. 81 (1900/01), 9 f.).

[7] Ernst HAECKEL (1834—1919) war als Verfechter pantheistischer Natureinheit von großem Einfluß auf die Moderne. (Vgl. Ernst HAECKEL, Kunstformen der Natur, Leipzig/Wien 1899; ders., Die Welträtsel. Gemeinverständl. Studien über monistische Philosophie. Bonn 1899).

Landschaft umgeben: das starke Geröll, die Steineinfriedungen der Felder, die reiche, dabei lässige, unbekümmert vergeudende Vegetation, und man ahnt die Nähe des Meeres oder bildet sichs zu ahnen ein. Als dieses dann, hinter der Station Jurdani, sichtbar wird, kaum bewegt, leise sich kräuselnd, wie ein im Schlafe lächelndes Kind, ist es einem doch jedes Mal wieder ein Wunder, daß es das wirklich gibt.

An der Station Mattaglia fährt der Wagen angenehm, leicht zu trabende Serpentinen herab, etwa eine halbe Stunde, bis man unten durch den mit seinen wie eben erst aufgestellten Häusern nicht eben bedeutenden Ort gelangt. Während ich bade, geht ein heftiger Regen nieder. Ich achte ihn nicht, ganz im seligen Gefühle, von der Woge umschmeichelt, ja allmählich wie mit ihr verwachsen zu sein. Wie seltsam die Menschen, deren Köpfe man nur sieht; wie notwendig doch zur Erkenntnis eines Menschen der Körper, das Verhältnis von Kopf und Rumpf, vor allem aber die Allüre ist.

Das hübsche Mädchen mit dem Khnopff-Gesicht, den Mund offen, die großen breiten Zähne lachen, dabei die Freude an der Bewegung, wie ein Raubtier in seinem Elemente. Die vielen Ungarn im Bade, auf beiden Promenaden, die bei allen Verdiensten um die Kultur, die man ihnen nachsagt, und ich ihnen nicht ableugnen mag, doch etwas Wildes, Hereingesprengtes behalten. [...]

Wie ich, den Abgang meines Schiffes nach Ancona zu erwarten, hier vor dem Hotel Europa sitze und die vielen Sprachen durcheinander höre, die vielen Trachten durcheinnader sehe, erinnerts mich mit dem lästigen Gewimmel ein bißchen an die Cannebière, nur daß dort alles lauter, noch lebendiger ist; was würde auch unsere Polizei sagen? [...]

Die Fahrt an den Inseln vorbei; ein Leuchtturm; der weiße Streif des Mondes im Wasser, der dunkle des Rauches in der Luft; das stoßende Geräusch der Maschine, das Rauschen. Ich schlafe. Ein Stoß, ein Blitz. Gewitter in Ancona auf der kahlen Höhe. Die Häuser ohne jedes Ornament. Weiß oder rot mit grünen Läden, alle Farben sehr intensiv.

4. August

Fahrt nach Rimini, immer am Meere, in seinem Hauche ... Die eleganten Italiener mit alten, muffelig zusammengebundenen Taschen. Badehütte an Badehütte. Promenierende Gruppen von im Reigen sich drehenden, tanzenden Kindern. Farbe, Farbe! (Hier Paranthese: man kann diesen Blick aufs blaue Meer mit den großen roten oder gelben Segeln, auf den Gischt der Wellen, das Gewimmel springender nackter Menschen nicht besser ausdrücken als wenn man sagt: Farbe, Farbe, Farbe!)

Kleine Kanäle, die Schiffe mit den großen gelben Segeln an einander gepreßt. Novelli mit dem breiten weißen Hute, weißer Hose, ein bißchen

Stierkämpfer, ein bißchen Landedelmann am Bahnhof. Kutschiert mich in seinem Wägelchen mit Pony rasch durch den Ort ins Villenviertel. [...]

In seiner Halle steht: „Chi dura vince". Zwischen zwei Sandsteinlöwen über eine kleine Stiege in eine Halle; dann Speisezimmer (nach Westen), mit Aufzug aus der Küche im Keller; unten ein Gang, der die Wohnungen verbindet. Im ersten Stock lauter kleine Zimmer für Gäste, weiße Möbel (aus Bologna), mit hellen geblümten Stoffen (in Wien eingekauft), die Wände einfach grau gestrichen. Steinböden [...] Das Oratorische der Lateiner, die ein Gefühl (Bewunderung, Freude, Zorn) erst ganz genießen, wenn sie es aussprechen und indem sie es aussprechen. Die Lust Novellis am Beschreiben, das ihm die Dinge erst wert macht.

6. August

Dienstag in Bologna. Alladomica. Die Guido Renis, mit dem schönen Ausdruck der katholischen Dreiteilung der Welt (unten, was wir täglich sehen: darüber, nach oben gewendet, die Heiligen; ihnen zugeneigt schwebend die Jungfrau mit Engeln). Saal der Carracci; die heilige Cäcilia und gegenüber der Perugino; Saal der Francia.

In der Nacht 1 Uhr 37 ab, Modena umsteigen, Verona, durch die Klause nach Bozen. 1/2 1 Uhr fährt ein Postwagen nach Karersee. Norddeutsche Damen, die die *Kreuzzeitung* lesen, eine mit dem Air einer Stiftsdame, die andere wird Baronin tituliert, ein spitzes und prüdes französisches Fräulein, weiß Gott, wo die so desinfiziert worden ist, und ein flachsblondes Mädchen von 11, 12 Jahren. Das lustige Ehepaar, offenbar aus Franken, Mann Alpinist; sieht sehr echt aus, scheint aber wirklich Freude an den Bergen zu haben; jovial, fängt gleich ein Gespräch an, singt die Berge an. Gute nette Frau. Reizendes Mädel von fünfzehn; lustige braune kleine Augen, mit denen sie schon herumkokettiert; lustiges Stupsnäschen und einen Lausbubenzug um den Mund.

10. August

Mit Burckhard und Christomanos auf den Latemar, drei östliche Kuppen erstiegen. Mit dem wunderschönen Blick auf den Karersee, der wie ein tiefblau und am Rande smaragden glitzernder Stein, von Fichten umringt, da liegt. Die schwarzen, wie Vanille duftenden Kohlröserln. Die hellen Steinnelken. Der kleine tiefblaue Enzian, der gestielte, dessen violette Blüten gern in Dolden stehen; die Bergaster; der gelbe Mohn; die violette, künstlich riechende Orchidee. Die kleine blaßrosa Potentilla nitida.

Das Höhengefühl: triefend vor Schweiß; der frische Wind, den man förmlich trinken zu können meint; die Empfindung des Durchsonntseins. Abend nach der Rückkehr, draußen die sinkende Sonne auf dem Walde, nebenan wird *Wohlauf noch getrunken* auf dem Klavier gespielt. Die wohlige Frische des Bades, die Wärme in den Wangen und ein unendliches Behagen.

11. August

Allein zum Bachofen (im Rosengarten). An den Straßen stattliche Wälder, durch welche sich der Weg langsam hinaufschlängelt, der Wald wird dünner, eine mäßig ansteigende Wiese erscheint, üppig emporgeschossen, in leichtem Winde rauschend, violette Orchideen, violette Kornblumen, violette Skabiosen, hohe Gräser; die Wiese endet oben in Geröll, das ein jäher Bergsturz schließt; ihn zu erreichen, umgehen wir die Höhe von der Seite und gelangen im Boden über sie auf eine wollige, licht begrünte Kuppe; hier das Segantinibild: helles Grün, niederes Gras, Moos, Steine, Blöcke.[8]

19. August

Nachmittag. Glaspalast, auf der Altane, Café trinkend, um mich von der Barbarei der Ausstellung zu erholen. Die Terrasse geht auf einen Garten hinaus, Kastanien, schon halb verbrannt, herbstlich anzusehen; Rosen; Kinder spielen, Wiegen, die Mütter oder Mädchen auf Bänken. Sie beneidend, frage ich mich, die Augen flimmernd, den Kopf betäubt, verwirrt, angeekelt: warum denn vor zehn Jahren die Hoffnung so groß gewesen und jetzt die Enttäuschung?

Eine neue Generation trat damals auf und beeilte sich, alle ihre Kräfte zu zeigen. [...] Kaum hatte man sich noch vom Schrecken über Böcklin und die grandiosen Verwegenheiten Klingers erholt, tauchte Stuck, wie ein römischer Eroberer empor, Uhde, Liebermann, Hofmann, Khnopff — Franzosen schlossen sich an, lange in der Stille verborgen wie Leibl, Thoma, wurden nun erst bekannt, Alte verjüngten sich und in ein paar Jahren wurde durch zusammengedrängten ungeheuren Eifer nachgeholt, was seit hunderten versäumt worden.

20. August

Abends nach Wien.

---

[8] Der Maler Giovanni SEGANTINI (1858—1899), der 1898 auch in „Ver sacrum" veröffentlichte, stand BAHR durch seinen mystischen Pantheismus nahe.

22. August

Täglich in der Früh 1/2 Stunde Vokabeln, Italienisch lernen. 20 Zeilen Homer lesen. *Täglich* mindestens 1/2 Stunde gehen. Energie. Zu überwinden die *erste* Erschlaffung. Jeden Abend Programm für morgen machen.
Besuche Karlweis, der bitter klagt und recht jämmerlich aussieht.

23. August

Vielleicht einfach ein Heft: Theorie des Menschen. Mit datierten (um …, im Walde, im Jägerhaus) Aphorismen, die sich alle um das Erreichen eines Höheren durch Verlangen und Forcieren drehen.

7. September

Raimunds „Es ist ewig schad um mich" ist das Grundmotiv aller österreichischen Existenzen. [...] Unsere höchst alberne Art, den Genuß sentimental abzuschwächen, das Sentiment aber durch Genuß zu beschmutzen.

1902

3. Jänner

Warmer Regen. Der junge Mensch, der immer glaubt, morgen wird man ihm sagen, wie man eigentlich leben soll, und herumlauft, um es den Leuten abzufragen.

4. Jänner

Das ästhetische Gefühl verdirbt das Leben, weil es des Stiles wegen Havarien verlangt, also den Mangel an der notwendigen Ergänzung (Tugend zur Schönheit) empfindlich macht.

5. Jänner

Zeitungen melden Erfolg von Schnitzlers *Lebendigen Stunden* in Berlin. Warmer trüber Märztag.
    Der Ruderer — als Sport, herrlich, als Arbeit, lästig. Alles zweckloser Genuß; jetzt bloß als Mittel empfundener Mühe. Wie dumm, dem Leben einen Zweck zu geben.

6. Jänner

Nach Rodaun, mit Hugo und Gerty spazieren, dann bei Beer-Hofmann. Herein, bei Mama Schlesinger gegessen, Hans da.

10. Jänner

In Berlin mit Dörmanns, Fred, Kahane.

11. Jänner

Hamburg. Probe. Bei Berger gespeist. *Größte Sünde* mit Burg und Otto Ernst.

12. Jänner

Bei Lichtwark in der Kunsthalle.

14. Februar

Conferènce über Isidora Duncan in der Secession.

17. Februar

Im Auftrage Singers bei Klimt, um namens des *Neuen Wiener Tagblattes* um Entschuldigung zu bitten.

28. Februar

Weisse Kompagnon des Bukovics. Burckhard phantasiert, nach Troja zu reisen.

8. März

In der Maeterlinck-Matinee unter den Journalisten die Verleumdung, Klimt sei in eine „Anstalt" gebracht worden.

12. März

Hugo bei mir. Gespräch über die Kraftlosigkeit der Worte und das Unvermögen des Menschen, sich durch Worte einem anderen mitzuteilen.

17. März

Bukovics, der mir hoch und heilig versichert hat, Weisse werde nur finanzieller Compagnon sein, stellt ihn heute dem Personal als Mitdirektor mit gleichen Rechten und Pflichten vor.

29. März

Bei der Duse im Imperial, die strahlend und lachend vor Glück wieder ganz jung geworden ist. Wie anders als vor zwei Jahren (fast auf den Tag; im selben Hotel).

5. April

Città morta. Mit Hugo herausgefahren und nachts in Hietzing spazieren gegangen.[9]

16. Mai

Mama gestorben.
    Hugo hat ein Mäderl.

18. Mai

Leiche, mit Hagel und Sturm.

12. Juli

Fühle mich plötzlich sehr unwohl. Schwindel. Depression.

19. Juli

$1/2$ 5 in Salzburg an. Notar. Friedhof. Begegne Roller. Bummle mit dem jungen Baron Kraus.

─────────────

[9] D'ANNUNZIOS Drama „La Città morta" wurde am Wiener Raimundtheater aufgeführt. Das Stück demonstriert im Wirken von Sexualität und Gewalt den magischen Einfluß des Vergangenen auf die Gegenwart. (Vgl. BAHRS 1903 veröffentlichten Aufsatzband „Rezensionen", 238—245).

Franz Stelzhamer. Lichtdruck nach Wilhelm Dachauer.

Hermann Bahr im Arbeitszimmer seines Hauses in Ober-St. Veit.

Isadora Duncan.

Gabriele d'Annunzio.

Eleonore Duse.
Rollenbild als „Magda" in H. Sudermanns Schauspiel „Heimat".

Gruppenbild von Mitgliedern der Wiener Secession, 1902.

Landschaftliches Theater Linz.

Direction: Alfred Cavar.

Samstag den 2. November 1901.

Anfang ¼8 Uhr. Telephon Nr. 34. **Ende 10 Uhr.**

4. Suspendu-Vorstellung.

Letztes Gastspiel der Frau Holzer-Hetsey

vom Raimundtheater in Wien.

Neuheit! ☛ Zum 1. Male. ☚ **Neuheit!**

Der Star.

Ein Wiener Stück in drei Acten von Hermann Bahr.

Spielleiter: Rudolf Lenoir.

Personen:

Lona Ladinser	* *	Peter Galus	Georg Gädecke.
Leopold Wiesinger	Karl Waldschütz.	Herr von Span	Alfred Biebach.
Martha, seine Schweiter	Lotte Zwiefel.	Kapelmeister Mokl	Josef Steiner.
Gerty Danzer, ihre Freundin	Franzi Brauer.	Blum } Autoren {	Josef Schmidt.
Dr. Engelbert Rohr	Hans Gaar.	Goch } des "Zeilchen" {	Karl Ludwig.
Gustav Graf Blowitz	Fritz Freyberg.	Wenig, Reporter	Leopold Beringer.
Jndra	Franz Schmidt-Renner.	Franz	Robert Hesse.
Wigibal, Holzhändler	Louis Groß.	Loni	Carola Bongar.
Fräulein Zipser	Flora v. Schweighardt	Die alte Marie	Lina Schmidt.
Flora Denk	Pepa Köchl.		

* * * Lona Ladinser . . . . **Frau Holzer-Hetsey a. G.**

Casse-Eröffnung ¼7 Uhr.

Preise der Plätze:

Eine Balkonloge im ersten Range	K 12.—	Ein Fauteuilsitz	K 2.40
Eine große Loge im ersten Range	11.—	Ein Parteresitz	1.60
Eine kleine Loge im ersten Range	8.—	Ein Galleriesitz im zweiten Range	1.40
Eine große Parterreloge	11.—	Parterre-Entrée	1.—
Eine kleine Parterreloge	9.—	Garnisons- und Studentenkarte	—.60
Eine kleine Loge im zweiten Range	7.—	Entrée in die zweite Gallerie	—.60
Ein Balkonsitz	3.—	Entrée in die dritte Gallerie	—.40

Sonntag den 3. November 1901.

Anfang 2 Uhr. Fremden-Vorstellung. **Ende vor 6 Uhr.**

═══ Beginn 2 Uhr. ═══

Bei gewöhnlichen Abendpreisen.

Lohengrin.

Bei gewöhnlichen Abendpreisen.

Romantische Oper in drei Acten von Richard Wagner.

Abends.

Anfang ¼8 Uhr. 40. Abonnementsvorstellung (gerader Tag). **Ende ¾10 Uhr.**

Wertmarken giltig. Viertelscheine roth. **Wertmarken giltig.**

Der Heiratsschwindler.

Posse mit Gesang in drei Acten von Bernhard Buchbinder. — Musik von Max v. Weinzierl.

Ankündigung der Linzer Aufführung des Schauspiels „Der Star" von Hermann Bahr.

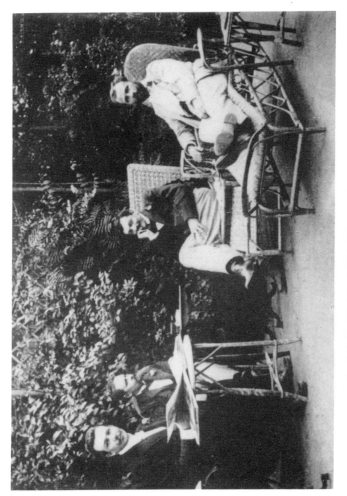

Josef Maria Olbrich mit Kolo Moser und Gustav Klimt.

Von links nach rechts: Alfred Roller, Alma Schindler-Mahler, Karl Moll, Gustav Klimt, Max Reinhardt und Josef Hoffmann. Im Garten der Villa Moll in Wien 19 (um 1905).

Von links nach rechts: Max Reinhardt, Gustav Mahler, Karl Moll, Hans Pfitzner, Josef Hoffmann. Auf der Terrasse der Villa Moll (um 1905).

Franz Zavrel, Kolo Moser, Hermann Bahr, Peter Altenberg am Venediger Lido (1913).

Hermann Bahr, Rosa Jokl mit den Gebrüdern Redig in Altaussee (um 1900).

Hugo von Hofmannsthal, 1895.

Anna Bahr-Mildenburg als Brünnhilde in Richard Wagners „Ring".

Richard Wagner.
Gemälde von Karl Wilhelm Diefenbach.

Wettstreit zwischen Apollon und Marsyas. Basis von Mantinea.

Die Schindung des Marsyas. Darstellung von Giulio Romano.

Hermann Bahr am Venediger Lido, 1912.

20. Juli

Nicht geraucht. 3.15 Salzburg ab, 9 Uhr Innsbruck. Arlberg verregnet. 9 Uhr 5 abends Bern. Berner Hof. Zimmer 4. Morgen Singer und Spiegel besprechen. Ins Parlament. Adresse von Prof. Walzel.

26. Juli

Mit Singer und Rakosi bis Sargans. Von dort über Chur nach Thusis. Feuilleton schreibend, zwei Zigarren geraucht.

27. Juli

Um sechs Uhr ab. Tiefenkastell, wo sich die Route über Julier von meiner über Albula schneidet. Immer an den mächtigen Bahnbauten. Ferner Rast in Filisur. Um ein Uhr weiter nach Bergün. Mittag. Bad. Gegen Abend noch kriechend bis Preda. Sehr belebt von Italienern, Bahnbeamten und Arbeitern. Nächtige. Nachts Donnerwetter. Abends eine Zigarre geraucht.

28. Juli

Fahre über Weißenstein und Albula — Paß (mit kleinem jungem Bernhardiner, der durchaus mit mir will) in dichtem Nebel nach Ponte, Bevers, Samaden, Pontresina. Nachmittag Spaziergang über die Meierei nach St. Moritz. Bad und Dorf. Im Wagen zurück.

2. August

Auf den Schafberg. Erinnerungen an Segantini. Hinüber zu Muottas Murail. Anblick der über einander getürmten Seen unvergeßlich. Botanisiert. Nicht geraucht. Teilweise Regen. Abends starkes Gewitter. Nachts Feuerlärm im Hotel.

7. August

Um ein Uhr erwacht, da die Partie auf den Bernina weggeht. Um $^1/_2$ 3 gehen wir. Laterne. Am Felsen angelangt: Sonnenaufgang. Angeseilt. Leichtes Kraxeln, dann Schnee, Eis, Gletscherspalten. Um neun oben.

10. August

Salzburg, Burckhard. Mit ihm nachmittag in Strobl.

17. August

Unsere Kultur ist wie eine dünne Schneedecke. Man darf nicht zu fest auftreten. Die Komik der gravitätisch Aufstapfenden, wie auf fester Erde. Und doch Philister beneidenswert.

28. Dezember

Ein Jahr der inneren Stockung, wie Vereisung, einer bösen Pause. Einfälle genug, die mir aber schon nach ein paar Tagen wieder entrückt und so fern sind. Mir mißglückt alles. Gar keine Stunden der inneren Erektion.

Den oberösterreichischen Roman *Der Letzte* angefangen. So klar ist mir der Graf, daß ich seine Stimme zu hören glaube, jede Gebärde malen könnte. Und doch wills mir zur Darstellung nicht gedeihen.

Immer im Kopf ein Reicher-Eysoldt-Stück. Das Weib, das selbst gar nichts ist, sondern erst im Erotischen eine Art Natur bekommt, nämlich die Natur des geliebten Mannes ... Gedacht an einen *Ferdinand II.* Gedacht an einen *Wolf-Dietrich.* Gearbeitet an einem *Dialog über das Tragische* = Aristoteles, Freud.[10] Gearbeitet an einer philosophischen Arbeit über die Katharsis.

Griechisch betrieben. *Elektra* des Sophokles und Euripides gelesen. *Agamemnon* angefangen. Mittelhochdeutsch aufzufrischen angefangen. Englisch angefangen. Ziemlich vorwärts gekommen.

15. Mai Mama gestorben, 20. Juli — 10. August Bern — Pontresina. September drei Tage, Oktober zur Première der *Wienerinnen* acht Tage in Berlin. Dezember Blinddarmentzündung.

Ich meine doch, daß es nichts nützen würde, die gedrückte Stimmung zu forcieren, und daß es noch das Beste sein wird, geduldig abzuwarten, ob ich nicht wie aus einem guten Winterschlafe wieder erwache. Zum Animieren will ich zunächst eine mehr literarische Arbeit über den „Mönch von Salzburg" schreiben. Ich habe auch schon an einen „Neuen Österreichischen Plutarch" gedacht.

Ich will es mir zur Pflicht machen, doch alle acht Tage einmal hier über mein psychisches oder produktives Befinden einzutragen.

29. Dezember

Vielfach lockt mich auch der Wunsch, ein Lexikon zu verfassen, welches in kurzen Definitionen, am liebsten in Zitaten, meine Meinungen über

---

[10] Der „Dialog vom Tragischen", 1903 in der „Neuen Deutschen Rundschau" erstveröffentlicht, ein Jahr später in Buchform erschienen, stützt sich auf FREUDS und BREUERS Thesen in den „Studien über Hysterie" (1895).

die Grundfragen des Lebens und der Kunst auszudrücken hätte. Es könnte heißen „Einsichten". Dazu wären nochmals gründlich durchzuarbeiten: Burckhard, Rohde, Nietzsche, Lionardo, Goethes Briefe und Gespräche, Schopenhauer, Hegel, Lagarde, Jakob Grimm.

Heute schöner warmer Tag, fast wie im März, aber alles in flimmernden lichten Nebel eingesponnen. Ich sehe nur bis zum Schulterberg und zur Kirche. Dahinter ist alles in Dampf versunken, der weiter zurück, zur Stadt hin, zum qualmenden schwarzen Rauche wird. Wie ich spazieren gehe und von der Warte herab und herum sehe, wirken manche Gebäude befremdend, wenn sie plötzlich schroff aus dem Dunste auftauchen. Wo Weißes im Nebel sichtbar wird, erscheint es erschreckend nahe. Gegen Süden, über der Einsiedelei, weiß ich gar nicht mehr, sinds Wolken, sinds Berge, was sich da zusammenballt. Gleichnis: Wie ich da den Nebel zu deuten und erraten versuche, machen wir es mit den Erscheinungen. Der meint sie so, ein anderer anders, nur merkwürdig ist mir, daß wir unserer Deutungen und Meinungen doch so sicher sind.

Testament gemacht. Hugo hier.

30. Dezember

Grauer, ganz in dunklen Nebel eingehüllter Morgen. Reif. Vorbereiten für morgen: über Salzburg. Dazu heute *Italienische Reise* nachlesen. Unförmiger, dunkler, stummer Tag. Ich stelle die „Analysen" zusammen. Abends lang in Tagebüchern meines Vaters gelesen.

31. Dezember

Schneit, regnet und nebelt durcheinander. Wieder leise Schmerzen im Blinddarm. Nicht ausgegangen. [...] Ein Buch *Mein Vater*. Morgen beginnen mit einer halben Stunde *Odyssee*, einer halben Stunde Goethe, einer halbe Stunde Dante.

Dialog vom Laster

Vielleicht einzufügen eine ironische Skizze der kulturfeindlichen Typen in Deutschland. Darunter der „vertiefte Journalist", der meint, es komme darauf an, zu allem ein ernstes Gesicht zu machen. [...] Ein anderer Abschnitt hätte auszuführen, daß bei den Deutschen selbst unter individuell durchgebildeten Menschen niemand ist, der so aus sich herauszutreten und über sich hinweg den ganzen Umkreis zu

erblicken vermöchte, daß er „sich auch für einen anderen interessiert"
und begreift, wie, damit er selbst eigen sein könne, der andere anders
sein müsse. Ja, daß Menschen sich wie Farben in einem Bilde verhalten,
wo auch eine erst recht zur Wirkung kommt, wenn sie durch eine andere
ergänzt und gehoben? Darum haben ja auch die Deutschen wohl große
Solisten gehabt, aber an dem Chor einer allgemeinen Kultur hat es
immer gefehlt.

Um deutlicher zu machen, wie ich das meine, erinnere man sich an
das Binden eines Straußes. Da geschieht es einem auch, daß bei bester
Auswahl schöner Blumen und ihrer zierlichsten Vereinigung, doch zur
vollen Wirkung etwas zu fehlen scheint, bis irgend eine verächtliche,
geringe Blume, die wir sonst gar nicht achten, indem sie ihre geringe
Farbe hinzufügt, das Ganze erst zur Vollendung bringt. Um jedem
gerecht zu werden, dürfen wir ihn nicht für sich sehen, sondern müssen
die ganze Nation als einen Garten betrachten und uns dann fragen, ob er
darin fehlen würde.

Wichtig der Abschnitt über das Laster. Tatsache, daß alle Menschen
Anwandlungen haben, in welchen „das Chaos wiederkommt". Freude
an Sachen, daran wir uns bei Vernunft schämen. Was ist hiebei die
Absicht der Natur? Oder: Was sollen wir uns als ihre Absicht deuten, um
selbst aus solchen Anfällen tierischer Gewalten einen geistigen Vorteil
zu ziehen? Das Höchste, was wir erreichen können, ist der Besitz
geistiger Vorzüge, sittlicher Kräfte, deren Umkreis unserer Phantasie
recht enge vorkommen mag. Wohlwollen, Liebe, usw. — wie wenig!
Daher die Erinnerung gut, wie viel sie uns gekostet haben. Nun:
Organisation dieser Anfälle.

Gefühl für die Familie, Volk, Gesellschaft: Alles nur Versuche des
Menschen, sich allmählich zur Wahrheit zu erheben, welche kurz
ausgedrückt, in dem Satze Schopenhauers enthalten ist: „Ich glaube, wir
werden im Augenblicke des Sterbens inne, daß eine bloße Täuschung
unser Dasein auf unsere Person beschränkt hat." Also: daß jedes
Individuum das Ganze und, nur von einer anderen Seite her, dasselbe
wie jedes andere ist.

Daran anschließend die paradox klingende Vermutung oder Anfra-
ge, ob nicht auch der Haß des Einzelnen gegen den Anderen in seiner
letzten Wurzel eigentlich nur die Liebe zum Ganzen ist, eine freilich
verirrte Liebe, indem nämlich jedem von uns, insofern er sich als Ganzes
fühlt, jeder andere, insofern er je nur ein vom Ganzen abgelöster und
dem Ganzen widerstrebender Teil, der sich gegen das Ganze und für sich
behaupten will, ist, als etwas unrechtes und zu Vernichtendes erscheinen
muß.

Verhältnis zur Historie. Um aus dieser Nutzen für uns zu ziehen,
müßten wir sie lebendig anschauen gelernt haben. Wir schauen sie aber
als Theater an. Der „Held", der „Künstler" wird falsch gezeigt, indem

er vom Menschlichen abgelöst und nur in seinen historischen Momenten genommen wird. Daher erkennen wir ihn dann nicht, wenn wir ihm einmal im wirklichen Leben begegnen. Exkurs auf *Josephine*.[11]

20. März

1. Phase. Jeder äußere Reiz setzt sich in eine innere Erregung um, die sich zuletzt wieder durch einen Akt nach außen entladet. *2. Phase.* Wer aber beginnt, wissentlich und willentlich zu leben, also mit Überlegung nach seinem Willen zu handeln, trennt die Akte in nützliche oder schädliche: du sollst jene — du darfst diese nicht. Er inhibiert gewisse Akte durch Strafe. Zunächst, ohne die Erregung zu inhibieren, die ihm, als innerlich, gleichgültig ist. *3. Phase.* Er glaubt die Inhibierung dieser Akte noch besser zu inhibieren, wenn er die in sie auslaufende Erregung inhibiert. Der Regent hat schädliche Akte zu verhindern. Er glaubt leichter zu regieren ohne jene Erregungen. Das Verbot des Aktes wird zum Tadel der Erregung. Die Unterdrückung der Erregung geschieht, indem sie verächtlich gemacht wird.

Immer alle Erziehung durch: Der Mensch wird als so ausgegeben, wie man ihn braucht, so daß, was anders ist, sich als abnorm, das andere als Defekt empfindet. Charakteristisch bei Freud, S. 136: Die „Abwehr". Gewußt hat das schon Goethe an Schiller 1795, nach dem Tode von Schillers Söhnchen: „daß die Natur durch andere Krisen immer wieder ihr Recht behauptet." [...] Die „Rache" der unterdrückten Affekte. Die „Versuchungen", welche gerade die „Heiligen" ausgesetzt sind. Die Anfechtungen des heiligen Antonius.

(Ohne Datum)

Die ganze liberale Beiseite- und Traumichnichtkultur (Pichler — „Nur der Ruhm, er ist gefährlich" — auch Stifter) ist ein Ausweg, keine Lösung. Sehen wir den Affekt im Menschen als ein wildes Pferd an, den der Wille zu reiten habe, so wird dies ja sicher erreicht, wenn wir jenes zur Schindmähre abmagern und verhungern lassen; nur ist fraglich, wen es noch reizen kann, einen solchen Klepper zu besteigen, und wie weit man damit kommt. Nein. So wird das Problem nur eskamotiert.

---

[11] Das im Dezember 1897 in Wien uraufgeführte Theaterstück „Josefine", eine Überarbeitung des 1892 verfaßten Einakters „Napoleon", begründet die Politik des Feldherrn in seiner erotischen Verbindung — was Rudolf STEINER 1899 im „Magazin für Literatur" zum Anlaß einer beißenden Kritik genommen hat.

Nun das neue Thema: Drama ist für an ihrer Kultur krank
gewordene Menschen, als Kur zu ihrer Gesundung. Es wirkt nur auf
solche, die wirklich daran krank sind, die nämlich an unterdrückten
oder doch verhaltenen Affekten leiden. Nicht aber auf solche, welche
ihre Affekte nicht, sondern nur ihre Äußerung unterdrücken. In
Griechenland hatte das ganze Volk Kultur und daher verhaltene
Affekte.

Das Zusammenleben der Menschen, ja eigentlich auch ohne solches
jede vom Willen auf ein Ziel gerichtete Tätigkeit verlangt a) jene oben
geschilderte Ausschaltung der unbrauchbaren Affekte (Folge: Umbildung in Hysterie, die „abgeführt" werden müssen), b) eine Bereitschaft
der brauchbaren, notwendigen, guten Affekte, die jederzeit, auf Kom-
mando, „bei der Hand" und „geläufig" sein sollen; dazu ist ihre
Umbildung in „Zustände" notwendig. Zitat Schillers über Natalien, bei
der die Liebe „kein Affekt, sondern ihr permanenter Charakter" sei.
Dasselbe bei den Helden: Mut nicht mehr als leidenschaftlicher Anfall
von Kämpferlust, sondern als permanente Befähigung. Diese „Zustände", diese „Charaktere" brauchen aber, um konserviert zu werden, die
frische Zufuhr aus jenen lebendigen Affekten; sie müssen aus ihnen
manchmal gespeist werden. Dieses Bedürfnis ist die zweite Wurzel der
Tragödie — des Kulturschauspiels.

(Ohne Datum)

Ich muß zunächst bitten, mir die Namen meiner Redner zu verzeihen.
Sie heißen alle nach Gestalten von Goethe. Es ist das aber keine
Marotte, sondern ich habe mir nicht anders helfen können, wie man
gleich begreifen wird, wenn ich meinen Weg erzählen darf. Erst von den
Erscheinungen sehr angelockt (Sensationen!), bald aber durch sie
verwirrt, habe ich nach Ordnung gerungen und auch wirklich die Hülle
auf ein paar Typen abgezogen. Doch ist mir in ihrer eisigen Luft angst
und blaß geworden. Was tun, um weder zu verbrennen noch zu
erstarren? Wer würde die Blumen in einem Garten aushalten, wenn er
nicht, mit einer Anstrengung, die uns nur geläufig geworden ist, in der
einzelnen nur die Art sehen gelernt hätte? [...]

Zwischen Typus und dem Exemplar suche ich also, um mir die Welt
in Ordnung zu halten, ohne sie doch ins Gedachte zu verlieren, Wesen,
die beides verbänden. Ich suche Heroen oder Heilige, wie man es nennen
will. Und ich habe sie bei Shakespeare und Goethe gefunden, deren
Gestalten höher als es je ein Exemplar sein kann, und doch so bestimmt
sind, als es nur irgend ein Exemplar sein kann.

Von geistlicher Seite mag man das als ein Bedürfnis nach Religion
deuten. Ja, doch nach einer sinnlichen, nach dem neuen Heidentum. Es

ist das Bedürfnis nach einer Mythologie, ohne welche ich mir keine Menschen denken kann; er nehme sie, wie seine Rasse sie ihm gibt. [...] Das Charakteristische der Ekstase ist: sich wie verwandelt und gleichsam ein anderer, mit anderen Sinnen usw., eine neue Kreatur (wie es von denen in Christo heißt) fühlen. Möglich ist nun 1) das Zurücksinken in das Frühere, ja ins Ärgere; gleichsam „bezahlen müssen" durch einen entsprechenden Mangel 2) oder das ganze oder teilweise Festhalten der Ekstase durch Verwandlung ihres Affektes in Charakter. Immer an Schiller über Nathalien zu denken.

Stellen bei Paulus an die Korinther; II 5, 17: „Darum ist jemand in Christo, so ist er eine neue Kreatur; das Alte ist vergangen, siehe, es ist alles neue geworden." II, 12, 2—4. „Ich kenne einen Menschen in Christo, vor vierzehn Jahren (ist er in dem Leibe gewesen, so weiß ich es nicht; oder ist er außer dem Leibe gewesen, so weiß ich es auch nicht; Gott weiß es); derselbe ward entrückt bis in den dritten Himmel ... Er ward entrückt in das Paradies und hörte unaussprechliche Worte, welche kein Mensch sagen kann." (dazu anzuziehen Dante — Beatrice). Galater 4, 12—14, spricht er von seiner „Schwachheit nach dem Fleisch" und „meinen Anfechtungen, die ich leide nach dem Fleisch", was als Epilepsie gedeutet wird.

11. April

Die Tendenz unserer Sehnsucht nach Ekstase in einer von Bastian, *Zur naturwissenschaftlichen Betrachtungsweise der Psychologie*, Berlin 1883, mitgeteilten Geschichte eines Indianers gut ausgedrückt. Dieser gerät in einem Walde in einen „träumerischen und halb starren Zustand; aber bloß mein Körper schlief, meine Seele wurde frei und wachte." Nun kommt der Geist und fragt: Warum bist du hier? Um zu fasten. Warum fastest du? *„Um Stärke zu erlangen und mein Leben zu wissen."* [...] Erhebung und Ekstase. Ist diese nur ein höherer Grad von jener, nur ihre Steigerung und Erhitzung? Nein, sie ist wesentlich anders. Die Erhebung kann höchstens nur als ein Vorgefühl, als eine Vorahnung der Ekstase gelten, die das dort Angedeutete auf eine überraschende Art ausführt. Dort war der Körper verstummt, hier ist er vergessen. Dort fühlte man sich anders und neu, aber doch mit dem früheren alten Wesen immer noch verknüpft, an es gebunden. Hier wird es abgeworfen und das ist gerade das hohe Glück der Ekstase, von ihm nichts mehr zu wissen, sich völlig als eine neue Kreatur zu fühlen und den Gesetzen des früheren sinnlichen Lebens entrückt, in eine andere Region gehoben zu sein, in der jene nicht mehr gelten. [...]

(Ohne Datum)

Den einen Typus der aus der Ekstase zurückkehrenden, die eine
ungeheure Willenskraft brauchen, um ihre sinnliche Person gegen den
emporgetriebenen Geist zu behaupten, hat auch der höchste Klinger in
seinem Beethoven dargestellt.[12] Der andere wären die, welche sich durch
Ironie nach beiden Seiten zu schützen wissen; indem nämlich der
Ironiker das Leben nur noch als ein Mittel ansieht, sich daran zu
erregen, um durch diese Erregung, wie durch Rudern oder Fechten, zur
Ekstase entführt zu werden, sodaß für ihn vom Leben gilt, was Schiller
vom *Wilhelm Meister* gesagt, „daß der Ernst darin nur Spiel und das
Spiel in demselben der wahre und eigentliche Ernst ist". Freilich kann
sich die Ironie bis zu Ausbrüchen jener wilden Lustigkeit steigern, die
uns an den Wahnsinnigen so unheimlich ist. Aber wie will man
eigentlich entscheiden, was wahnsinnig ist? [...]

Man überlege, wie viel sich vom Raubtiere zum heutigen „gesitte-
ten" Menschen allmählich an unterdrückten Affekten aufgehäuft haben
muß. Zugleich bringt es die Entwicklung, besonders durch Ausbildung
der Scham, des Gefühls für innere Reinheit, mit sich, ein Ventil nach
dem anderen abzuschließen. Allmählich ist eigentlich nur das Erotische
übrig geblieben — dahin drängen deshalb alle. Schilderung, besonders
an explosiven Frauen. Daher der flirrende Blick, wenn sie mit einem
zum ersten Mal allein sind: wird er losstürzen? [...]

Daher auch der fast drohende Stolz, den Huren im Schreiten durch
die Straßen haben, die Brüste, die Bäuche ausspreizend, wissentlich, um
den Neid der anderen Frauen und die bebende Erregung aller Männer.

Der ungeheure Reiz des Lasters ist gar nicht im Genuß, sondern im
Abwerfen des anerzogenen Menschen, im Beißen, Kratzen, Ausstoßen
roher Worte, in der Vernichtung aller Bildung. Die unterdrückten
Affekte wachsen allmählich zu einer förmlichen „zweiten Persönlichkeit" von solcher Intensität an, daß die erste neben ihr schwach,
„verlogen" erscheint: Sadismus.

Darwin „Ableitung der Erregung". *Unerledigte Affekte* (Ausdruck
ist von Freud).

1. Ein Affekt wird verboten. Das ist schon die spätere Phase; zuerst
wird nur die Tat verboten. Also unterdrückt. Bleibt kauernd und
schnellt heraus. Lieber läßt man ihn manchmal heraus. Ventil.

2. Nicht bloß die verbotenen Affekte, auch erlaubte werden bei
zunehmender Kultur verschwiegen, weil sie nicht für „öffentliche"
gelten. Daher das Bedürfnis des Abredens.

---

[12] Max KLINGER (1857—1920) hatte für die 14. Ausstellung der Sezession,
welche der Verherrlichung des Künstlertums diente, eine Plastik BEETHO-
VENS angefertigt.

3. Insbesondere tritt eine solche teilweise Unterdrückung auch dadurch ein, daß durch die „Sitte" für alle „Affekte" allgemeinere Formen geprägt werden, welche annehmend der besondere persönliche Affekt einen Teil von sich „hinabschlucken" muß.

4. Endlich wird, ohne äußeren Zwang, aus innerer Überlegung ein Gefühl unterdrückt. Etwa Ekel aus Mitleid (Freud, S. 69).

Einleitung:

Die „österreichische Krankheit"

Wenn 1903 für Hermann Bahr trotz schwerster körperlicher und seelischer Probleme ein „gutes Jahr" bedeutet hat, so meint der Schriftsteller seine literarischen Bemühungen: die Fertigstellung der Theaterstücke *Der Meister* und des grotesken *Unter sich*, die Veröffentlichung des *Dialogs vom Tragischen* in der *Neuen Deutschen Rundschau* und die befriedigende Arbeit am unveröffentlichten Bekenntniswerk, dem sogenannten *Dialog vom Laster.*[1]

Diese Werke erklären sich aus dem völligen Zusammenbruch Bahrs, der, wohl eine Folge unermüdlichen und hektischen journalistischen und organisatorischen Wirkens, durch eine Blinddarmoperation letztlich ausgelöst wurde. Diese Operation mit ihren Folgekomplikationen offenbarte nun eine Reihe von Störungen des überforderten Organismus: in erster Linie Verdauungsbeschwerden und Herzbeklemmungen. Lange Nachmittage verbrachte der Autor, wie er dem Freund Schnitzler Ende März mitteilte, am Sofa liegend, von Todesahnungen geängstigt; immer wieder suchten ihn Kopfschmerzen, Schwindelanfälle und schwere Depressionen heim.

Unter dem Druck der düsteren Prognosen des berühmten Internisten Professor Norbert Ortner von Rodenstätt (1865—1935), Oberprimar am Wiener Allgemeinen Krankenhaus, unternahm Bahr verschiedentlich Bemühungen zur Wiederherstellung seiner angeschlagenen Gesundheit, kneipte im Frühjahr im Reichenhaller Moorbad, wanderte und machte — wie etwa mit Felix Salten in die Wachau — Radausflüge. Der dem Tagebuch anvertraute Versuch, ein naturgemäßes Leben einzuschlagen, blieb jedoch Wunschtraum.

Zu sehr war der Dichter von seiner Mission besessen, als daß er auf seine persönliche Gesundheit bedacht gewesen wäre. Obwohl ihm die Stellung in Wien „fast unleidlich" dünkte, obwohl sein „Ekel über den Wiener Sumpf" ständig zunahm und er die Veränderung des geistigen

---

[1] ABaM 69/1903, Skizzenbuch 3 (31.12.1903), 484, Th.

Klimas dieser Stadt schon aufgegeben hatte, plante er Conferèncen im
Bösendorfersaal, um die örtliche Intelligenz zu mobilisieren, kämpfte er
verbissen für die Durchsetzung Gustav Klimts und suchte den umstrittenen *Reigen* Schnitzlers durch zahlreiche Interventionen — bis hinauf
zum Ministerpräsidenten Körber — zu verteidigen.[2]

Wenn ihm auch bisweilen schien, „daß Olbrich, Klimt, Moser,
Schnitzler doch nur Einzelereignisse waren" und der erhoffte künstlerische und gesellschaftliche Aufbruch nicht eintreten würde, wenn er auch
bitter klagte, daß sein langjähriges Engagement ihm nur nervliche und
körperliche Zerrüttung eingebracht habe, während andere sich den
Freuden des Lebens hingaben, so hinderte ihn diese pessimistische
Grundstimmung doch keineswegs am Schmieden neuer Projekte.[3]

Im Mai beriet Bahr mit dem Berliner Theatermann Max Reinhardt
über eine gemeinsame Theatergründung, wie er sie schon längere Zeit
verfolgt hatte. Otto Wagner, Kolo Moser, Fritz Wärndorfer und Alfred
Roller wurden informiert und erklärten sich bereit, an der Verwirkli-
chung dieser Idee mitzuwirken, Zeitungsleute wie Benedikt von der
Neuen Freien Presse wollten für publizistische Unterstützung sorgen,
lediglich eine finanzielle Basis konnte, trotz vieler Bemühungen, nicht
gefunden werden. Im Sommer brachte Bahr einen neuen Gedanken ins
Gespräch: Neben dem Wiener Haus sollte ein Salzburger Theater
gegründet werden, für dessen Leitung Max Burckhard vorgesehen war;
hinsichtlich Programmauswahl und des Einsatzes des Ensembles sollten
die beiden Bühnen koordiniert werden. Für das kommende Jahr plante
der unermüdliche Projektemacher, in Weimar sogenannte *Ibsen-Spiele*
zu veranstalten, die Werke Hofmannsthals, Gorkis und Maeterlincks,
sowie Hugo Wolfs und Richard Strauss' aufführen sollten. Für 1905
waren *Salzburger Festspiele* geplant.

Während Bahr derartige Pläne schmiedete, nutzte er die bestehenden Bühnen, um seine Positionen vorzutragen. Im September 1903
annoncierte die Münchner Schauspielertruppe *Die elf Scharfrichter*, die
vor wenigen Monaten ihre gemeinsame Tätigkeit aufgenommen hatte,
die Aufführung des 1891 geschaffenen Dramas *Die Mutter*. Zu dieser
Zeit arbeitete der Schriftsteller gerade an der Fertigstellung seines
Theaterstückes *Der Meister*. Dieses beeindruckende Schauspiel, für das
Bahr mit dem Bauernfeldpreis ausgezeichnet wurde, zeigt das Scheitern
eines Rationalisten. Während dieser scheinbare *Meister* seiner selbst
sich in Wahrheit als Opfer seiner Vorstellungen herausstellt, offenbart
sich im Gegenbild des Japaners Kokoro die Notwendigkeit, den
Instinkten des Lebens zum Durchbruch zu verhelfen. „Will jener unser

[2] Ebenda, 485 f.
[3] Ebenda, 487.

ganzes Leben ‚aus der Vernunft' bestimmen, so verachtet dieser alles, was nicht Instinct ist", so faßte Hermann Bahr im Juli 1903 den dramatischen Gegensatz zusammen.[4]

Stellte Bahr im *Meister* deutlich das Menschenbild des Liberalismus an den Pranger, so dehnte ein Ende 1903 begonnenes Theaterstück den Angriff auf den Katholizismus aus. Das Schauspiel *Sanna* — so genannt nach einer Figur Adalbert Stifters in dessen Erzählung *Bergkristall* — führte in die bösen und trüben Niederungen österreichischer Lebensform, die Bahr durch ein resignatives Christentum bestimmt wußte. Im Lichte der zeitgenössischen Psychologie zeichnete der Autor ein skurriles und bedrückendes Panoptikum durch moralische Lebenshemmung krank gewordener Menschen. Da ist der unvermeidliche Hofrat, in dessen Figur sich alles Negative sturer Staatsdienerschaft sammelte, während seiner Beamtenkarriere zur Selbstverleugnung gezwungen und nun im Alter hilfloses Opfer geschlechtlicher Gier. Schulrat Zingerl, Kakteenzüchter und Tugendbold, der den kritisierten Stifter verkörpert, entpuppte sich als Sadist und Nekrophiler, dessen Grundsatz Bahr in seinem Tagebuch so zusammenfaßte: „Der Schulrat predigt nicht nur ‚Entsagung', sondern geradezu ‚Entbehrung', aus welcher die ‚Sehnsucht entstehe', die die einzige den Menschen wirklich beglückende Kraft sei."[5] Und da ist die Familie Trost, der Mann von dumpfer Unterordnung unter liberale Kultur bestimmt, die Mutter gehemmt, körperfeindlich, bösartig, die Töchter von Hysterie gekennzeichnet.

In *Sanna* tritt nicht nur die gequälte Kindheitssituation des Dichters erneut zutage — das Drama ist auch ein österreichisches Kulturgemälde. Das Verdikt der Hysterie, einer aus Hemmung natürlicher Affekte entstehender seelischer Erkrankung, trifft die Gesamtkultur wie das einzelne Individuum, das sich dieser unterworfen hat. Mit dem *Dialog vom Tragischen* führt Bahr die Untersuchung der Entstehungsbedingungen dieser Erkrankung am Modell der griechischen Antike fort. Dieser Dialog entnahm seine Argumentation den Schriften Freuds, zum anderen der Aristotelischen Dramentheorie.[6] Die Tragödie ist Indiz des kulturellen Defekts, mithin ein erster Hinweis auf die notwendige Heilung, welche psychologisch durch Befreiung der Affekte, weltanschaulich durch die Verdrängung katholischer Normen und politisch durch die Überwindung der bestehenden staatlichen Strukturen geschehen sollte.

---

[4] ABaM 69/1903, Skizzenbuch 2 (28.7.1903), 291, Th.
[5] ABaM 70/1904, Skizzenbuch 1 (o.D.), 33.
[6] Vgl. Sigmund FREUD/Josef BREUER, Studien über Hysterie, Leipzig — Wien 1895.

1903

1. Jänner

Goethe über Leonardo: „Regelmäßig, schön gebildet, stand er als ein Mustermensch der Menschheit gegenüber." Er rühmt seine „scharfe, verständige Weltanschauung."

3. Jänner

Leichter Regen. Nebel. Warm. In die Stadt. Redaktion. Burckhard. Schnitzler. Im Herumfahren denke ich an ein Buch „Homer — Leonardo — Shakespeare — Goethe — Hebbel", das nichts als ganz kurz mein Grundverhältnis zu diesen anzugeben hätte.

In einem Briefe (den heute die *Zeit*, Nr. 431, mitteilt) an seinen Studienfreund Samuel Engländer schreibt Kürnberger: „Es liegt in der bloßen Form der Alten eine wunderbare, fast magnetische Beunruhigung." Das habe ich eben gestern und heut am ersten Gesang der *Odyssee* unendlich empfunden. Der sanfte Fall der Verse allein hat eine fast körperlich wohltuende stille Macht. [...] Und auf das ganze paßt so wunderbar Nietzsches: „Das Gute ist leicht, alles Göttliche läuft auf zarten Füßen."

4. Jänner

Nachts fiel mir Schlaflosem noch ein, wie liebenswürdig Telemach wirkt. Er ist kein ungewöhnlicher Mensch, in seiner gemachten Würde wirkt er fast komisch, aber man hat ihn kaum gesehen, muß man ihn gern haben. Diese Kraft, Menschen, an denen sonst nichts besonders ist, in ihrer Anmut darzustellen, haben wenige Künstler. Plato hat sie (man vergleiche Taines Aufsatz über seine jungen Leute), unser höfische Epik und Lyrik hat sie reichlich (etwa Erec gleich anfangs, wie er davonlaufen muß und sich so kränkt), Leonardo in den Gestalten des Apostel Johannes und des Philippus, Shakespeare außerordentlich in den eleganten jungen Herrn im Kaufmann und Horatio und Mercutio!

Goethen gelingt es nur an Frauen (Philine) und Knaben (Georg, Franz), selbst der Egmont, der doch liebenswürdig gedacht ist, ist zu schwer und zu ungebunden, zu wenig linkisch, um jenes Rührende der befangenen Liebenswürdigkeit, die sich scheu gar nicht recht heraustraut, zu heben; am höchsten unter den Modernen Grillparzer: Leander, Leon, Rustan.

5. Jänner

Homer gelesen. Leonardo gelesen. Leonardo glaubte schon an die Seele der Pflanzen, ganz wie unser Fechner.[1] Cosa bella mortal passa e non d'arte. Se tu serai solo, tu serai tutto tuo.

Wunderschön ist, was Mereschkowski aus den *Fioretti di San Francesco* erzählt, wie Franziskus einst „auf einem wüsten Berge den Vögeln Gottes Wort gepredigt; sie saßen in Reihen zu seinen Füßen und horchten zu; als er schon seine Rede beendet hatte, flatterten sie auf, schlugen mit den Flügeln, zwitscherten und fingen an, mit offenen Schnäbeln sich an das Ordenskleid des heiligen Franziskus zu schwingen, als ob sie ihm damit hätten sagen wollen, daß sie seine Predigt verstanden hätten. Er segnete und fröhlich zwitschernd flogen sie zum Himmel." (S. 160) Dieser heilige Franziskus pflegte den Wind seinen Bruder, das Wasser seine Schwester, die Erde seine Mutter zu nennen.

Leonardo schrieb einmal: Seneca schreibt die Wahrheit. In jedem Menschen ist ein Gott und ein Raubtier, die miteinander verbunden sind (Mereschkowski, S. 463).[2]

8. Jänner

Olbrich kündigt seine Ankunft für Samstag an. Im Nebel in die Stadt. Mit Wilhelm Singer über meinen Tod gescherzt. Dann zu Dr. Löw, der mich sehr nett empfängt, mir seine Schätze zeigt und alle Annehmlichkeiten in seinem Sanatorium verspricht. Klimt hat jetzt seine Tochter gemalt, weiß mit violetten Schimmern, so wunderbar schwebend und zart, daß man weinen könnte.

10. Jänner

Der trübe nebelige Tag durch Olbrichs sonniges Temperament erhellt, der mit Klimt und Moser herauskommt. Er erzählt von Moskau, der Großfürstin, von der er schwärmt, Maxim Gorki mit der eingedetschten Nase, der sich wie ein Bettler kleidet, aber in seinen Bewegungen die Anmut und Eleganz eines Marquis (trotz seiner Hände mit den Spuren rauher Arbeit) und eine hochelegant gekleidete und geschmückte Frau

---

[1] Gustav Theodor FECHNER (1801—1887), der seit 1934 in Leipzig Psychophysik, Ästhetik und Naturphilosophie lehrte, entwarf im Rahmen seines Weltbildes der Allbeseelung auch die Idee eines psychischen Lebens der Pflanzen.

[2] BAHR bezieht sich auf den Symbolisten Dimitri Sergejewitsch MERESCHKOWSKI (1865—1941) und dessen 1903 veröffentlichtes Werk „Leonardo da Vinci", das er am 27. Januar im „Neuen Wiener Tagblatt" rezensiert hat.

hat (er kann nicht Deutsch, aber Olbrich hat mit ihm Russisch gesprochen, das er in einem Monat hinlänglich erlernt), von seinem Großherzog, mit dem er nach der Austreibung der anderen wieder auf das Beste steht, vom Plane einer Ehrenlegion, mit Moskau, Turin, Dublin, Wien als Stützpunkten und Darmstadt als Mitte und der Spitze gegen den deutschen Kaiser. [...]

Reizend ist Klimt, gegen den das kleine Hunderl Puck, sonst so verträglich, einen solchen Haß zeigt, daß es einstimmig Pötzl getauft wird.

12. Jänner

In alten Papieren kramend. Mein Großvater mütterlicher Seite Franz Weidlich, starb als k.u.k. Statthaltereirat, Ritter des Ordens der eisernen Krone, III. Klasse, am 29. Mai 1868 in Folge eines Schlagflusses im 65. Lebensjahr in Troppau. Seine Frau hieß Marie Weidlich und war eine geborene Rosner. Sie starb am 27. Juli 1866. Ihre Schwester Wilhelmine, verheiratet an den Fabriksbesitzer Caspar Eisenbach in Troppau, starb am 5. Mai 1863 in Wien, 63 Jahre alt. Die Schwester meiner Mutter, Marie, verheiratete Mattanowich, starb am 3. Juli 1873 in Olaszi bei Großwardein. Caspar Eisenbach starb am 18. September 1870, 75 Jahre alt. Seine Schwester war mit einem Fabrikanten Adolf Raymann verheiratet. Die Mutter meines Vaters starb 1867.

13. Jänner

Ganghofer bei mir, blühend wie ein Jüngling, mit seiner unvergleichlichen Laune erzählend, von Stuck (der ein so reizendes Hundeportrait gemacht habe), von München, von d'Annunzio, von der Fürstin Gortschakoff, von Hubertus.[3]

17. Jänner

Heller kalter Tag. Anfang der *Impressionisten* diktiert. Ich stelle den Impressionismus als die Malerei der reinen Anschauung dar, welche noch nicht aus dem Verstande oder der Erfahrung „berichtigt", durch

---

[3] Der Schriftsteller Ludwig GANGHOFER, den BAHR 1893 in der Redaktion der „Deutschen Zeitung" abgelöst hatte, setzte sich zu dieser Zeit für die Aufführung der „Wienerinnen" in München ein. Sein Angebot, die Führung der deutschen „Los von Rom"-Bewegung in Österreich zu übernehmen, lehnte BAHR mit dem Hinweis auf die Aussichtslosigkeit dieses Unterfangens ab. „Hubertus" meint GANGHOFERS Jagdhaus im tirolischen Leutasch.

keine Reflexion umgeformt ist. [...] Die reine Anschauung zu malen,
bevor ihr noch bewußt geworden ist, was ihr Schein zu bedeuten hat,
dahin drängt die Entwicklung, bei Velasquez so gut wie heute. Geistiger
Zusammenhang: Rein anschauend befreien wir uns von der Welt und
genießen sie. „Welch Schauspiel, aber ach ein Schauspiel nur!" ruft der
Faust. Wir rufen hier: Gott sei Dank, ein Schauspiel nur. Wenn mir
einer sagt: Ich kann aber den Schein von dem, was es bedeutet, von
seiner Ursache nicht trennen, so glaube ich ihm das schon, gebe ihm aber
zu bedenken, was er meinen würde, wenn einer sagte: Ich kann den
Schall als solchen nicht genießen! Von der Kirche klingt die Glocke. Der
Schall trifft mein Ohr. Aus Erfahrung weiß ich: Dies bedeutet, daß sich
ein Bub, mit schlenkernden Beinen, an einem Strick hin und her
schwingt und so einen Schlegel an eine erzene Hülle schlägt.

20. Jänner

Abends *Renaissance* von Gobineau zu lesen begonnen, *Savonarola*.
Erster Eindruck: mir scheint sein farbloses und verwaschenes Französisch zur Renaissance wenig zu stimmen; die Figuren kommen mir wie
ins 18. Jahrhundert übersetzt vor.

21. Jänner

Trübsinnig, daß ich doch mit großen Summen wirtschafte, fast 20 000
Kronen voriges Jahr, und doch nichts habe und mir immer das Geld zu
wenig wird, ohne daß ich wüßte, wo zu sparen wäre.

24. Jänner

Im Juli werde ich vierzig, ich muß mich beeilen, Ordnung zu machen.
Nicht um zu wissen, sondern zum ungehindert tätigen und sicheren
Leben verlangt den Menschen nach Grundsätzen des Handelns und
Leidens, die gar nicht wahr sein müssen, wenn er ihrer nur gewiß ist. Der
Jüngling sieht sich heute von so vielen Deutungen seines Daseins, seiner
Bestimmung umringt, daß, bis er nur die Hälfte geprüft und erkannt hat,
schon das Beste seines Lebens, seine Kraft verronnen wäre. Da hilft sich
die Natur, indem sie am Ende ungeduldig wegstößt, was sie nicht
unbedingt braucht, und sich ein für allemal dabei beruhigt, nichts
vorzunehmen, was ihr nicht gemäß ist, dies aber zu rechtfertigen wie das
Leben selbst. [...]
     Ich muß mir mein Leben so einrichten, daß ich damit auskomme,
wenn der Tod das Ende ist, aber nichts zu scheuen habe, wenn er mir
wieder ein neuer Anfang ist.

26. Jänner

8 Uhr früh operiert. Erwache betäubt im Bette. Keine Schmerzen, gute Stimmung. Absolut schlaflos.[4]

31. Jänner

Bis 31. nachmittags in heftigen Schmerzen, Koliken, unfähig zu essen oder auch nur eine Minute zu schlafen. Am ärgsten die Todesangst. 31.1. Nachmittag gegen vier schlafe ich ein und, nach einer halben Stunde aufwachend, fühle ich mich gesund. Burckhard, Redlich, Schnitzler kommen täglich, sehr oft auch die Sandrock, Trebitsch, Pohl-Meiser, Beer-Hofmann, Hans Schlesinger.

6. Februar

Nachmittag Gerty lange da, sehr lieb, bringt mir ein reizendes Kopenhagener Tintenfaß.

12. Februar

Zum ersten Mal auf. Hugo, Arthur, die Schuster, Burckhard.

14. Februar

Leichte Schmerzen in der Narbe. Geringe Bauchdeckeneiterung.

17. Februar

Verlasse das Sanatorium; die weitere Behandlung der Wunde soll Dr. Musger besorgen.

18. Februar

Vita Nuova. Noch sehr schwach. Ich kann kaum durchs Zimmer gehen.

---

[4] Es handelte sich um eine von Dr. Julius SCHNITZLER vorgenommene Entfernung des Blinddarmes.

24. Februar

Gut geschlafen. Warm, Regen, Wind. Über Shaw nachdenkend, finde ich, um den Grundzug seines Wesens zu treffen, sagen, daß er ein Luder ist. *Impressionismus* zu Ende diktiert. Mittags die Raultöchter, nachmittag Dörmann.

5. März

Seit 25.2. liege ich wieder mit heftigen Schmerzen, da eine Ligatur eiterig geworden ist und langsam herausschwärt. Diktiert: *Erinnerungen an Hugo Wolf*, die heute erschienen sind. Angefangen: *Das unrettbare Ich*. Gelesen: *Kreislerbuch, Elexiere des Teufels, Kater Murr* [...]
Wassermann besucht mich; ich bin nicht in der Stimmung, ihn hereinzulassen, muß aber nächstens gleich zu ihm. Pötzl war auch hier.

7. März

Vollende *Das unrettbare Ich*, über Mach.

17. März

12 Uhr nachts neuer Anfall von Herzschwäche mit heftigen Schmerzen. Doktor meint: Atonie des Darmes. Ganz denkunfähig bis 15 Uhr. Von da an plötzlich schmerzfrei. Papa Hofmannsthal, Gerty, Salten und Frau, Trebitsch.

18. März

Der Flieder grünt wunderbar licht. An den Pyramidenbirnen brechen die Knospen gelb auf. Die Kastanien schwitzen. Zum ersten Mal wieder in die Redaktion. Über *Zu spät* diktiert. Der *Meister* keimt stark in mir.

25. März

Allerhand Ärger. Unser Fräulein wird ohnmächtig, erkrankt. Wolf muß ins Tierspital. Ich versäume die Dampftramway. Wie ich von Hietzing nach Rodaun fahre, entgleist die Lokomotive, wir müssen eine halbe Stunde warten. Eine nette Engländerin, Miss Thomas, bei Hofmannsthals.

---

5 BAHRS Aufsatz „Das unrettbare Ich" ist, am 10. April 1903 im „Neuen Wiener Tagblatt" erstabgedruckt, auch in seiner 1904 veröffentlichten Essaysammlung „Dialog vom Tragischen" enthalten.

31. März

Città morta. Mit der Duncan gesprochen, die zunächst nach Paris, Theater der Bernhard, im Herbst mit ihrem Bruder nach Griechenland geht (mit Sandalen und dem Pilgerstab durch den Peloponnes), im Westen ein Theater bauen will, un petit temple grecque; und von ihrer Schule schwärmt.

1. April

Bei der Duse im Imperial. Weil es gestern leer war: „Ich komme offenbar den Wienern etwas zu oft." Verachtung der Schauspieler, Haß der Theater. Über *Monna Vanna* entsetzt.[6] „Noch zwei Jahre!", sagt sie seufzend. Sehr nett zu mir. „Mais vous, vous n'êtes pas un critique, vous êtes notre bon camerade." Ladet mich ein, Samstag mit ihr zur Duncan zu kommen.

4. April

Die Duse zur Vorstellung der Duncan abgeholt. Das peinliche Gefühl durch eine (im Foyer) Spalier bildend glotzende Menge zu gehen und in der Loge alle Gucker wie Pistolen auf einen angeschlagen zu fühlen. Ihr Haß gegen ces imbéciles; mit dem Hedda-Gabler-Gesicht. [...] Und plötzlich, gleich durch den ersten Tanz, in ein Kind verwandelt, das vor Übermut in die Hände klatscht, lachend und erregt, wie ich sie nie gesehen. Sie vergleicht sie mit den Madonnen des Bellini, mit einer Bäurin, mit l'air pur de la mer, mit une belle jeune bête, mit einem Hunde, der von der Kette los im Winde sich förmlich wälzt, mit einer Quelle, einem Schmetterling, einer Blume, die noch frisch vom Morgentau ist, und bewundert entzückt ihren schönen starken gesunden Körper, die festen Brüste, die behenden Beine, alles detaillierend, tout cet admirable petit corps. [...]

Das ist die wahre Kunst, die befreit, die froh macht, die sich über das Grauen des Lebens hinaufschwingt — nicht meine, die nur in Schmerzen wühlt! Ah wie das Kind alle Pein und alle Mühe von uns abwäscht und uns froh macht. La gaya scienza. Sie findet sie Amerikanerin durch und durch — diese Gesundheit, die Energie, die Heftigkeit des sicheren Glaubens an sich selbst — une Eurpèenne n'aurait pas oré ça ... Und sie schwärmt für Amerika, wo noch Kraft ist, und nicht cette pourriture generale de chez nous.

---

[6] Eleonora Duse meint ein Schauspiel des belgischen Symbolisten Maurice Maeterlinck (1862—1949), über dessen Aufführung im Wiener Burgtheater vom 17. Jänner 1903 Bahr eine Rezension schrieb (vgl. Rezensionen. Wiener Theater 1901 bis 1903. Berlin 1903, 76—83).

Nachher in der Garderobe der Duncan: die Duse sie herzend, wie sie die Bianca Marie herzt, mit ihren braunen Haaren spielend, ihre Wangen streichelnd, in ihrer Erregung italienisch und französisch durcheinander, während die Kleine, die Augen weit aufgerissen, eine dicke Träne am linken Auge langsam herabrollend, kein Wort sagt und sich nicht regt, so daß die Duse am Ende meint, sie verstehe nur Englisch, worauf sie endlich leise sagt: je rêve, und wie ein Kind durcheinander zu lachen und zu weinen anfängt. [...] Ich bringe die Duse heim, schreibe und treffe dann noch in Hietzing die auch vor Freude ganz konfusen Hofmannsthals und Beers.

5. April

Duse sagte gestern: Man kann Stunden lang auf der Gasse durch die Menge gehen, ohne einem menschlichen Antlitz zu begegnen. Sie schilderte, was wir verloren haben, im Vergleiche zu den Griechen, bei denen jedes junge Mädchen eine Duncan war — wie wir seitdem herabgekommen sind, um alles Glück der vergangenen Freiheit des schönen Daseins gebracht worden sind, um was dafür einzutauschen? Das Telephon, das elektrische Licht, lauter unnütze, für die Seele unnütze Albernheiten ...

Ich stehe zwischen der Duse und der Duncan wie ein zaudernder Herkules, wem ich folgen soll. Jene will ihr „Ideal", den Traum der erhabenen Stunden, vor der Welt verstecken, am liebsten vergraben, sich selbst in irgendeiner Höhle verkriechen, damit es ihr nicht verhöhnt und besudelt wird — das ist die Abseits-Kultur, ganz wie im sinkenden Athen, als die Gebildeten in das „tiefe Schweigen" versanken, siehe Grillparzer, überhaupt die ganze österreichische Kultur, [...] Diese möchte es auf erhabenen Händen wie ein Sakrament festlich durch die Straßen tragen, sicher, daß sein Glanz alle bezwingen muß.

8. April

Regen. Kalt. Abscheulich. Seit ein paar Tagen läßt mir wieder der alte Plan keine Ruhe, im Winter jeden zweiten Sonntag im Bösendorfersaale die Dinge zu sagen, die gesagt werden müßten und die doch bei uns aus Feigheit immer verschwiegen werden. Bei uns kommt in Fragen der Kultur immer nur die Gemeinheit zu Wort. Die Zeitungen können da nicht helfen, weil sie durch ihr ganzes Wesen, seit sie Ware geworden, genötigt sind, möglichst viele Abnehmer zu finden, also möglichst vielen zu gefallen, also da, wie schon der alte Aristoteles gewußt hat, indem nur das gefällt und „nur das allein Vergnügen macht, was seiner Natur gemäß ist", die Natur der möglichst Vielen anzunehmen. [...]

Das Programm wäre also: die neuen Gedanken oder Gefühle des Künstlers, welche den Vielen noch fremd sind und deshalb ihren Haß erregen, oder auch ihr Verhältnis zu öffentlichen Fragen und ihre Forderungen an die Gesellschaft auszusprechen, und zwar nicht wie dies sonst bei uns geschieht, gleichsam kniefällig, sondern von oben herab, ja mit einer gewaltsamen Insolenz sogar, die Peitsche in der Hand, wie es sich gebührt, daß der höhere Mensch zu den niedriger organisierten sprechen soll, die zu sich emporzureizen und aus ihrem Elend aufzuschrecken seine Mission ist. [...]

Für uns gilt jetzt, was Ibsen (19. Dezember 1879) aus München in die Heimat schrieb: „Vorläufig nützt es nichts, seine Waffen für die Kunst zu gebrauchen, sondern man muß sie gegen das Kunstfeindliche wenden, dann können wir bauen." Bei uns wird schon gebaut, prachtvoll gebaut, aber die Gemeinheit der Kunstfeinde wächst. [...]

Persönliches: Wie gut es mir in Sankt Veit bei meinen Blumen und Hunden geht. Frag man mich, warum: Weil es meine Natur einfach nicht mehr verträgt, zu der Gemeinheit unserer Stadt zu schweigen — weil ich sonst explodiere! Fragt man mich, wozu: Um den Gebildeten, die da sind und sich bloß nicht heraustrauen, Mut, aber dem lärmenden Haufen, der feige und nur durch unser Schweigen froh geworden ist, Angst zu machen.

9. April

Mir fällt ein, gelegentlich über mich „als Erzieher", nämlich meiner Hunde, zu schreiben und meine Wahrnehmungen zu notieren. Der gewisse gute Blick ergebener Frauen zeigt sich am jungen Hunde zum ersten Male, wenn er müd geprügelt worden ist. In solchen Momenten scheint er sich plötzlich, wie durch Besinnung, der Erfahrungen seiner Eltern bewußt zu werden und macht Dinge, die man ihn noch gar nicht gelehrt hat, die er aber bisher anscheinend nicht können hat: Er gibt die Pfote.

15. April

Sehr kalt, schneidender Wind, aber schön. Maurer, Dachdecker, Zimmermaler, Gärtner. *Dialog vom Tragischen* vollendet.

16. April

Hugo aufgesucht, der in der Nase operiert worden ist und die nächsten Tage bei der Schwiegermama in der Stadt verbringt. Wir sprechen über meinen Zustand und ich erzähle, wie ich in meiner Jugend den Körper gar nicht gefühlt habe, weil offenbar das auf mich von allen Seiten her eindringende Neue der Welt einen solchen Reiz für meine Sinne hatte, daß neben ihm die Mühe des körperlichen Daseins, der körperlichen Funktionen gar nicht gespürt und wahrgenommen wurde. [...] Das Beiseite-Prinzip der österreichischen Kultur, die jede „Störung" flieht, ist gewiß ganz falsch, weil wir in dieser großen Ruhe dann erst recht unsere körperlichen Hemmungen oder Störungen empfinden. Nur im heroischen Leben, dessen äußere Anforderungen so furchtbar sind, daß uns keine Zeit bleibt, erst auf unsere Stimmung oder Laune zu achten, mag dem Menschen wirklich wohl sein. — Daher das Bedürfnis eines milieu intellectuel, das die Duse so betont.

18. April

Winterlandschaft. Alles tief verschneit. Und es schneit noch immer weiter. *Frau vom Meere* gelesen. Thema doch offenbar: Da jeder von uns in sich die ganze Entwicklung der Menschheit noch einmal abgekürzt durchzumachen hat, fühlt er sich, noch von starken Erinnerungen an die Wildheit beherrscht, in der Sitte, die ihn umgibt, fremd. Er muß sich erst „akklimatisieren".

20. April

Gestern abends noch heftiger Schwindelanfall, nachdem ich schon vorgestern Nachmittag wieder das merkwürdige leise Herzweh und gestern Nachmittag ein dumpfes Vorgefühl von Schwindel gehabt. Heute früh beim Erwachen sehr arg. Ich brauche meine ganze Energie um aufzustehen. In der kalten Luft des Gartens wird mir etwas besser. Schrecklicher Anblick, wie an dem niedergebrochenen, in einer großen Linie des Schmerzes vom lastenden Schnee gebeugten Flieder die Knospen ganz verdorrt sind, die Blätter zerfetzt und welk herabhängen. Sehr haben auch die Rosen gelitten, besonders die Schlingrosen an der Mauer, die schon groß getrieben hatten und nun herbstlich verkohlt sind. Jämmerlich gar die Kastanien, die aussehen, als ob sie sich niemals mehr erholen könnten.
An *Vor Sonnenaufgang* diktiert.

22. April

Wunderschön. In der Früh mit den Hunden spaziert. Am *Dialog vom Tragischen II* diktiert.

26. April

Nach Rodaun. Bei Beer, mit Saltens. Ich erzähle die ganze Geschichte Sandrock seit Oktober, von meinem Besuch bei Thimig bis zur Absage Schlenthers vor acht Tagen. Dann zu Hugo, wo wir über seine *Duse im Jahre 1903* heftig debattieren; ob es überhaupt möglich ist, den darstellenden und den hymnischen Stil zu verbinden.

27. April

Mit Burckhard spaziert, von unserer Sehnsucht plauschend, dies alles abzuschütteln und irgendwo auf dem Land, an einem See zu leben.

29. April

In der Generalprobe des *Marquis von Keith*.[7] Jarno, der die Energie der Begierden und die starke Vitalität sehr trifft, ist mir gleich anfangs zu schwer, zu finster, es fehlt mir der wunderbare Leichtsinn, die helle Unschuld der Figur. Wie er aber im letzten Akte plötzlich klein wird, wie die Angst langsam herankriecht, wie er sich, in der Szene mit dem Ostermayr, noch einmal zusammennimmt und aufrafft, aber dann von innen heraus gleichsam aufgesprengt wird und wie nun ein ganzes Heer von Leidenschaften, Angst, Haß, Sorge herausbricht, das ist doch eine Leistung fast ersten Ranges. Verblüfft hat mich auch die Krenn. Hier ist eine junge Odilon, ja wohl noch etwas mehr, da durch ihre glatte Anmut ein unbezähmtes Temperament zu blitzen scheint.

12. Mai

Sitzung mit den Direktoren, zur Beratung über einen Billetzuschlag für Altersversorgung der Schauspieler. Begrüße Novelli auf der Bahn. Abends Burgtheater *Stille Stuben*. Nachher mit Reicher und Hedwig bei Seidl. Hier richtet mir Kahane von Reinhardt aus, er möchte mit mir zusammen in Wien ein Theater machen.

15. Mai

Mit Reinhardt (Hotel Krantz) das Allgemeine besprochen. Ich will zunächst mit Otto Wagner und Wittgenstein sprechen.

---

[7] Das Lustspiel des deutschen Dramatikers Frank WEDEKIND (1864—1918) wurde im Theater an der Josefstadt aufgeführt, BAHR kommentierte die Aufführung am 29. April 1903 im „Neuen Wiener Tagblatt".

26. Mai

An Moser, Wärndorfer geschrieben. Bei Otto Wagner, der für mein Projekt Feuer und Flamme ist. Abends mit Hedwig Reicher, Berti Goldschmidt und Rudolf Lothar.

30. Mai

Bei Wittgenstein. Lehnt ab: Man sagt so, er habe heimlich noch immer seine Hände überall.

1. Juni

Regen. Bei Fritz Wärndorfer im Cottage: das wunderbare Zimmer von Mackintosh (weiß, violett, blau, die hohen Stühle). Schönes Speisezimmer von Hoffmann (Beleuchtungskörper so, daß nur reflektiertes Licht), und zwei Mienes. Zeigt mir seine Beardsley Originale (*Lysistrata*), auch merkwürdige Betzmars. Der unheimliche Brief des sterbenden Beardsley. Dann zu Moser, Moll, Spitzer auf der Hohen Warte.

4. Juni

Nachmittag bei Papa Hofmannsthal in der Bank. Dann bei Redlichs, den großen Hans Ferdinand mit den merkwürdigen tiefblaugrauen Augen bewundert. Mit Josef Redlich, dessen *Lokalverwaltung* eben englisch erschienen ist, dann zu Burckhard, den wir nicht treffen. Wir sprechen wieder über die Wiener und das „kann er denn keine Ruh' geben", mit dem Mißtrauen gegen jeden Tätigen, mit der Pensionistenstimmung; er führt viel auf den Krach zurück und hofft alles von einem Kriege, vermutlich mit Italien.

6. Juni

Beim Herausfahren wieder denken müssen: Was ist unser Ich? Wie wir glauben zu sein? Wie wir den anderen erscheinen? Wie wir uns stellen? — Ich habe erfahren, daß mich ein Freund betrogen hat; ich gehe hin, um ihm das und das zu sagen oder das und das zu tun; und *es* sagt, *es* tut aus mir heraus etwas anderes — welches ist das wahre Ich? — Nach seinen Büchern oder nach seinen Reden sagt man von Jemandem: der muß sehr sinnlich sein! Die Geliebte und sein ganzes Leben zeigt, daß er es nicht ist.

Abends Salten, dem ich meinen Theaterplan erzähle. Er hat den hübschen Einfall: Ob man nicht ein Theater in den Hof eines unserer aristokratischen Palais hineinbauen könnte? Esterhazy in der Wallnergasse, neben Schachklub. Man müßte mit dem Grafen Hans Wilczek reden.

9. Juni

Bereite Aufsatz über Ibsen vor, geboren 1828. Einen „Zauberer in Filzpantoffeln" hat ihn Hofmannsthal genannt. In der Tat, schleichend wie ein Inkubus und stiller Kobold.

11. Juni

Bewölkt. Sehr heiß. Die Morgenblätter ventilieren meinen Theaterplan; sympathisch. Über Ibsen: „Haben die Herrschaften im Hause was Nagendes?", fragt die Rattenmamsell in *Klein Eyolf*. Wir sind alle dem kleinen Eyolf gleich, der, als er seiner Sehnsucht folgt, ertrinkt; nur die Krücke, an der er durchs Leben gehinkt ist, schwimmt und wird herausgefischt.

Und sein tiefer Glaube an die Macht der Umwandlung. „Das Gesetz der Wandlung", die freilich nur „unter Schmerzen" geschieht (wie Rita Allmers sagt), weil sie „eine Art Geburt" ist, „eine Auferstehung … im Übergang zu einem höheren Dasein"; freilich nur erreichbar für den, der erst, wie Allmers, „den Frieden und das Wohlbehagen der Todesempfindung" gekostet hat. Das Element seines Schaffens ist die Sehnsucht nach jenem Dritten Reiche. Oder: nach einer neuen Form der Menschheit, die wir schon überall in der alten sich regen spüren.

16. Juni

Schön. Die Rosen blühen prachtvoll. Über Wedekind nachsinnend. *Erdgeist* ist schon 1895 erschienen. Der Ärger über eine „Handlung" ohne den konventionellen Apparat wurde damals so gedeutet, als ob überhaupt nichts mehr geschehen sollte. Mord und Totschlag war verfemt. Abends starker Regen. Bei Dr. von Gschmeidler. Mit Wärndorfer und Hoffmann.

17. Juni

Schön. Bukowics kommt, Adieu sagen; fährt heute nach Karlsbad. Mit ihm hinein und dann zu Burckhard ans Wasser. Im Sand. Er sagt zu, wenn er nur erst wieder gesund, an meinem Theater mitzutun.

18. Juni

Schön. Über Wedekind diktiert. Versammlung des Österreichischen Journalistenbundes. Mit Reinhardt und Kahane im Café Merkur alles besprochen.

20. Juni

Bei Benedikt, der mir eine gute Haltung der „Neuen Freien" für mein Theater zusagt. Bei Otto Wagner in der Akademie, wo ich mich komisch vor der Tür mit dem interviewenden Julius Stern kreuze.

21. Juni

Schnitzler bei mir, um für die Widmung der „Rezensionen" zu danken. Sprechen von Schlenther — Sandrock, Burckhards Gesundheit und meinen Plänen. Fritz Holländer bei mir; von seinem Roman, von Hauptmanns „Stadttheater"-Plänen, von der Eysoldt und ihrer merkwürdigen Intelligenz bei ungemeiner Leidenschaft, dem Leben den höchsten Genuß abzupressen.

23. Juni

Abends mit Felix Holländer (der mir Brahms dreifache Werbung um die Tochter Spielhagens, um die Sorma, um die Grete Marschalk erzählt; wie durch das letztere Hauptmann, von Brahm ins Mitwissen gezogen, im Innersten über „dieses Schwein" empört, sich damals erst seiner eigenen Leidenschaft bewußt und ins Handeln gestoßen worden, wäre eigentlich eine Novelle), Käthe Parsenow und der Eysoldt, die wieder so merkwürdig ihren Wunsch betont, sich alles, was ihr im Leben begegnet, und das ganze Leben selbst wahrhaft „anzueignen". [...] Scherzhaft nennt sie sich einen Baumeister, dem die Menschen Steine sind, aus welchen er sein Leben zusammenfügt und ich nenne mich einen Tapezierer, der das Zimmer seines Daseins mit Menschen wie mit bunten Flecken dekorieren will.

25. Juni

Mit der Eysoldt zum Burckhard. Gesegelt, Sturm mit Böe, daß das Wasser über uns spritzt. [...] Sie nennt mich immer eine Pan-Natur. In der Dämmerung, Erdbeer-Bowle trinkend, sprechen wir von Lügen und von der Verleumdung; ich sage Rodrigos: Ich muß erst bessere Gründe haben! Die Menschen hassen einen aus Notwendigkeit ihrer Natur, wollen sich das aber kaschieren, indem sie eifrig Material zu sittlicher Entrüstung suchen. Vielleicht wird nur durch den Haß die Moral immer wieder aufgefrischt, da er aus ihr die Motive holt, die er braucht, um sich zu belügen.

27. Juni

Plan: zum 19. Juli ein Feuilleton *Vierzig*, das Rechenschaft seit meinem 20. Geburtstag gibt.[8] Abends mit Felix Holländer bei Seidl, der mir das hübsche Wort der Eysoldt erzählt, sie habe über ihre Liebe für den Bruder Reinhardts befragt, gesagt, er sei „ein Wesen zwischen Mann und Weib".

28. Juni

Auf dem Semmering. Gründung des „Reichsverband Österreichischer Journalisten". Abends mit Pötzl, Lipschütz und Maler Stauffer.

1. Juli 1903

Burckhard, Beer-Hofmann und Paula bei mir. Burckhard sieht das *Wasserschloß* an. Abends mit Reinhardt und Kahane im Matschakerhof. Idee: Berlin — Wien — München — Hamburg, wobei auch schon für jenes an Franz Blei, für dieses an Felix Holländer gedacht wird. Nicht bloß Gastspiele, sondern auch gemeinsames Repertoire machen. Allerdings ein Zentraldirektor, nicht über den vier Direktoren, sondern neben ihnen, um zwischen ihnen zu vermitteln, ein „Reisedirektor", dem es obliegen würde, eine Gemeinsamkeit des Geistes und des Tones auszubilden. Gegen vier im Fiaker nach Hause. Rot brennender Sonnenaufgang, die ganze Stadt scheint, wie ich in meinen Garten trete, unten im Feuer zu liegen.

2. Juli

Bei Otto Wagner, der uns die fertigen Pläne vorlegt. Wunderschön. Nur Reinhardt hat Bedenken gegen die abgerundete Form und würde die ganze gerade des Prinzregententheaters aus optischen Gründen vorziehen. Nachher lassen wir uns die Sezession aufsperren und beraten oben im Konferenzzimmer, ich auf einem Andrisessel mit den grinsenden Fratzen, noch über die Pläne.

3. Juli

Langes Gespräch mit Wilhelm Singer über die *Zeit*.

---

[8] Vgl. Hermann BAHR, Vierzig. In: Neues Wiener Tagblatt, Jg. 37. Nr. 195 (18.7.1903), 1—2.

8. Juli

Bei Wagner, mit Moser, Roller, Reinhardt. Hauptsächlich: ob Dreh-
bühne, Verschiebbühne (drei Bühnen nebeneinander) oder Fahrstuhl-
prinzip, wovon das erste relativ noch das beste scheint. Nachher bei
Schneiderhan,[9] der mir Agitation in seinen Kreisen zusagt.

10. Juli

Mit Reinhardt im Café Museum. Er ist sehr für die Salzburger Idee und
wäre dafür, Burckhard an die Spitze zu stellen. [...] Die Führung der
beiden Theater geschieht gemeinschaftlich. Gemeinschaftlich geschieht
die Zuteilung der Novitäten, gemeinschaftlich wird das Winter- und
Sommerprogramm entworfen.

14. Juli

Mit Arthur Krupp im Imperial gefrühstückt. Er interessiert sich, hält
speziell das Kartell mit Berlin für ausgezeichnet, behauptet aber mit
seinem Berndorfer Theater zu sehr beschäftigt zu sein, schwankt hin und
her, ist offenbar von den Baumann-Leuten gegen Wagner verstimmt.
Zunächst kein Resultat, als daß er mir das indische Drama seines
Schützlings Elias schicken wird, worauf ich irgendwie zu meiner Sache
zurückfinden muß. Dann bei Otto Wagner, der vergnügt ist, die
Postsparkasse bekommen zu haben.

19. Juli

„Psychose des Vierzigers". Heiß, schön. Später angenehm windig.
Gratulieren: Hugo (ich hätte den Schlüssel, sein Wesen aufzusperren),
Salten, Haberfeld, Specht. [...] Schnitzler bringt mir sein Bild.

20. Juli

Gute Vorsätze: wieder täglich Homer zu lesen, und einmal probieren,
goethisch, jeden Tag in der Früh aufzuschreiben, was ich mir vornehme,
und abends was davon geschehen ist. Ebenso den Sonntag für die
Woche, am ersten für den Monat. Jetzt in der Früh zum Frühstück
hundert Verse Homer. Dann abwechselnd einen Tag eine halbe Stunde
griechische Grammatik, den anderen Tag Englisch.

---

[9] Der 1863 geborene Franz SCHNEIDERHAN war im Rahmen der Wiener
„Gesellschaft für Musikfreunde" tätig.

25. Juli

Trüb. Mädi begleitet mich zur Bahn. In Linz holen mich Anna und Karl ab, das übliche Gespräch über Ottos Wunderlichkeiten.[10]

28. Juli

Reichenhall, Ludwigsbad, Moorbad.

Das unendliche Behagen abends, wenn die Sonne sinkt. Die Berge beginnen leicht zu erröten, dann langsam zu verblauen, Dunst aus Schornsteinen, Nebel von der Saalach, breitet sich grau über die Wälder; Lichter flammen auf; und nun erklingt leise das Glöckchen von der uralten Kirche, erst tief und langsam, dann, wenn dies ausgeklungen ist, rasch und hell nachscheppernd. Die katholische Kirche hat ein ungemeines Gefühl dafür, wie vom Körper auf die Seele das Gemüt zu leiten und bestimmen ist. Der Ton des Abendläutens, die Zeit, die Dauer, all dies ist so glücklich gewählt, daß es sich auch für einen Heiden, der niemals vom Katholischen noch gehört hätte, in eine Stimmung der inneren Sammlung umsetzen müßte, die unserer Andacht sehr nahe käme.

Immer wichtiger wird mir für den *Meister* der japanische Doktor.[11] Will jener unser ganzes Leben „aus der Vernunft" bestimmen, so verachtet dieser alles, was nicht Instinkt ist. „Alles Große läßt sich nicht beweisen", sagt er einmal. „Groß ist nur, Wert für uns hat nur, Macht über uns hat nur, was sich nicht beweisen läßt, was mit solcher Sicherheit in uns gelegt ist, daß es nicht bewiesen zu werden braucht, und wir folgen ihm doch."

30. Juli

Trostloser Regen. Alles nebelgrau. Begleite Dörmanns zur Bahn. Bad. [...] *Meister.* Ich glaube, der „Charakter" eines Menschen und die Haltung, die er sich gibt, wird durch einige ganz wenige sehr starke Eindrücke der ersten Jugend und meistens in Auflehnung gegen irgend einen Zwang, an den sie sich stößt, besonders des Vaters oder eines Erziehers, Lehrers bestimmt. Der Meister leidet als Bub so furchtbar unter der Wichtigkeit, mit welcher der pedantische Vater auch die kleinsten Dinge im Leben nimmt. Er wird also skeptisch gegen ihre Bedeutung. [...]

---

[10] Gemeint sind die Schwester Anna und deren Ehemann, der Augsburger Karl Buz. Zu seinem Bruder Otto (1866—1927) hatte Hermann Bahr ein recht gespanntes Verhältnis.

[11] Das Theaterstück „Der Meister" (1904), für das Bahr mit dem Bauernfeldpreis bedacht wurde, beinhaltet die Gegenüberstellung eines rationalistischen Europäers mit der fatalistischen Weisheit des Japaners Kokoro.

Konklusion: Nichts ist wichtig auf der Welt. Dazu kommt, daß der Vater bei der Erziehung das Ziel hat, den Trotz der Kinder zu brechen (begreiflich, weil er unter seinem eigenen Trotz immer gelitten hat). Harte Strafen, beim geringsten Anlaß, die zum Anlaß in gar keinem Verhältnis sind, dies auch gar nicht sollen, sondern nur den Zweck haben, die Kinder zu lehren, daß eine Macht über ihnen ist: sie klein zu kriegen. Entgegengesetzte Wirkung auf Michael: Er will zeigen, daß er nicht klein zu kriegen ist. [...] Also: 1. Das Leben ist nicht so wichtig, als ihr tut. 2. Euch ist alles immer gleich ein Ereignis, es sind aber nur Abenteuer. 3. Mich kriegt man nicht klein. 4. Ihr könnt mich kränken, aber ich känk mich nicht. 5. Man darf sich nur aus dem Leben nichts machen. 6. Eure Leidenschaften treiben mich und spielen mit euch, ich aber habe mit meinen Leidenschaften spielen gelernt. 7. Ich entwaffne die Menschen, das Leben, in dem ich ihnen zeige, daß sie mich nicht treffen.

Er hat sich in seinem ganzen Leben eigentlich immer nur für sich interessiert. Er ist sich so ungeheuer interessant. Er hat eine kindische Freude an sich selbst, über sich selbst. Er denkt immerfort über sich nach, bewundert sich, ist sich unerschöpflich. Ganz naiv nimmt er sich für das Zentrum der Welt, was der Japaner so merkwürdig europäisch findet. [...] Obwohl er zu sagen pflegt: Ich kenne einen Menschen auf den ersten Blick, kennt er also die Menschen gar nicht und schon gar nicht weiß er, selbst von seinem nächsten nicht, was in ihm vorgeht, wie er eben „die Liebe" nicht hat, weil er unfähig ist, aus sich heraus und auf andere einzugehen.

31. Juli

Zum *Meister*: Was er „das Leben meistern" nennt, ist doch eigentlich nur ein Selbstbetrug. Er sagt: Mir kann nichts geschehen, und hat ja insofern recht, als er, was immer auch geschehen mag, nie leidet, sondern sich über alles lustig macht. So behauptet er freilich immer seinen guten Humor, aber nur, indem er auf seinen Willen, auf jeden Wunsch verzichtet und sich eigentlich so vollkommen unterwirft. Was andere nur vor ihrer Umgebung tun, daß „sie sich nichts merken lassen", hat er „vor dem Schicksal" und tut es zuletzt auch vor sich selbst. [...]

Der Japaner, der immer fragt, der ganz Neugierde ist, führt sein interrogatoire einmal bis zu diesem Punkte und da wird dem Meister unbehaglich. Ganz deutlich wird das dann in der traurigen Szene Ida-Isidor, bei welcher ihm sein Verfahren völlig gelungen ist. Die Norna verfolgt sein Verfahren, er merkt zum ersten Mal, daß es nicht mehr zu halten ist, und da ihm nun der Glaube daran, die Sicherheit, die Unwillkürlichkeit, die er sich seit zwanzig Jahren eingeübt hat, verloren geht, wird ihm, was bisher seine Natur war, zur leeren Pose, zu der er sich krampfhaft zwingt. [...]

Charakteristisch für den *Meister* ist es, daß er bei der Heirat der Ida, sich ausbedingt, sie auch künftig „Fräulein" zu rufen, weil er es „nun einmal so gewohnt und es ihm unbequem sei, umzulernen". Wozu vielleicht der Japaner eine sarkastische Bemerkung zu machen hätte.

1. August

Um drei nach Salzburg gefahren, treffen Fred, Trebitsch, Dörmanns. Mirabell, Stadt, Petersfriedhof, Peterskeller. Trebitsch kopiert viel Lothar („Was Neues? Was noch? ... Und was noch?") und erzählt Herzls hübsches Wort, auf Schnitzlers ärgerliche Bemerkung, daß er immer „herablassend" sei: Ja, herablassend nach oben. Hin und her fahrend immer: *The hound of the Baskervilles*.

Es hat sich allmählich aufgeheitert, schöner Abend. Nachts, der Weg durch den Wald, wo die Stämme so unheimlich stark scheinen, und der in der Finsternis weiß glitzernde Pfad, und das Rauschen von der Saalach her — wunderschön. Merkwürdiger Brief der Eysoldt. Ihr graues Siegel hat die Inschrift: „Verlange viel, das ist mein Stolz!"

2. August

Gebadet. Beim Weg hinab denke ich an meine Vorlesungen, zu welchen die erste Confèrence (von *Reigen*) so anzukündigen wäre: „Über die Notwendigkeit, wieder etwas frecher zu werden." Reif sein ist sehr schön, aber man kommt damit in Wien nicht durch. Bei wilden Völkern, wie die Wiener sind, ist Kultur nur mit der Peitsche einzutreiben. [...]

Digression auf das „Schweigen der Gebildeten". Sie sündigen im Vertrauen auf die Unlust, die jede vornehme Natur haben muß, sich mit solchem Gesindel herumzuschlagen, und auf die recht österreichische Neigung der Guten, sich still abseits zu halten. Dadurch ist unsere Politik so herabgekommen, weil kein anständiger Mensch mehr mittun will. Nun, das geht mich nichts an. Ich will nur dafür sorgen helfen, daß, wenn die äußere Form der hier lebenden Menschen zerbricht, das, was wichtiger ist, das innere Wesen, bewahrt, gerettet werden soll. Unser geistiges Leben soll nicht von den Mediokren dirigiert werden. So lange ich noch in Wien bin, wird dies nicht geschehen, verlassen Sie sich!

6. August

Zu meiner Confèrence: Denn mit der Zeit, mir ist gar nicht bang, wird man doch merken, daß es ein Glück für Österreich ist, einen solchen Mann zu haben, wie ich bin.

8. August

Wunderschön. Wieder heiß. In den *Dialog vom Laster*, der überhaupt viel „Kasuistik", viele „kuriose Fälle" enthalten soll, gehört auch die Geschichte von der Holsteinischen Gräfin, die in ihren Mann, einen höchst einfachen, unkomplizierten, dabei fast wild anständigen Junker verliebt und von ihm leidenschaftlich, aber ohne „erotische Bildung" geliebt, sich ermordet, als sie für eine grauslichen jüdischen Arzt, der sie massiert, oder eigentlich nur *von* ihm eine starke Lust empfindet.

Er, mit einem unverständlichen Brief von ihr, den er bis zum Verblöden immer wieder liest, durch eine halb ironische Bemerkung eines verdorbenen Kameraden stutzig gemacht, kommt dann sehr rüd zu Jessie, „wie der Papa in der Kameliendame, aber er hat dann schon auch den Hut abgenommen".[12]

Die große Teilung der Menschen in eine erotische und eine sentimentale Rasse. Am besten wohl, wenn ein stark erotischer Mann mit einer rein sentimentalen Frau zusammenstößt — das ist vielleicht die einzige Kombination, die Glück ergibt.

Es muß doch aber zuletzt angedeutet oder auch ausgedrückt werden, daß auch das Laster schließlich eitel ist, daß auch die Künstler des Lasters sich schließlich betrogen sehen, daß nämlich auch ihr Mittel zur Ekstase (derselbe Mann wirkt auf die eine, auf die andere nicht, ja auf dieselbe jetzt sehr, nach ein paar Wochen gar nicht, und bei der höchsten Virtuosität kann die Ekstase ausbleiben, bei „bäuerlicher Roheit" eintreten, sodaß manchmal gerade „Unwissenheit" zuletzt als höchstes Reizmittel erscheint) manchmal versagen, sodaß wohl eigentlich das Beste wäre, die „Gnade" abzuwarten, wo der gute Pater einsetzt und erklärt, daß die katholische Kirche weiß, weshalb sie Wüstlinge und Hetären protegiert. [...]

Man müßte das ganze Leben mit Rosen zudecken, heißen Rosen, unter welchen die Schlangen ersticken, die Rosen unserer Sehnsucht. Und nun beginnt erst der fromme Pater zu reden, der nie ein Weib besessen, aber in seinen einsamen Zellen [...] alle Laster (Leidenschaften, purpurne) genossen hat. Er sammelt das „Material" im Beichtstuhl — der heiße Atem verschleiert betender Frauen ist doch mehr als alle Nacktheit um zu berauschen.

9. August

Wunderschön. Sehr heiß. Geradelt. Herrliches Gefühl. Abends Gewitter. In mir wieder sehr stark die Empfindung, daß nur zwei Dinge das

---

[12] Die Prostituierte Jessie hat BAHR zu einer Hauptsprecherin seines „Dialogs vom Laster" gemacht.

wahre Leben ausmachen: die Lust der seligen Momente und der aus ihnen fortgetragene Glaube an uns selbst, zu hohen Genüssen auserwählt zu sein.

12. August

Per Rad nach Salzburg. Früh wunderschön. Nachmittag Gewitter. *Dialog vom Laster*: „das himmlische Luder". „Es gibt keinen Genuß, dem nicht Furcht oder Grauen, ja Grausen beigemischt wäre."

13. August

Ich experimentiere seit ein paar Tagen an mir mit tonischem Kraftwein und Kokawein, die gar nicht auf mich wirken, als daß sie mich schwitzen und unruhig machen. Probiere heute Fellows Sirup (in Wien, Engelapotheke, Bognergasse 13). Zunächst nur nervöser.

15. August

Radle nach Freilassing. Da sich ein Gewitter zusammenzieht, mit der Bahn zurück. Gegen fünf heftiger Regen. Will morgen abreisen. 19 Bäder gebraucht. Ohne besondere Wirkung. Stimmung anfangs sehr gut, in den letzten acht Tagen faul und ärgerlich.

16. August

Trüb, naß. Indem ich zur Bahn fahre, sehr schlechte Stimmung. Starke rheumatische Schmerzen und: Ich werd wohl nie mehr gesund. Ob nicht besser: gewaltsam ein Ende zu machen? Dieser Stimmung abgewinnen, mich als moriturus zu fühlen, der hier keine Rücksicht mehr zu nehmen hat, weder auf sich noch andere.

19. August

Besuche Burckhard in Sankt Gilgen und wir stapfen in strömendem Regen durch seinen Wald.

20. April

Dörmann gibt mir *Die Mama* zu lesen. Abschied im Europe, während die Musik spielt. Nach Wien zurück. Sehr traurig. Merkwürdige Stimmung. Sehnsucht nach meiner Frau, ohne die ich ja doch nicht leben könnte.

21. August

Früh, bei schönem Wetter, das sich allmählich entwölkt, im Garten mit den vergnügten Hunden, über die schweren großen Birnen staunend, die von den Pyramiden hängen, die tief dunkelblauen Zwetschken in saftigem Grün bewundernd. Dabei ein merkwürdiges Gefühl, sowohl im Garten wie dann bei meinen Bildern im Haus und den hübschen Blumen, die das Fräulein überall hineingesteckt hat: wirkliche Freude an allem und zugleich eine unendliche Wehmut, daß ich, der es so schön hat, mich immer noch so sinnlos sehne; und daß ich vielleicht nie mehr so schön leben werde; und daß ich doch nicht glücklich bin. [...]

Abends über Mariabrunn zum „Roland" in Purkersdorf geradelt. In gutem Tempo zurück, sehr froh. Es ist zu seltsam, wie meine Stimmung jetzt vom schönsten Kraftgefühl zu völliger Verzweiflung wechseln kann. Ich muß diese gelassen ertragen, jenes aber künstlerisch ausnützen lernen. Niemand soll merken, daß ich anders bin, als ich mich in den frohen Momenten fühle, und als eine Figur starker, besonnener, etwas spöttischer Güte will ich in der Meinung der Menschen stehen. Ich kann mich ja doch sicher fühlen, weil ich weiß, daß auf jede Ermattung noch immer eine desto hellere Verzückung gefolgt ist.

Zum *Meister*: Der Japaner findet, daß Duhr, statt sein Karma zu erfüllen, es umgehen will. Die vorbestimmten Freuden oder Leiden resolut durchzumachen, scheint ihm Pflicht. Ein reineres Leben müssen wir uns erst verdienen, indem wir das, welches wir vom Schicksal mitbekommen haben, das nach unseren Begierden abtragen, wie eine Schuld.

24. August

Dialog vom Laster. Das Hochgefühl der Ekstase besteht darin, daß während man sich sonst immer ratlos und wie verwirrt vorkommt, dann alles klar und gewiß ist. [...]

An Reinhardt geschrieben, Vorschlag, zunächst Salzburg für 1. Juli bis 15. August 1904 zu pachten, Duse, *Nachtasyl* und *Elektra*, Duncan mit Hugo Wolf und Richard Strauss, Duncan mit Überbrettel, Hofmannsthal — Maeterlinck.

27. August

Im *Dialog vom Laster* muß auch meine jetzige Grundanschauung vom Leben vorkommen: daß nämlich unsere innere Welt, die einzige Wahrheit, der wir teilhaft sind, und das einzige Glück, an das wir gewiesen sind, doch die äußere Welt braucht, als Material, an welchem sie sich erst darstellen und so, sich darin wie in einem Spiegel erst erblickend, sich erst bewußt werden kann. So: Ich genieße immer nur mich selbst. Kein Liebhaber *gibt* mir etwas, sondern ich bin es nur immer wieder, den ich an ihm, durch ihn spüre.

30. *August*

Am *Dialog vom Laster*: Glücklich sind wir eigentlich nur, so lange wir von außen noch etwas erwarten. Wenn ich nur eine höhere Gage hätte, wenn ich eine Villa hätte, wenn ich einen Mann hätte. Solange hoffen wir noch. Den meisten vergeht das Leben damit, daß sie, kaum enttäuscht, schon wieder einer anderen Hoffnung folgen. Wer aber einmal gewahr geworden ist, daß „ihm nichts fehlt", daß, was ihm zu fehlen scheint, wenn er es endlich gewinnt, ihn auch wieder enttäuscht, daß keinem Menschen von außen geholfen werden kann, der soll dann nur nicht meinen, er könne sich nun ins Innere zurückziehen, da dieses doch geheimnisvoll ans Äußere gebunden ist, indem es nur „gelegentlich des Äußeren" erscheinen kann ...

Nachmittags mit meiner Frau nach Rodaun gefahren, zuerst bei der Gerty, dann mit ihr bei Beer-Hofmanns, abends Stelzer. Wunderbarer Sonnenuntergang, der Himmel so violett rot, daß wir an ein Feuer denken. Schön im Mondenschein zurück.

2. *September*

Mich amüsiert ein Einfall: nämlich einen Dialog von drei Monarchen, die incognito, von Detektiven gut bewacht, dem Publikum unbemerkt, irgendwo in irgend einer Sommerfrische an irgend einer Riviera zusammen sind. Der eine, der etwa wie der König Humbert aussehen könnte, pensionierter Major mit hängendem struppigem weißen Schurrbart, ein Raunzer, nur allenfalls getröstet, weil es den Kollegen ... auch nicht besser geht. „Ich möchte nur wissen, ob im Volk die Weiber auch solche Luder sind. Bei der Aristokratie, da hab ich schon nachgeschaut, da ist es nicht besser. Die juckts auch immer zwischen den Beinen." [...]

Der zweite wäre ein vergnügter jovialer Reise-Spiel- und Weibermensch, König Eduard, heiter genießend, unbekümmert, darauf los lebend. [...] Der dritte ist klein, bleich, hinkt, wird von den anderen gern ein bißchen gefrozzelt, glaubt an sich. „Du bist deinem Hofmeister aufgesessen", sagt ihm der zweite ... Es müßte aber doch irgend eine Handlung, noch so dumm, erfunden werden. Vielleicht durch Einführung einer Weibsperson. Tante? Kleine Hure?[13]

---

[13] Diesen Dialog, der als eine Kritik auch des österreichischen Monarchismus zu verstehen ist, hat Bahr 1904 unter dem Titel „Unter sich. Ein Arme-Leut'-Stück" im Wiener Verlag veröffentlicht. Er ist dem Simplicissimus-Zeichner HEINE gewidmet.

7. September

Mit Salten nach Melk, per Rad durch die Wachau nach Krems, immer
an der Donau; Blick auf Dürnstein; lustiger Vagabund, „Franzl", alter
Mann, Witwer, erwachsene Kinder, er aber will die Welt kennen lernen,
zieht von einer Verpflegsstation in die andere — „alles amtlich", „sie,
ich bin ein Gauch" — hat einen leichten Schwips von einem halben Liter
Wein um sechs Kreuzer; famos. Die blau leuchtenden Zwetschken,
purpurn glühende große Äpfel. Mit der Bahn heim. Brief Bleis, daß die
„Scharfrichter" die *Mutter* spielen wollen.[14]

13. September

Regnerisch. Anderthalb Stunden am Meister. Zum Hugo nach Rodaun.
Elektra fertig. Liest daraus vor. Der wilde Tanz am Ende herrlich. Auch
durchaus meine Griechen, hysterisch, abgehetzt, ins Ruhelose getrieben. Diskutiere den mir für die musikalische Stimmung zu advokatisch
zugespitzten Schluß mit dem: Die Pythia hat nur Worte und Elektra hat
den Tanz.

14. September

Tristan. Roller herrlich. Erster und dritter Akt wohl überhaupt das
Schönste, was ich je auf der Bühne gesehen.

16. September

Abends mit Moser und Hoffmann bei Burckhard, um über sein
„Häusel" zu beraten.

18. September

Wärndorfer schreibt mir wegen einer Schrift über Klimt gegen die
Kritik. Mit Passion dabei. Wahnsinn. Warum dieser Haß . . . Bruckner,
Hugo Wolf. Schopenhauer, aber noch spezifisch österreichisch dieser
masochistische Zug. Nur aussprechen, was Klimt in der österreichi-
schen Kunst und in der europäischen bedeutet. Presse relativ unschul-
dig, die Gemeinheit der Masse. [. . .] Wie leicht hätte er es, ein
Kitschmaler zu sein und hunderttausend einzustecken. Eine moralische
Macht, ein Beispiel: daß unser verlorenes Land noch einen solchen

---

[14] Hermann BAHR, Die Mutter. Drama in drei Akten, Berlin 1891.

Mann bringen konnte. [...] Neben ihm ist alles winzig, was heute in Österreich geschaffen worden ist. Winzig ist es. Selbst meine liebsten Freunde. Digression auf unsere Gebildeten und wie Schopenhauer es genannt hat: ihren „Skeptizismus der Ignoranz". Ein Österreicher wird doch kein Genie sein.

Sein Wesen ist, daß er die Anmut eines nur leicht Tändelnden, mit seiner Phantasie Spielenden mit einer unglaublichen Notwendigkeit, Bestimmtheit und sich aufzwingender Realität verbindet. Er ist der Traummaler: Denn nur im Traume haben wir zugleich das Gefühl, in einer imaginären Welt zu schweben, die doch bestimmter als alle Wahrheit ist.

20. September

Die „Scharfrichter" annoncieren die *Mutter*: das Erstaunen der Redaktion, daß ich „bei meiner jetzigen Stellung", so etwas „erlaube". Davon will ich auch in meiner Conferènce sprechen, da man nämlich auch Schnitzler am meisten verargt hat, daß er den *Reigen* nach dem Bauernfeld-Preis publiziert hat. „Man scheint also zu glauben, daß man uns mit Stellungen oder Ehren das Maul stopfen könne. Das ist ein Irrtum. Wir pfeifen auf alle Stellungen und Ehren, die doch für uns nur insofern einen Sinn haben können, als sie unserer Wirksamkeit, unserer unsittlichen Wirksamkeit mehr Nachdruck geben mögen."

21. September

Schön. *Meister* diktiert. Mit Kolo und Wärndorfer Klimtbuch besprochen. Volkstheater *Minna von Barnhelm*.

30. September

Schön. Sonderbar warm, fast schwül. *Unter sich* weiter. In den *Meistersingern*.

1. Oktober

Unter sich vollendet. Dr. Holländer bei mir. Hugo, sich über die Schlamperei bei Reinhardt beklagend. Graf Seebach und Possart verlangen den *Meister*, Entscheidung binnen vierzehn Tagen zusagend. Schreibe ausführlich an Reinhardt, schicke *Meister* nach Dresden, frage bei Langen wegen *Unter sich* an.

15. Oktober

Völliger Herbstmorgen. Dichter Nebel, durch den allmählich erst die Sonne bricht. Das Laub wird bunt. — Kühl. Bei Julius Bauer, dem Burckhard und ich zum 50. eine Originalausgabe des Lavater schenken.

18. Oktober

Halbe bei mir, vier Stunden lang. Sieht vergnügt aus, ist dick geworden, wozu sich seine alte fahrende und stotternde Hast, die ihn keinen Augenblick ruhig sitzen, keinen Satz aussprechen läßt, noch drolliger macht. [...] Ich falliere ihn ein bißchen damit, daß Dr. Feld mir neulich erzählt hat, er sei der König von München mit seiner Amtszeitung (der *Freistatt*), seinem Hoftheater, dem „Schauspielhaus", und — seinem Gegenkönig: Wedekind.

Es ärgert ihn ein bißchen, aber er lacht und wir kommen auf Wedekind, mit dem er eigentlich intim ist, der es aber doch nicht lassen kann, auch gegen ihn zu intrigieren. Wedekinds Vater ist ein alter Achtundvierziger gewesen, durchaus Materialist, mathematischer Kopf, zuerst im Orient, später in Amerika (ursprünglich stammt die Familie aus dem Hannoveranischen, Ganghofers Schwiegersohn ist ein Verwandter), drüben mit einer Zigeunerin, die Halbe für eine Jüdin hält (sie lebt noch, früher bei der Erika, jetzt in der Schweiz), verheiratet, dann nach Europa zurück, kauft sich ein Gut in der Schweiz. Nach seinem Tode bringt Frank seine Erbschaft raschestens durch, pumpt dann viel von der Schwester, gefällt sich darin, um sich eine Satanisten-Legende zu schaffen, während er eigentlich sehr „ethisch" veranlagt ist und sich damit sehr abquält. [...]

Erzählt von Hartleben, bei dem er im Frühling einen Monat gewesen. Hartleben hat eine Jugendliebe wiedergefunden, die inzwischen an einen Oberlehrer verheiratet war, der sie, weil sie Geld hat, nicht freigeben wollte. Hartleben fuhr nun mit ihr nach Italien und täglich in der Früh schrieben sie zusammen an den Oberlehrer eine Karte, daß es ihnen gut gehe und sie sehr gut zusammen die Nacht verbracht hätten, bis der Arme doch, die gesammelten Karten in einem Paket, zum Gericht ging und sich scheiden ließ. Das Gelächter der Richter! Und wie die Frau, sehr berlinisch, nachdem die Scheidung ausgesprochen, zu ihm sagt: „Wollen wir nun nicht doch zum Abschied eine Flasche Mosel anstechen?" Worauf der einstige Gatte: „Wenn Du sie zahlst!" Worauf sie: „Mach ich!" Und sie stiegen in den Ratskeller.

23. Oktober

Kalt, scheußlich regnerisch. Nach Berlin. Hotel Ringner. Dr. Erich Freund holt mich ab. Ich lese im „Saal der Freunde der literarischen Gesellschaft". Um elf Uhr nach Berlin.

24. Oktober

Hotel de Rome. Um halb zehn zur Probe der *Elektra* ins kleine Theater. Reinhardts Art zu informieren, indem er jedem seine Rolle, genau in der Eigenart eines jeden, nur idealisiert, vorsagt und vorspielt, gefällt mir sehr. — Im Hotel de Russie mit Dörmann und Jennie Rauch. Im Hotel de Rome einen Augenblick mit Hauptmann, Frau Grete und Fred. — Im Café Victoria mit Reinhardt, Kahane, Holländer, gleiche alle Mißverständnisse mit Hugo aus. Telegrafiere diesem, zu kommen.

Abends: *Geschäft ist Geschäft*, Bassermann herrlich, auch die Triesch imponiert mir sehr. Nachher mit Brahm im Savoy, er nimmt den *Meister* an, aber mit Rittner, während er Bassermann für den Japaner vorschlägt.

25. Oktober

In den Grunewald. Zu Harden, den ich sehr jung, sehr lustig, kindisch vergnügt finde; über Wien, über Sudermann, über Wolfgang Heine. Zu Reinhardt, um hier mit der Eysoldt, Lucia Höflich, Senders, Felix Holländer und Frau, Fred und Kahane zu essen. Abends im Neuen Theater *Salome* und *Kammersänger*.

30. Oktober

Ins Postbureau der Polizei, wo man mir die Freigabe des *Reigen* wahrscheinlich macht, aber auf mein Risiko, indem ich alle Konsequenzen eines Skandals, den Böswillige vielleicht „arrangieren" würden, zu tragen hätte. Liefere Wärndorfer die Änderungen meines Vorworts zu Klimt ab.

Nachzutragen, daß mir Dr. Franz Zweybruck gestern abends sieben Uhr telephoniert hat, in einer Sitzung des Vorstandes des Österreichischen Journalistenbundes sei beraten worden, ob die Tatsache, daß ein Journalist, wie Hermann Bahr ist, ein pornographisches Machwerk, wie der *Reigen* ist, öffentlich vorliest, nicht geeignet ist, die Ehre und das Ansehen des Journalistenstandes zu schädigen. Vorsitz: Wilhelm Singer. Teilnehmer: Leitich, Pötzl, Robert Hirschfeld. Auf meine Frage, ob jemand für mich gesprochen, antwortet Zweybruck: Niemand, auch er selbst nicht. Man habe aber vorläufig nur beschlossen, mir Vorstellungen auf freundschaftlichem Wege zu machen. Ich antworte mit dem Götz-Zitat.

1. November

Wunderschöner warmer Morgen. Das Gelb der Kastanien, das Rot des wilden Weines. Von der Polizeidirektion wird mir telephoniert, daß sie mir die Vorlesung des *Reigen* nicht bewilligen kann. Arthur Schnitzler lang bei mir. Er ist eben mit seinem neuen Schauspiel *Der einsame Weg* fertig geworden. Nachmittags Trebitsch, mit dem ich dann zu Schnitzler fahre. Dort abends mit Saltens sehr vergnügt.

2. November

Auf der Polizei. Bei Dr. Kanner, in der *Neuen Freien*, bei Julius Bauer, bei Burckhard, der mir den Rekurs an die Statthalterei macht, bei Dr. Redlich, der mir die Audienz beim Körber vermitteln soll. Überall Gespräch über Wien, nirgends Mut.

4. November

Um 3 Uhr beim Ministerpräsidenten. Plaudere nett mit Hofrat Sieghart. Körbers Schlitzaugen. Man interviewt mich hin und her.

10. November

Versendung von *Gegen Klimt*. Arbeit am *Meister*. Direktor Henry von den Münchner Scharfrichtern bei mir. Salten bei mir, sich bitter über Schnitzler beklagend, der das Wort „Kleinkunst" in Saltens *Arthur Schnitzler und sein Reigen* tragisch genommen hat.[15]

13. November

Sende früh rekommandiert *Gegen Klimt* an Wilhelm Singer. Nachmittag in der Secession, mit Klimt, Kolo Moser, Moll. Abends telephoniert Trebitsch, der um halb sieben bei Wilhelm Singer war (wegen der *Candide*, die Donnerstag in Dresden ist), dieser sei „traurig" über mein Klimt-Buch, weil nun wieder alle über mich herfallen würden, er aber mich nicht schützen könne. Sende ersten Akt *Meister* mit den Veränderungen an Fischer und Brahm.

14. November

Brief von Brahm, daß er Première des *Meister* für den 12. Dezember ansetzt.
    Abends, 3/4 6 Uhr, bei Wilhelm Singer, ihn um Urlaub zu den *Meister*-Proben bitten, den er gibt, und fragen, ob er wirklich, wie ich

---

[15] Der Beitrag wurde in der „Zeit" vom 7. November 1903 veröffentlicht.

nur dem telephonischen Gespräch mit Trebitsch glauben muß, „verstimmt" gegen mich und über das Klimtbuch sei. Keineswegs, antwortet er; nur als mein Freund beklage er mein Talent, mir bei jeder Gelegenheit Feinde zu machen. [...] Und warum diese Vehemenz in den doch nebensächlichen Kunstfragen, während sich in den „wichtigen Dingen" niemand rührt?

Dabei sagt er aber, es sei eigentlich „sehr schön", daß ich für den Klimt so ins Zeug gehe, nur ich merke, daß die ganze Wahnsinnsgeschichte doch Eindruck auf ihn gemacht hat. Ich erzähle ihm, daß Pötzl damals bei mir war und mich, mit häßlichem Bedauern, bestimmen wollte, einen „Nekrolog" für Klimt zu schreiben. „Aber doch gewiß in gutem Glauben", sagt Singer fragend. Ich zucke die Achseln. Wir sehen uns einen Moment tief in die Augen. Dann erzählt er mir von der *Zeit*, die mit ihm wegen Übernahme durch die Steyrermühl verhandelt hat, aber ohne Resultat.

15. November

Nach Salzburg. Das Grab besucht.[16] [...] Alle Zeitungen schwenken plötzlich ein und behandeln nun Klimt mit ganz unheimlicher Hochachtung. Bemerkenswert Leitich in der *Deutschen Zeitung*. Es kläfft nur noch das *Volksblatt*.

17. November

Nebel. Aber meine tiefe Depression der letzten Tage scheint zu weichen. Ich will doch auch nicht mehr so rasend viel arbeiten und mehr spazieren gehen. Ich fühle immer wieder mein Herz.

18. November

Nachmittag in Rodaun, wo Hofmannsthal dem Brahm und mir sein *Gerettetes Venedig* vorliest.[17]

26. November

Briefe schreiben, Bücher geordnet, endlich wieder einmal spazieren gegangen, was ich nun doch wieder regelmäßig tun will, sonst verkom-

---

[16] BAHR besuchte das Grab seiner Eltern. Alois BAHR war am 5. September 1898, seine Mutter Minna am 16. Mai 1902 gestorben. Seit der Pensionierung Dr. BAHRS lebte das Ehepaar in Salzburg.

[17] HOFMANNSTHALS Drama „Das gerettete Venedig" wurde von BRAHM im Berliner Lessing-Theater am 21.1.1910 uraufgeführt.

me ich ganz. Herzweh, physisch. Und immer die Sehnsucht hinaus:
Italien, Griechenland, Paris.

27. November

Erster Schnee, der bis Mittag liegen bleibt. Winterstimmung. Gehe mit
der Daisy über Mariabrunn durch Weidlingau.
Lese in der *Rundschau* einen klugen Aufsatz von Paul Mougré über
Mauthners *Sprachkritik*.[18] Für Mauthner sind „die tiefsten philosophischen Fragen Fragen des Sprachgebrauchs", und die Denkgewohnhei-
ten unserer Kultursprachen „Lokalsitten der abendländischen Menschheit". Grundgedanke, daß „die Sprache, für sich allein, als Mittel der
Verständigung nicht viel wert ist" — „nur durch begleitende Umstände,
gemeinsame Situation zwischen Sprache und Hörer, durch Tonfall,
Gebärde, Fingerzeig wird das Wort verständlich." „Und Landauer hat
ganz recht, wenn er die Sprachkritik mit der modernsten Lyrik in
liebenden Zusammenhang bringt: Denn Hofmannsthal und George,
Dehmel und Mombert lokalisieren ja auch in der assoziativen Dunsthül-
le, nicht im deskriptiven Kern des Wortes den Sitz poetischer Wirkung."
[...]
   Im Spazieren wieder hin und her gedacht: soll ich, kann ich, muß ich
mein Haus verkaufen und in die weite Welt hinausziehen, nach Athen
oder Amalfi? Alle die Dinge, die mich interessieren — Kampf Europas
mit Amerika, Vereinigte Staaten von Europa; Machs Zerstörung des Ich
und Mauthners Zerstörung der Sprache; Leben und Kunst als bewußte
Illusion, gewaltsam „stilisiert" — wird hier gar nicht verstanden und
worum hier gekämpft wird (los von Rom, los von Ungarn, Judenfrage)
kommt mir absurd vor. So nütze ich mich ab und werde nervös,
verärgert, krank. Ist es nicht vernünftiger, das Ende der Krise (die
Auflösung des Reiches) draußen abzuwarten, um dann, wenn hier erst
wieder die Bedingungen geistiger Arbeit geschaffen sind, nach drei, fünf,
zehn Jahren mit erfrischter Seele gesammelter und geschonter Kraft,
Übersicht über die wirkliche Welt hieher zurückzukehren? Und ist es
nicht eine falsche Sentimentalität, freilich nur verkappte Faulheit und
Feigheit, wenn ich an meinem Hause hänge? Denn dieses müßte ich
resolut opfern und müßte *wagen* — ich gebe ja meine „sichere Stellung"
auf. Aber wenn es vielleicht nur die sichere Verblödung ist?
   Angelus Silesius gelesen.

---

[18] Der um die Jahrhundertwende in Berlin seßhafte Philosoph Fritz MAUTHNER
     (1849—1923) veröffentlichte im Jahre 1901 sein dreibändiges Werk „Beiträge
     zu einer Kritik der Sprache".

28. November

Nachmittag mit der Daisy spazieren. Sie ist zu nett, mit ihrer Neugier, ihrer Regbarkeit und Reizbarkeit, ihrer Angst vor allem, was ihr unbekannt ist. Das Schweiferl wackelt unablässig hin und her, manchmal im Rennen spiralförmig gedreht. Alles an ihr elastische Kraft. Wenn ich sie zwinge, ruhig neben mir zu gehen, zittert sie vor verhaltener Energie, die sich nicht entladen kann.

Beim Spazieren denke ich darüber nach, was ich in diesen zwölf Jahren Wien (oder ich kann meine österreichische Wirksamkeit auch vom 19. Juli 1889 datieren, wo ich in Paris einen Brief des mir unbekannten Kafka erhielt, die von mir angeregte Gründung der *Modernen Dichtung* annoncierend, in welcher ja das „junge Österreich" zuerst auftrat; dann wären es vierzehn Jahre) wohl eigentlich geleistet und wodurch ich die Menschen hier so erbittert habe. Ich habe meinen Begriff der Kunst durchgesetzt als der höchsten Äußerung eines sich in einem ekstatischen Moment zusammenfassenden Lebens (sowohl beim einzelnen als dann bei der Nation), während vor mir in Österreich Kunst oder Literatur, kurz das Schöne immer nur als ein Nebenbei, eine Zutat, eine in den liberalen Berufen in müßigen Stunden betriebene Liebhaberei empfunden und geübt worden war, und als etwas Exotisches, das man eigentlich draußen viel besser mache und das wir nur „schandenhalber" nachahmen müssen, genau nach den „fremden" Regeln. Historisch nachzuweisen über Josef, wo unsere Literatur als „Nachhall" der deutschen klassischen entsteht, an Schreyvogel, wo sie ein Experiment eines Einzelnen nach seinen Weimarer Erinnerungen ist. Grillparzer wie Anzengruber haben ja, so lange sie lebten, nie gewirkt. [...]

Indem ich dies notiere, spiele ich mit dem Gedanken, mich auf Mytilene oder in Amalfi zu sehen, wie ich, den Blick aufs blaue Meer, eine „Abrechnung mit Österreich" schreibe. Vielleicht ist es der Beruf der neuen Österreicher, den apolitischen Menschen zu entwickeln, der nicht bloß keiner Nation angehört, sondern auch keinem Staatsverband; eine Art neuer Juden. Habe ich die Zustände in Österreich in ihrer ganzen widerlichen Verlegenheit geschildert, so will ich doch nicht verschweigen, daß gerade sie, wie sie sind, einzelne Begabte sehr hoch bringen können. Nietzsche, die Situation der Griechen in einem von der mongolischen Rasse besetzten Lande mit einem semitischen Streifen an der Küste schildernd, sagt: „Das Gefühl, allein als höheres Wesen unter einer feindseligen Überzahl es auszuhalten, zwang sie fortwährend zur höchsten geistigen Spannung", XI, S. 33.

Mit unserem „Liberalismus" verglichen, der eben jenen falschen Begriff von Bildung hatte, als ob solche, statt sich langsam aus dem Boden, aus der Rasse, aus den Erlebnissen zu entwickeln, geschwind von irgendwoher importiert werden könnte und nun nur nachgeahmt werden müßte, wodurch alles Geistige bei uns immer so einen affenmäßigen Zug bekam (besonders in der josephinischen Zeit), damit verglichen sind die Bielohlaweks immerhin ein Fortschritt.[19] Sie machen dem falschen Zauber ein Ende. Nur glauben sie, weil sie das Unechte und Hochstaplerische jener liberalen Bildung sehr stark empfinden, daß deshalb Bildung überhaupt ein Schwindel ist. [. . .] Vielleicht schreibe ich das doch nächstens für Harden nieder. Dabei wäre auch einmal der uns so gern gemachte Vorwurf zu streifen, daß wir, den süßen Mädeln lauschend, die „großen Fragen" des Vaterlandes (womit der tschechische Nachtwächter gemeint ist) nicht hören.

29. November

Nachmittag nach Rodaun zum Hugo. Gespräch über *Elektra* und *Gerettetes Venedig*, ich ziehe jene vor, weil hier ausreicht, was Hugo bisher allein vollkommen kann und hat: der Ausdruck extremer Erregungen, während er, um Ruhe darzustellen, immer irgend einen fremden Nachton hat.

Hugo erzählt von einem Briefe Peter Altenbergs, in dem er die *Elektra* (übrigens ganz unartistisch, vielmehr um ihres Gerechtigkeitshanges willen) feiert, Goldmann für sein albernes Feuilleton beschimpft und fortfährt: „Ein Jude kann dies eben niemals verstehen!" Ich komme doch über die furchtbare innere Verlogenheit solcher Menschen nicht hinweg, nicht etwa moralisch verletzt, sondern psychologisch befremdet, weil ich mir durchaus nicht vorstellen kann, was in solchen Gehirnen vorgehen mag. [. . .]

Und hier geht das Gespräch wieder auf mein Hauptthema, worin ich das Zeichen sehe, daß es mit Österreich aus ist: nämlich, daß in kräftigen Nationen jeder den anderen zu brauchen fühlt, auch den Gegner, mit dem er sich doch am selben Werke arbeiten weiß und den er, um seiner selbst willen, sich nur recht stark und entschieden wünscht, weil, je schöner jener seine Kräfte spornt, je mächtiger er eben daran die seinen, die eigenen entfalten kann, wei man ein Assaut nur mit einem ebenbürtigen Fechter schlagen kann, vor einem wüsten Naturalisten aber unfähig ist, seine Kunst zu zeigen.

Ich erzähle dann von dem Brief, den der junge Herr von Sonnenthal (Beamter der Elektrizitätsgesellschaft Siemens, mit einer Tochter des Direktors Herz verheiratet, etwa gegen vierzig Jahre) an Fritz Wärndorfer in Erwiderung einer Einladung seiner kleinen Tochter Everl zu einem Marionettentheater für die Kinder Wärndorfers geschrieben hat, diese ablehnend, um sein Kind vor dem „Gifte" der sogenannten „Moderne"

---

[19] BAHR bezieht sich auf den christlichsozialen Politiker Hermann BIELOHLA-WEK (1861—1918), seit 1889 Vizepräsident im Verein niederösterreichischer Handelsangestellter und ab 1897 Reichsratsabgeordneter.

zu bewahren, in welcher er nur Perversität, Hysterie und Spekulation einiger Betrüger auf die Hysterie und Perversität sieht. Charakteristisch ist darin, wie er Wärndorfer an die alte Zeit erinnert, welcher dieser sich wohl jetzt schäme, als er noch für Bellini schwärmte und in der Albertina vor einer Handzeichnung Raffaels in Entzücken geraten konnte — also ob notwendig ein Verständnis moderner Werke und Gefühl für sie mit Verachtung für jede alte Kunst verbunden sein müßte!

Und ich, wieder von Österreichs Elend sprechend, zeige daran, wie wir für einander völlig zu Barbaren geworden sind, die einer des anderen Sprache nicht mehr verstehen. Es fehlt jede Verbindung zwischen den einzelnen Gruppen der Bildung, welcher Zusammenhang allein es doch ist, der Kultur ausmacht — wir haben nur extreme Bildung einiger weniger und extreme Verkommenheit.

30. November

November war ein Streitmonat, erst für Schnitzler, dann für Klimt. Ich innerlich zerfahren, müde, verärgert, reizbarer als ich es je war, sodaß ich schon für meinen Humor fürchten muß, ungeheuer angeekelt vor Österreich. Vielleicht wird sich das in einem Aufsatz *Das Ende* für Harden entladen. — Starke Herzbeschwerden. Und solche Sehnsucht nach Sonne, Süden, blauem Meer und gelben und roten Segeln!

5. Dezember

Probe im Deutschen Theater. Von Rittners Art, dem Charakter bis in die letzten Winkel nachzuspüren und jeden Ton im ersten Akt schon auf die Töne zu stimmen, die er im letzten bringen wird, entzückt.

Frühstück bei Brahm, sehr vergnügt mit Grete Marschalk, Rittner und Hauptmann. Gespräch über Klimt, über Kayßler, über Griechenland. Abends in *Rose Bernd*, wo auch Sauer im letzten Akt tief erschüttert; das gehört doch zum höchsten der Schauspielkunst. Nachher mit Ludwig von Hofmann, Brahm, Hauptmann, Grete. Ludwig von Hofmann wehrt sich gegen Ibsen, dessen Gestalten auf ihn ganz fremd und unmenschlich wirken.

6. Dezember

In der Nationalgalerie, besonders die beiden Goyas. Bei Fred mit Reinhardt gegessen; über Hugo, über den Salzburger Plan. Dann kommt Harden, wir frozzeln uns nett.

Diner bei Brahm, „großes Zauberfest", wie Grete sagt. Hauptmann, Georg Hirschfeld, der blonde lebhafte streitbare Dreyer, Erich Schmidt,

immer noch Salonlöwe, der kluge Paul Marx, Dr. Elias und Frau, Frau
Justizrat Jonas, Frau Stern. Streit über *Elektra* mit der Eysoldt, den
ganzen Abend. Hübsch sagt Hauptmann, der sich sehr für Hofmannsthal einsetzt, ungriechisch sei das Stück freilich, weil es uns nirgends auf
das Meer und zu den Sternen hinausblicken lasse, wodurch uns die
griechischen Tragiker mit jedem Schicksal doch immer versöhnen.

12. Dezember

Bei Fischer, der hypochondrisch scheint: treffe hier Professor Bie. Bei
Dörmann, der nicht zu Haus. Kreuze mich auf der Straße mit
Goldmann, der unflätig über Hugo schimpft und uns vorwirft, in
unserem engen Wiener Kreise von der Welt nichts zu spüren, während er
„vorgeschritten" sei.

Bei Reinhardt über die Salzburger Pläne. Lerne seinen klugen
kleinen feinen Bruder, der recht Snob und doch sehr, sehr gescheit
scheint, kennen. [...] Première des *Meister.*

14. Dezember

Bei der Jenny Rauch. Im Neuen Theater mit Reinhardt, Holländer,
Kahane: „Klassisches Theater", „Romantisches Theater", „Shakespe-
are-Spiele" für Salzburg durchgesprochen, bis wir uns auf „Ibsen-
Spiele" (nämlich des letzten Ibsen, *Rosmersholm — Wenn wir Toten
erwachen*) einigen, aber für eine mittlere deutsche Stadt, zunächst
Weimar. Ins Hotel, wo noch Arno Holz mit mir plauscht, und dann
nach Wien.

16. Dezember

Entsetzlicher Nebeltag. Hugo bei mir. Statthalterei weist meinen
Schnitzler-Rekurs ab. Bei Burckhard. Redaktion. Münz erzählt mir von
den Treibereien gegen mich.

17. Dezember

Bei den „Scharfrichtern" im Trianon, die gegen die ganze Presse einen
Riesenerfolg haben und, unangefochten, täglich mein *Unter sich* spielen.
Lerne die Delvard kennen, die mir mit ihren langen hageren Armen,
ganz in Schwarz, an das Kinn einen blutroten Streifen geschminkt, mit
dem großen schmerzlichen Mund, in der Starrheit ihrer großen
Bewegungen, einen starken Eindruck macht.

18. Dezember

Schnitzler bei mir, auf den der *Meister* sehr stark gewirkt zu haben scheint. Gespräch über den wunderlichen Goldmann. [...] Mit Dr. Blei, Salten, Direktor Henry im Café Central. Sie erzählen, wie Th. Th. Heine seinem Hunde giftiges Bilsenkraut in die Ohren gießt. Wie Frank Wedekind eigentlich ist, der mit dem Munde das Publikum zynisch frech angeht, aber dabei mit den Knien zittert. Seine Eifersucht auf die Delvard, weil diese mit seiner „Ilse" stärker wirkt als er selbst. Die Geschichte, wie er Henry einmal ohrfeigt, dieser, um die Vorstellung nicht zu stören, sich beherrscht, eine halbe Stunde später aber, als Wedekind sich trotzdem aufzutreten weigert, in einem plötzlichen Wutrausch ihn durchprügelt, worauf Wedekind davon rennt, um sogleich aus dem nächsten Café telephonisch anzufragen, ob er nicht doch wiederkommen und jetzt seine Nummer vortragen könnte, was schließlich auch geschieht. — Die ungeheure Verachtung der Wiener Presse, wegen der Ohnmacht ihrer Verlogenheit.

20. Dezember

Dr. Blei, Hugo und Gerty bei uns. Abends kommt Trebitsch. Blei erzählt, Th. Th. Heine habe, als man einmal über Morawas Geduld, seine Frau immer mit Olbrich zu sehen, spottete, ruhig gesagt: „Ich weiß nicht, was ihr habt. Ich finde ihn sehr nett — er ist gar nicht stolz darauf." Bleis Plan, ein Buch über österreichische Kultur zu schreiben: Prinz Eugen, Prinz de Ligue, Villers und Bielohlawek.

21. Dezember

Ich denke hin und her, unschlüssig, ob ich zum 1. Oktober fort soll, um endlich wieder ein Jahr zu vagabundieren, unschlüssig auch, welchen Stoff ich nun zunächst ergreifen soll: „Lisl" oder „Gottes Freund".[20] Ich meine doch jenen, der mir ja ganz klar ist und den ich mir jetzt einmal ganz „naturalistisch" (aufs plastische „Herauskommen" *aller* Figuren) durcharbeiten müßte; in der ersten Form ist er mir zu sehr aufs Schauspielerische, auf die „große Szene" angelegt. Das Ziel ist, einen „braven sittlichen Mann", der sich immer bezwungen und entsagt und sich ins Ganze gefügt hat, dahin zu bringen, daß er aufschreit: Eure Entsagung ist nichts, mein ganzes Leben war eine alberne Lüge — eine Minute, wirklich genossen, ist mehr als alle stille Zufriedenheit, die ihr uns einreden wollt!

---

[20] Schließlich arbeitet BAHR den „Lisl"-Stoff aus, welchen er kurz darauf in „Sanna" — nach einer Figur STIFTERS — umbenennt.

Dazu müßte das Entsetzliche des Entsagens, wie es die Menschen zerstört, daß es sie das Beste kostet, daß niemand davon etwas hat, auch die Unteren nicht, herausgebracht werden.

29. Dezember

Die Stifter-Weltanschauung, im Gegensatz zu den politisch Aufgeregten „der Einklang in der eigenen Brust, der individuelle Friede". — Denn der Ruhm, er ist „gefährlich" — „Entsagung". „Genüge Dir selbst."

Der Schulrat sagt einmal: Einsam in meiner Kammer, über alte Bücher gebeugt oder, wenns dunkelt, am Fenster hinter den Nelkenstöcken auf meiner Geige seufzend, manchmal wohl auch, wenn mich die lindere Luft des Mai ins Freie führt, zwischen unseren lieben Pappeln zur Mühle spazierend, „begehe ich die besten Pfingsten meines Herzens". (Stifter)

Angst vor der Verwirrung, vor dunklen Zuständen, vor jeder Leidenschaft. „Maß und Begrenzung." Resignation, Verzicht, Selbstbeherrschung. „Alles Heftige, Gewalttätige, Wilde ist vom Übel, im Dämpfen, Beschwichtigen und Überwinden liegt die Aufgabe und Würdigkeit des Daseins." (Kuh über Stifter, 309).[21] Stifters „Menschen gleiten verschlossen und geduldig an den Geschicken der Erde vorüber." [...]

Vielleicht statt Lisl *Sanna*, wie im *Bergkristall* die Susanne zur Abkürzung genannt wird.

30. Dezember

Sanna, siebzehn Jahre, aschblond, kleine Stirne, strahlend blaue Augen mit merkwürdigen, mehr hinein gerichteten Blicken. War ein stilles, frohes, dabei sehr williges und fügsames Kind, das nur, wie die Mutter sagt, seine „Mucken" hat; in Kleinigkeiten kapriziert es sich unerwartet. Sie ist nämlich sehr phantastisch. Läßt man sie ihren Phantastereien ungestört nachhängen, so ist sie dafür in allen realen Dingen sehr gefügig. Ihre Träume und Einbildungen aber verteidigt sie mit Heftigkeit. [...]

Ganz unschuldig, ist sie doch die letzten zwei Jahre schon voll Liebesgedanken gewesen. Mit allerhand Märchen vom fremden Prinzen Laudatur, hat sie sich in erotische Visionen eingelullt, die so präzise sichtbar für sie sind, daß sie erschrickt, als sie den Leutnant zum ersten

---

[21] Der mit HEBBEL befreundete Kunstkritiker Emil KUH (1828—1876) verfaßte im Jahre 1868 eine Adalbert STIFTER gewidmete Biographie (Vgl. auch das 1872 erschienene Werk: Zwei Dichter Österreichs: Franz Grillparzer, Adalbert Stifter).

Mal sieht, weil er genau die Züge des Prinzen hat, mit dem sie ihn nun (ohne seine wirkliche Art, sein wahres Wesen irgend zu bemerken) durchaus identifiziert, sicher, daß er genau so romantisch handeln muß, wie der Prinz in ihren Visionen immer getan hat. [...]

Nur dadurch ist sie von der hereditären Hysterie der Schwestern, die sich bei der einen als zeitweise völlige Lähmung, sonst als willenlose Hingebung und Geduld, bei der Jüngsten als schamlose Grausamkeit und Bosheit äußert, frei geblieben, daß sie, die äußere Welt gar nicht gewahrend, sich nur in ihren inneren Visionen bewegt. Musik der Zeit: Donizetti, Strauß, Lanner. „Der Zeitgeist". Letzter Akt. Kondolenzbesucher. Man erfährt, daß Sanna gestorben ist, und die näheren Umstände. [...] Dann der Onkel, in großem Staat. Dieser zur Leiche hinein, der Vater heraus. Ausbruch; besonders da er den Leutnant erblickt: „Hätten Sie sie genommen!" Nun der Onkel dazu, der ihn heftig zurechtweist. Soll dieser Ausbruch furchtbar sein, so muß uns vorher der Alte als ein besonderes Beispiel von Entsagung, Selbstüberwindung, stiller Verklärung lieb geworden sein. Soll der Ausbruch aber möglich sein, so müssen wir früher schon ein paar Mal spüren, daß sich der Alte in der Entsagung nicht sicher, sondern wie auf dem Eise fühlt. Dies besonders in der langen Szene mit dem Schulrat.

Abends Dr. Musger bei mir, der meinen Bronchialkatarrh ungefährlich findet, aber gar nicht zufrieden mit meinem Herzen ist — „fettige Infiltration und Degeneration des Herzmuskels". Anfänge einer Myocarditis chronica. Rückblick auf das Jahr, in welchem ich eigentlich ununterbrochen krank gewesen bin.

31. Dezember

Sehr kalt. Nebel. Heftig verschnupft, Bronchialkatarrh, dumpfes Herz.

Das Jahr bin ich eigentlich immer krank gewesen, muß es aber dennoch ein sehr gutes nennen: *Dialog vom Tragischen, Gegen Klimt, Unter sich, Der Meister*. Meine Stellung in Berlin ist unvermutet eine viel bessere geworden. Gutes Verhältnis zu Brahm, intimes zu Reinhardt, mit dem für 1904 die *Ibsen-Spiele* geplant sind, aus welchen sich für 1905 die *Salzburger Feste* entwickeln mögen.

Meine Wiener Stellung fast unleidlich, alle Geschütze auf mich gerichtet, ohne mir freilich schaden zu können — aber meine Nerven halten es nicht mehr aus, meine Verachtung und mein Ekel für den Wiener Sumpf sind zu stark. Wenns irgend zu machen ist, will ich im Herbst nach Italien ...

Schönes mit M. erlebt, mit der E. begonnen, dabei erst in der letzten Zeit, in Berlin und am Semmering, sehr stark gespürt, wie unentbehrlich mir meine Frau ist, nicht nur, wie sie meint, als Maskotte, sondern weil sie das ist, was ich gern wäre: durch ein unempfindlich heiteres und selbstbewußtes Temperament vor allen Wechseln des Schicksals sicher, die doch nur Äußeres, nicht ihren Sinn treffen können. In diesem Jahr hat Hugo, mit der *Elektra*, seinen ersten wirklichen Erfolg gehabt. In diesem Jahre ist Klimt gegen alle Feinde durchgesetzt worden. Eigentlich bin ich also jetzt unnötig. Ich kann endlich daran gehen, mir selbst zu leben. Dazu das Gefühl, daß Olbrich, Klimt, Moser, Schnitzler, Hugo doch nur Einzelereignisse waren. Hinter ihnen kommt nichts nach. In unserem armen Lande ist keine Folge da. So recht mein Glaube an diese Talente behalten hat, es war ein Irrtum, an sie eine Bewegung anschließen zu wollen.

Olbrich in Darmstadt, Hugo vielleicht bald in Weimar, Schnitzler mit seiner Wirkung schon längst mehr in Berlin, ich vielleicht draußen einmal an einer großen Revue schaffend, während hier alles im Sumpf erstickt.

Einleitung:

Elemente eines neuen Lebens

Das Jahr 1904 begann mit dem Versuch, die schwer angeschlagene Gesundheit wiederherzustellen. Deprimiert durch die düsteren Prognosen seiner Ärzte, suchte Hermann Bahr in einer am Bodensee gelegenen Kuranstalt Erholung, fühlte sich dort in dem kalten und düsteren Klima jedoch nicht wohl und brach bald in seine südliche Traumlandschaft auf. Zwar verfolgten ihn auch in Griechenland heftige Schwindelanfälle, die ihm die Nähe des Todes zu bezeichnen schienen, zwar schrieb er am 30. März aus Athen an Hugo von Hofmannsthal, er halte sich nur durch äußerste Willenskraft am Leben — doch scheint diese Reise die erhoffte Besserung gebracht zu haben.[1] Die Überwindung der schweren körperlichen und seelischen Krise lehrte den Schriftsteller eine vertiefte Wertschätzung des Lebens.

Daneben waren es vor allem drei Geschehnisse, die den Jahresablauf bestimmten: Zunächst die Begegnung mit der griechischen Kunst — Anlaß für grundlegende ästhetische Überlegungen; ferner die Vertiefung in das Reich der Musik, insbesondere die Schöpfungen Richard Wagners; schließlich vermittelt durch diese die Annäherung an Anna Bellschan von Mildenburg, die spätere Lebensgefährtin.

Am 29. März legte Bahr den Grundstein zu seinem noch im selben Jahre in der *Neuen Rundschau* veröffentlichten *Dialog vom Marsyas* und führte damit die Reflexionen des *Dialogs vom Tragischen* fort: Der legendäre Satyr, im musikalischen Wettstreit dem Gotte Apollon unterlegen und von diesem zur Strafe gehäutet, schien jene Leiden zu verkörpern, denen der lebensabgewandte Künstler ausgesetzt sei. Wie Hermann Bahr aus seiner Untersuchung der Biographien Conrad Ferdinand Meyers, Adalbert Stifters oder Franz Grillparzers zu erkennen glaubte, führte die schöpferische Tätigkeit nicht nur zu schwerwiegender körperlicher und seelischer Verkümmerung, sondern mittelbar auch zur Verarmung des gesellschaftlichen Lebens und seiner Perspekti-

---

[1] Vgl. Brief an Hugo von Hofmannsthal, A 37.803 (30.3.1904), Th.

ven. Die Entwicklung der griechischen wie der österreichischen Kultur
schien dem Kritiker Züge dieser Verformung zu tragen.

Diese Gedankenwelt erklärt auch die Einstellung, mit der Hermann
Bahr nach seiner Griechenlandfahrt der Begegnung mit Venedig
gegenüberstand, die er als Resultat christlicher Kultur betrachtete und
deren Bild ihm die Selbstbeschränkung, die Gehemmtheit, das versteck-
te Laster dieser Kultur zu bezeugen schien. Derartige Impressionen
prägten die Arbeit am Theaterstück *Sanna*, dessen Anklage bestehender
Moralität zugleich der Aufruf zu deren Umsturz war.

So nahm der Schriftsteller erfreut die Kunde von politischen
Spannungen in der Habsburgermonarchie auf. Eine gegen den christlichsozialen Wiener Bürgermeister Lueger gerichtete Demonstration, an
der er sich beteiligte, schien Bahr entschieden zu friedlich. Mit Felix
Salten und dem Karrikaturisten Leo Kober plante er die Herausgabe
eines Blattes, das unter der Bezeichnung *Der Schinder* die Überholtheit
dieses Staatswesens anprangern sollte. Die deutschnationalen Tumulte,
die sich gegen die Einrichtung italienischer Hochschulkurse in Innsbruck wandten, begrüßte der Schriftsteller als Signal des erhofften
Umsturzes, der das Bollwerk des Katholizismus hinwegfegen sollte.

Hatte Hermann Bahr nach seiner Wende von partei- zu kulturpoliti-
scher Tätigkeit zunächst die Literatur, dann die bildende Kunst und
Architektur als Mittel gesellschaftlicher Umgestaltung entdeckt, so
setzte er sich nunmehr verstärkt mit der Tonkunst auseinander: Gerade
die Musik sei in der Lage, das Bild des kommenden Menschen aus der
Antike in die Gegenwart zu projizieren.

Diese Mission vertraute der Dichter den Werken Richard Wagners
an, welche zu jener Zeit gerade von einem anderen Vertreter der
Moderne — Gustav Mahler — an der Wiener Hofoper präsentiert
wurden. Bahr begeisterte sich, kaum aus gesundheitlicher Zerrüttung
genesen, nun an Wagners Mythen und verknüpfte mit ihrer kundigen
Inszenierung sein neu erlangtes Lebensgefühl. In Bayreuth, dessen
durch Cosmia beherrschtes Klima er zunächst skeptisch kommentierte,
und in der Privatloge Mahlers in Wien verfolgte der Schriftsteller
begeistert das Schicksal der männlichen Helden Richard Wagners,
Tristan oder Siegfried, mit denen er sich weitgehend identifizierte.

Als weibliche Heroine agierte damals die Sängerin Anna Mildenburg. Was Wunder, daß ihre persönliche Gestalt mit der mythischen in
den Augen des Entzückten verschmolz! Im September 1904 setzt die
Annäherung Hermann Bahrs — noch mit Rosa Jokl verheiratet — an
seine spätere Ehegefährtin ein: Die Tagebücher des Dichters sind
Zeugen begeisterter Idealisierung jener Frau, der er wenig später ein
Theaterstück mit dem beziehungsvollen Titel *Die Andere* widmete. An
der Sängerin Isoldens bewunderte Bahr ,,den tiefen Ton weltfremder
Verwunderung und weltbangen Entsetzens, den ich an der Paula Beer-

Hofmann so gern hab", als Elisabeth schien sie ihm eine Rosetti-Darstellung, „ganz Opfer", eine Fahrt mit dem Fiaker in regnerischem Wetter wurde zum Kraftakt der Walküre.[2]

Die Liebe zu der Künstlerin war der endgültige Wendepunkt in der schweren krisenhaften Erschütterung der beiden letzten Jahre. Am 31. Dezember 1904 konnte Hermann Bahr hoffnungsfroh den Zeitabschnitt als „annus mirabilis" bezeichnen: „Mit ein bißchen Angst vor Krankheit und einem ungeheuren Vertrauen auf meine Kraft, die aufgefordert ist, sich für das Höchste ganz einzusetzen, tret ich in das neue Jahr."[3]

1904

Heute, am 27. Juli, schreib ich nachträglich hier her: annus mirabilis. Das Jahr, wo das große Wunder geschah.

1. Jänner

Kalt. Dichter Nebel. Schlecht geschlafen. Schnupfen. Beklommenes Herz.

Beginne das Jahr damit, die Bilder der Eysoldt als Elektra, Hauptmanns und der Duncan aufzuhängen. Burckhard kommt heraus und fährt dann mit meiner Frau hinein. Aus Stifters Briefen, um den Sinn und den Ton in der Sanna zu treffen. III, 5 „Der Schmerz ist ein heiliger Engel und durch ihn sind Menschen größer geworden als durch alle Freuden der Welt." S. 6 sagt er, der Schlag, der seinen Freund betroffen, sei „ein Hebel zu seiner Erziehung", wie er denn alles propädeutisch umzudeuten liebt.

3. Jänner

Ich schlafe tief und traumlos, zwölf Stunden. Aber kaum erwacht, fühle ich sogleich wieder die leisen Schmerzen im Herzen, muß schnaufen und bin jeder Bewegung unfähig. Dazu der graue Nebel draußen, der nicht weichen will. Ich kann mich diesen Vormittag der Todesahnungen kaum wehren, die übrigens gar nicht furchtbar, sondern fast schmerzlich sind. Nachmittag kommt Fred aus Berlin. Gespräch über Reinhardts Leichtsinn; Freds Pläne bei der Neuen Freien.

---

[2] ABaM 70/1904, Skizzenbuch 3, (16.11., 3.12., 13.12.1904), 1838, 1864, 1874, Th. Die Rolle der Brünnhilde hat BAHR so kommentiert: „Ihr ‚Menschwerden‘ einer Göttin und daß sie dabei, je menschlicher desto schöner und froher wird, ist unvergleichlich." (ebenda (16.12.1904), 1876, Th.).

[3] Ebenda (31.12.1904).

4. Jänner

Nebel. Dr. Redlich, Beer-Hofmann kommen. Über meine Krankheit. Ich leide dieser Tage an einer wahren Schlafsucht, mit äußerster Erschöpfung, wenn ich nur durchs Zimmer gehe, atemlos, wenn ich über die kleine Stiege zum Telephon gehe.

Im Syndicus möchte ich das Wesen meines Vaters nachbilden, seine äußere Strenge bei großer Güte, fast Weichheit, die sich aber nur manchmal in einem leisen Zittern und einer seltsamen Heiserkeit seiner Stimme erzählt. Auch er hat mir doch einmal den Eindruck gemacht, als ob er an seiner so starr fest gehaltenen Sittsamkeit und Ehrbarkeit, des korrekten, nur der Pflicht geweihten Lebenswandels doch tief bei sich bisweilen zweifeln würde. Der Schulrat predigt nicht nur „Entsagung", sondern geradezu „Entbehrung", aus welcher die „Sehnsucht" entstehe, die die einzige den Menschen wirklich beglückende Kraft sei.

Diese Art von Kultur scheint mir ein Versuch, den Menschen in einer fortwährenden Täuschung über sich selbst zu erhalten, indem sie ihn lehrt, auf vorgehaltene glänzende Gegenstände hin, als Ehre, Tugend, Würde, von sich selbst, von seiner eigenen Natur weg zu blicken. „Das wollende Herz" darf das Leben nicht bestimmen. [...]

Die beiden jungen Menschen laufen sich wie durch Naturgewalt zu. Mit der österreichischen Hingebung an den unmittelbaren Eindruck schwärmen alle, besonders die Frauen, für das „schöne Paar", das die beiden geben würden, und kuppeln eigentlich alle ein bißchen, bis sie sich plötzlich, ohne einen anderen Grund als die österreichische Mißgunst, die hier immer die natürliche Reaktion auf jene erste Sympathie und mehr sinnliche als gemütliche Freude ist, ins Feindselige, Spöttische verwandeln. Wie Hebbel einmal von den Wienern sagt: „Die glatten Aale werden zu Schlangen."

6. Jänner

Schwindel, zeitweise fast unerträglich, zwingt mich im Bett zu bleiben. In den Pausen lese ich in Kuhs *Hebbel* und Keyserlings wundersam sanft erzählte, feine, nur mir mit ihren traumhaft promenierenden Gestalten doch zu wenig plastische Schloßgeschichte *Beate und Mareile*.

Fred kommt. Dann Salten, der von seiner zehnjährigen Tochter erzählt, die bei ihm nicht zu halten war, sondern durchaus ins Elend zu ihrer Mutter zurückzukommen verlangt hat.[1]

---

[1] Es handelt sich um die mit Lotte GLAS gezeugte uneheliche Tochter SALTENS. Felix SALTEN war seit dem Jahre 1902 mit der Schauspielerin Ottilie METZEL verheiratet.

8. Jänner

Hebbel sagt (von Kuh zitiert, I 4/7): „Am unglücklichsten ist der Mensch, wenn er durch seine geistigen Kräfte und Anlagen mit dem Höchsten zusammenhängt und durch seine Lebensstellung mit dem Niedrigsten verknüpft wird."

Auf mich anzuwenden, den sein Geist mit dem Höchsten der jetzigen Kultur verbindet, aber der journalistische Beruf mit schmutzigen neidischen Idioten in einen Stall pfercht. Es gilt aber von jedem in Österreich, der es unternimmt, sich in diesem zurückgehaltenen asiatischen Land edlere und freiere Regungen zu erlauben.

Bei Dr. Redlich, mit Burckhard.

12. Jänner

Beers, Hugo, Gerty, Hans, Redlich, Salten, Trebitsch bei mir. Scherzweise und doch wieder ernst übergebe ich Österreich dem Salten.

14. Jänner

Nach Radolfszell und von hier mit Wagen nach Marbach. Ein Dr. Kettner empfängt mich, weist mir das Zimmer an und nimmt das Schreiben Musgers an Dr. Hornung entgegen.

15. Jänner

Dr. Kettner untersucht mich. Röntgendurchleuchtung. Findet alles, wie Ortner es in seinem Brief angegeben hat. Soll elektrisch gebadet, soll massiert werden, auf dem Zimmer essen, drei Mal täglich für fünf Minuten in die frische Luft. Nachmittag eine unbeschreibliche seelische Depression, mit Heimweh und völliger Verzweiflung. Das elektrische Bad tut mir gut und unmittelbar darauf im Gespräch mit dem Doktor bin ich ganz heiter; er erzählt von Bierbaum und Hartleben.

20. Jänner

Ich ziehe in ein Zimmer auf den See hinaus, um, dessen stille graue Masse von unten angeschneiten, oben waldig hinlaufenden Hügeln, von meinem Erker zu überblicken, groß und ernst wirkt. Immer wichtiger wird mir, den Amtmann recht streng, verschlossen, unbeugsam zu machen — er darf nicht der Hofrat aus dem *Franzl* werden, an welchem dann der Ausbruch im letzten Akt nur eine Hysterie wäre, während hier ein sein ganzes Leben hindurch durch den Glanz einer Lehre, die er nun für falsch erlebt hat, getäuschter und ewig hingehaltener Mann eine furchtbare Abrechnung macht. Eine schwere, eine wortlose, eine Bauernnatur, gerade darum wehrlos gegen die städtische Kultur, die sie auf gut Glauben, als ein höheres und unantastbares Wesen, hinnimmt. Wenn ich dabei in allem Äußeren stark an meinen Vater denke, mit dem die Gestalt ja auch manche innere Beziehungen hat, so wird sie dadurch auch Sauer angenähert, der sie ja doch wird spielen müssen.

23. Jänner

Trübe, draußen und innen. Briefe an Redlich und Burckhard.

Der Alte müßte was Schweres, Glotzendes, Stieres haben, das man hinter der glitzernden Brille mehr nur ahnt. Sein Vater, eines Bauernknechts Sohn aus dem Mühlviertel, war Bedienter bei einem Kanonikus, dessen „Nichte" er heiratet. Der Sohn hat nun die Bauerndumpfheit, die alles in sich hineinwürgt und sich niemandem aufschließen will; dazu das tiefe bäurische Mißtrauen; aber wieder ehrliches Bemühen, „besser" zu werden, sich abzulegen, städtisch (zu welchem Wesen er doch mit Verehrung hinaufsieht, schon weil sich für ihn Städter, Priester, Kaiser, das alles ziemlich berühren) sich zu bilden. Wehe aber, wenn er in seinem Vertrauen wanken würde! Wenn das alte Mißtrauen aufgereizt würde!

Nun ist er gegen sein eigenes Gefühl mit der Bettl zu hart gewesen. Das frißt an ihm und wie er sie so still leiden sieht, ists ihm ein ewiger Vorwurf. *Auch erschrickt er oft über die allmähliche Verwandlung, Verbitterung, Verbösung seiner Frau, die er doch ganz anders gekannt hat.*

24. Jänner

Fahre im Schlitten aus, nach Wangen und Oberstaad, mit dem alten Kloster Öhningen.

Ich sehe deutlich im 5. Akt den Alten, der im Schmerz förmlich größer geworden zu sein scheint, zwischen den Kondolanten *torkeln*, nur immer aufstöhnen, wenn jemand etwas sagt, und ganz sinnlos plötzlich einem danken (Danke sehr! Danke vielmals! Und schüttelt ihm die Hand). Er will eigentlich nur durch das Zimmer, um wieder zur Toten zu gehen, wird aber von seiner Frau zurückgehalten, vergißt dann ganz, erinnert sich plötzlich mit einer unendlich schmerzhaften Gebärde um die Augen nach dem Totenzimmer hin, wird wieder angesprochen, vergißt wieder, torkelt herum, ganz mit der Sinnlosigkeit und Ratlosigkeit eines Betrunkenen, indem er auf einmal gedankenlos eine der jungen Damen (Schulfreundinnen der Sanna) an einem Bande zupft, damit spielt, dazu lacht, von seiner Frau verwarnt wird.

Dabei wiederholt er immer einen abgerissenen Satz: „Wenn sie mir nämlich gesagt hätte, wie ich in der Nacht noch einmal herausgekommen bin ... wenn sie nämlich nur gesagt hätte ... (sieht einen Eintretenden, begrüßt ihn, weint und fährt nach fünf Minuten wieder fort), wenn sie nur gesagt hätte ... nur gesagt hätte. Nicht wahr, Mathilde?" Bis dann jemand sagt: „Unerforschlich sind die Ratschlüsse" — wo er ganz trocken bemerkt: „Sie ist ja von uns ermordet worden!"

Dann noch Steigerung, wie der alte Hofrat kommt, gegen den er zum ersten Mal im Leben aufmuckt: „Ihr seid jämmerlich mit Eurer Weisheit. — Daß der Mensch lebt, lebt — begreifst du: lebt, darauf allein kommt es an."

25. Jänner

Nebel. Mir ist wieder schlechter als die letzten Tage.

Lese viel in Mauthners *Sprachkritik*, lese dazu auch Stellen in Jodls *Psychologie* und bei Gomperz. Mauthner, der wohl auch seine Kritik für neuer und eigener hält als sie im Grund ist, sieht die Sprache (wie er sie ja als ein „soziales Produkt" nimmt) nur in ihrer sozialen Bedeutung an, die sie ja sicherlich hat, aber sie ist nicht bloß ein „Mittel der Verständigung oder der Mitteilung", sondern ebenso ein Mittel der Explosion, der Eröffnung, der Entleerung, die, ohne Rücksicht und Absicht auf die anderen, nein, aus individuellem Bedürfnis, aus Rhythmus, der über den Körper hinausflutet, geschieht. Alles, was Mauthner gegen die Sprache sagt, gilt, insofern sie Verkehrsmittel ist. Er vergißt aber ihre große subjektive Wahrheit, als Strom oder Gas aus dem Menschen. Unbegreiflich ist mir, daß Mauthner ein sprachloses Denken nicht zu kennen scheint.

26. Jänner

Der nette Dr. Kettner, mit seiner ewigen Angst, eine Schrumpfniere zu haben, seiner Wut auf die radikalen Abstinenzler, seinem Behagen am Dasein. Gewiß ist er mit seiner Entschiedenheit in den opinions très arretées — „das darf man und das nicht" „das ist gut und das ist böse" — eigentlich ein Philister. Aber gerade in dem Mangel solcher sehr tüchtiger, durchaus gebildeter, lebensernster Philister sehe ich doch das eigentliche österreichische Unglück, vielleicht das katholische Unglück — Dreyfus-Sachen sind bei solchen Philistern nicht möglich, sie würden über das „Man kann doch einen nicht unschuldig verurteilen" einfach niemals hinaus kommen.

27. Jänner

Dichter Nebel. Reif. Wunderschön zu sehen, wie die blasse Sonne gegen den Nebel ringt.

Will an Blei schreiben, ob wir nichts für den „Simplicissimus" tun könnten, gegen den jetzt in ganz Deutschland getrieben wird. Neulich im *Tag* ein Herr von Rüts. Und jetzt bringt der *Tag* von einem Professor von Julius von Pflugk-Hartung einen Aufsatz *Eine trübselige Literatur* (nämlich die Sadisten und Masochisten — Bücher), der auch schlankweg nach der Polizei ruft.

30. Jänner

Früh ist der Nebel so schwer und dick, daß ich, meine dreißig Minuten, die mir jetzt schon erlaubt sind, abgehend, nicht zehn Schritte weit gehe und wie im Dampf wandere. Dabei wirds warm und nach dem Essen bricht plötzlich die Sonne durch, es taut, die Fichten ergrünen, der Himmel erscheint, den wir seit Tagen nicht gesehen, und diese ganze Kugel von Nebel legt sich jetzt auf das Wasser, das, während rings der schönste Tag ist, nach etwa einer Stunde unter einer dichten grauen Wolke, die sich herabgesenkt hat, unsichtbar bleibt.

1. Februar

In Schnitzlers *Einsamer Weg* wird von einem Künstler gesagt, es sei sein Unglück, daß „er sich auch in seinen Arbeiten sozusagen nur vorübergehend aufhielt".[2] Gilt von mir.

Im Februarheft der *Neuen Rundschau* spricht Kerr über den *Meister*. Ihn ärgert an mir (worin er recht hat), daß meine plastische Kraft meinen geistigen Intentionen nicht gewachsen ist. Er sagt das nie ausdrücklich gegen mich, auch hier nicht, er weiß vielleicht selbst gar nicht, daß es im Grunde nur dies ist, was er gegen mich hat. Dazu kommt freilich noch (worin er nun gar nicht recht hat), daß er alles in Berliner Ton vorgetragen wünscht und mir meinen österreichischen so wenig verzeihen kann als den Franzosen ihren.

Conrad Ferdinand Meyer sagt von seiner Mutter, sie sei „heiteren Geistes, traurigen Herzens" gewesen, was mich so merkwürdig berührt, weil man doch das Wesen meiner Mutter gar nicht besser schildern

---

[2] SCHNITZLERS 1902 entworfene Schauspiel „Der einsame Weg" wurde am 13. Februar 1904 in Max REINHARDTS Deutschem Theater in Berlin uraufgeführt.

könnte ... und auch mein eigenes kaum, das so wenige verstehen.
Gelegentlich zu lesen *C. F. Meyer. In der Erinnerung seiner Schwester
Betsy Meyer*, Berlin 1903, in welchem das Pathologische seiner Begabung gut herauszukommen scheint. Vielleicht ließe sich einmal an
Grillparzers Tagebüchern vor diesem Werk wieder das furchtbare
Leiden zeigen, mit dem die „poetische Stimmung" bezahlt wird.
    Sanna. Über die Mutter nachgedacht ... Am besten sie anfangs
lange zurückzuhalten, sodaß man sozusagen nur den um diese Figur
schwebenden Rauch und Dampf, nicht aber eigentlich ihre Züge
gewahrt. Monoton, grau. (Ich denke mir sie auch groß, hager, mit
schweren Knochen; etwas Fatales in allem). Dann, nachdem sie einem
lange nur unheimlich gewesen ist, sagt sie plötzlich etwas, das die Türe
zur Vergangenheit aufmacht. Etwa: „Mir wär es auch lieber, es ging in
der Welt freundlicher zu."
    Ja nicht keifen. Herrisch, unbeugsam. Detail: Sie verträgt Berührun-
gen, für sie gleich ein Stoß, nicht, auch von ihren Kindern nicht; die
körperliche Nähe eines Menschen beklemmt sie. Manchmal muß sie
eine halbe Stunde liegen und schlafen; unwiderstehliches Bedürfnis. Die
Kinder glauben auch, daß sie es weiß, wenn sie sich was Ungehorsames
denken.

2. Februar

Grau. Schlecht geschlafen.
    Sanna. Ich sehe die Alte (die ja schließlich auch ohne Namen bleiben
kann) also schweigsam, verschlossen, drohend, und von einer fast
tragischen Müdigkeit; manchmal, wenns dämmert, wie einen blinden
alten Adler im Käfig sitzen. Ich erinner' mich der alten Frau Reil in
Schliersee. Der Vater sieht ein, was es mit ihr ist, und sagts dann auch
einmal zu Sanna, in der großen Szene: „Sie kanns nicht sagen, wenn ihr
was weh tut. Das hat sie nie können. Immer würgt sie's nur so in sich
hinein und ... erstickt fast."
    Dieses Nicht-sprechen-Können und eine wahre Leidenschaft, alles
bei sich allein abzutun, den anderen nie zu zeigen, wie schwer es ihr wird,
sondern sich vor ihnen hinter einer ehernen Maske von Ruhe, Gleichgül-
tigkeit, Ernst verwahren — das macht, daß ihr die Kinder fremd, wenn
nicht gar feindlich geworden sind.

4. Februar

Der Blick, gestern nachts, in den Mondzauber des Sees war wunderschön. Nach einer d'Arsonvalisation (man steht in einer Art Hühnerstei-
ge und ist so elektrisch umflossen, daß, nimmt man um den Hals einen

Kranz, das Kügelchen daran zu leuchen beginnt) etwas besser, aber auch nicht gut geschlafen.

Sanna. Will heute einmal einige Grundhaltungen notieren. Also Bettl: mit gesunkenen Händen in den Schoß, vorgebeugt. Die Alte dagegen pflegt, wenn sie zuhörend sitzt, den Kopf nach hinten ins Genick zu drücken, wobei die Zähne zusammengebissen werden, der Hals anschwillt, die Augen fest geschlossen sind, kaum blinzeln. Der Vater steht, die Arme vorgestreckt herabhängend, in einer vortragenden Haltung oder wie ein großer Subalterner neben einem sehr kleinen Vorstand geht, mit dem Gefühl, für seine Bedeutung zu groß auszusehen.

13. Februar

Um 7 Uhr 15 mit dem Dampfer nach Lindau und Bregenz. Es ist noch Nacht, wie mich der Portier zum Schiff führt. Die Bäume des Stadtgartens, durch den wir gehen, die Umrisse der Häuser im Nebel geheimnisvoll. Im Hafen ahnt man, daß ein schöner Tag wird. Über den tief schwarzen Strichen am Rande des Horizonts wirds oben heller. Gaslicht, elektrisches, grünes und rotes von den Schiffen und von der Bahn, alles in weißgrauen Nebel gehüllt, die Uhr der Station und noch eine andere Uhr wie Monde hängend. Die schmale Sichel des Mondes, der Morgenstern. Plötzlich violettes und rotes Zucken und sogleich ist es Tag, die Nebel fallen, alles glänzt.

Auf der Fahrt über den See fast warm. Seltsam dann später auf dem Arlberg, wieder in dichten Schnee zu kommen. Abends mit Kranewitter.

15. Februar

Ankunft in Abbazia. Umwölkt. Aber der Blick im Herabfahren von Mattaglia! Nachmittag Blumencorso, Faschingszug. Lustig, nett. Die Leute trauen sich nicht recht. Nicht elegant. Alles riecht nach Golasch. Gehe mit Fritz Kautsky spazieren.

29. Februar

Die kroatischen Berge schimmern schneeig durch das Grau. Bitterkalt. Nach den Wiener Zeitungen scheint der *Meister* Samstag in München gefallen zu haben. [...] Im Wiener *Figaro* finde ich heute eine höhnische Bemerkung: „Da Hermann Bahr leidend ist, gibt es kein Theater, keine Literatur und keine Kunst." In Briefen aus Wien, so neulich von Jarno, wird mir dasselbe ganz ernsthaft gesagt.

2. März

Um fünf Uhr früh im Finstern zur Station, über Sankt Peter an Schnee vorbei nach Triest. Mit Salten. Im Lloyd. Nach Capo d'Istria. Nach Miramare. Wunderschön. Warm. Abends um $^1/_2$ 10 die Fahrt von Mattaglia im Mondenschein wunderbar.

5. März

Nachmittag Fahrt nach Salona. Riesig netter, hündisch besorgter Kutscher. Ebenso dort der Kustode. Diese Kroaten scheinen die Rasse der „treuen Diener". [...]
Auf der Rückfahrt ein Romanzyklus: Die sieben Städte (Salzburg, Spalato, Krakau, Prag und ?) Thema: Wie in diesem Lande jedes Talent zu Grunde geht. Wie eine schwache Gegenwart unfähig ist, sich einer großen Vergangenheit zu erwehren, der sie doch nie gleichen kann. Immer müßte ein sehr starkes Hereinspielen der prachtvollen, die schale Gegenwart erdrückenden Vergangenheit sein. [...]
Ich weiß nicht, warum mir jetzt täglich einmal einfällt, man müßte endlich gegen die blinde Verhimmlung Anzengrubers einmal schreiben. Wie dumm seine Romane sind.

9. März

Nach Cattaro. Mit den Wärndorfers zurück.

11. März

Nach Trebinje. Die türkischen Buben. Der kleine Fanatiker, der so rasend über unseren Führer wird, weil er uns in eine Moschee läßt. Wie der Führer Frau Wärndorfer erschrocken zurück reißt, weil sie den Teppich betreten will. Den Wärndorfers werden die Kodaks konfisziert.
Zurück im Regen.

15. März

Mit der Galicia bei wunderbar warmem Wetter fort. Wunderschön, wie Pirano und Rovigno vorübergleiten, dazwischen seltsame Dörfer, ganz aus Stein und scheinbar menschenlos, wie verlassen. Der Leuchtturm auf dem Serglio vor dem Promontor. Brennend rot sinkt die Sonne, eine Mauer von Dunst durchbrechend, ins Meer. Dann sehr kalt.
Auf dem Schiff Furtwängler, schlank, sehnig, elastisch, ein nervöses lebendiges Gesicht mit kurzem borstigen angegrauten Schnurrbart,

zerzausten braunen Haaren, buschigen, schräg gestellten Brauen, die was Drohendes haben (Nietzsche), sehr hellen frischen blauen Augen. Er rennt mit einem jungen Philologen im Eilschritt hin und her, die Hände auf dem Rücken, durch das Sehnige der ganzen Erscheinung und einen Drang nach aufwärts mich an Steger in Salzburg erinnernd. Ein Architekt, mit goldbraunen langen Haaren und Spitzbart, aus Wien, sehr gutmütig, anscheinend unerlaubt dumm. Zwei junge Griechinnen, mit dunklem Teint, die Stirne direkt gelb, wozu die vom Wind geröteten Wangen gut wirken: prachtvolle tiefschwarze fast blaue Haare, leicht gewellt und gekraust. Das Griechische klingt singend, überraschend hell, zwitschernd.

19. März

Um sieben auf. Wir sind schon im Golf von Athen, links erscheint Aigina, bald Salamis. Wir suchen die Akropolis, und ich rufe plötzlich in einem Atem mit dem Dr. Sitte:[3] Salzburg! Was uns daran erinnert, ist freilich nicht so sehr die Akropolis als der Lykabettos mit der Kapelle zum Heiligen Georg, der hier das Land zu beherrschen scheint, während die Akropolis zu seinen Füßen liegt.

Windig. Kühl. Bewölkt. Auf dem Piräus über Phaleron an dem schön gelegenen, aber noch ganz öden Hotel Aktaion vorbei, dann immer angesichts der Akropolis ins Hôtel d'Angleterre.

22. März

Nationalmuseum. Im Saal der Grabreliefs. Zuerst gibt man dem Toten die Maske (auf Gesicht und Brust), die vor allem wohl schützen, dann aber auch sein Bild bewahren soll. Dieser Absicht gehen die ältesten Stelen unsentimental nach: Sie greifen die Persönlichkeit in ihrer unmittelbaren Gegenwart auf. Später, beim handwerksmäßigen Betrieb, verschwinden die individuellen Züge, es wird nur das Alter und der Stand charakterisiert. [. . .]

Die eigentlich „klassischen" Werke, also der Parthenonfries, ebenso die Reproduktion der Athene Parthenos des Phidias (im V. Saal des Nationalmuseums, freilich aus römischer Zeit und im kleinen, daran sehr hübsch, wie die Schlange am Knauf des Schildes den Kopf auflegt, ausruhend, wie Hunde oft tun) lassen mich noch immer kalt. Die „Weichheit und Freiheit der Körperformen", die der attischen Kunst des 4. Jahrhunderts angerühmt wird, wirkt auf mich häßlich manieriert und ich finde, daß das Charakteristische verloren geht.

---

[3] Mit BAHR reisten der Archäologe Adolf FURTWÄNGLER und der Kunsthistoriker Heinrich SITTE.

23. März

Ich schlief gestern, noch ein wenig im *Ödipus* lesend, ruhig ein, um nach
anderthalb Stunden plötzlich zu erwachen; zuerst im Glauben, durch
einen Stoß aus dem Bette meiner Schiffskabine zu fliegen, dann mich
besinnend, wo ich war, an ein Erdbeben denkend, endlich mich
sorgfältig absuchend, ob mich nicht der Schlag getroffen hätte. Dabei
brennt es wie Feuer in meinen Adern. Schlief schwer wieder ein und bin
jetzt mit heftigem Schwindel erwacht.
        Nachmittag auf der Akropolis. Bei den Koren. Am Belvedere. Wie
die Sonne gelbrot, rechts von Salamis, über Akrokorinth sinkt!
        Die Statue hat der Grieche offenbar nie für sich, als ein durch sich
allein wirkendes Kunstwerk gekannt, sondern nur dekorativ. Sie steht ja
auch meist so hoch, daß ihr Detail gar nicht wirken kann.

24. März

Ins Museum, Saal der Athene. Das berühmte *Eleusinische Relief* läßt
mich kalt, ich kann es nur wieder als ein Beispiel anführen, wie wichtig
dem Athener des 5. Jahrhunderts die „Ruhe" war, die der zittrigen,
nervös ausschlagenden Rasse offenbar unendlich schwer wurde und nur
ganz langsam, indem sie immer wieder von der Kunst als le fin du fin
gepriesen erschien, eingeschmeichelt und abgelistet werden konnte. [...]
        Es wäre zu schildern, wie die Kunst vom Idol, das kaum erst eine
kindisch unbeholfene Anschauung der Verhältnisse des menschlichen
Körpers hat, diese aber mit großer Treue und Innigkeit darstellt (die
arkadischen Sitzfiguren, das Idol der Nikandre), in den Apollofiguren
zu immer größerer Freiheit, allmählich sogar zum blitzartig erscheinen-
den Ausdruck des Geistigen gelangt, was in der Stele des Aristion, Ende
des 6. Jahrhunderts, klassisch vollendet ist. Diese Entwicklung reißt ab,
Perikles = Pheidias haben einen entweder dekorativen oder propädeu-
tischen (cortegiano) Begriff der Kunst. Gesamtkunstwerk. Das reißt
wieder ab, der sentimentale Künstler tritt auf, mit ihm bald der
erotische. Aber zugleich oder bald darauf, Damophon, wieder, freilich
gewaltsam, zum großen alten Kunstbegriff zurück.
        Während ich dies notiere, zwitschern Schulmädeln um mich, die von
ihren Lehrerinnen geführt werden; kichernd und gedankenlos, immerhin noch lieber als jene norddeutschen Express-Passanten: „Sieh mal
das famose Kapitel", und schon draußen; denn er will auch noch die
Akropolis „machen". [...]
        Als geschlossen wird, langsam herunter, noch Schritt für Schritt den
wunderbaren Frieden und Nachglanz der Sonne genießend, ein unendliches Wohlsein in allen Nerven, noch inniger genießend, weil ich weiß,
daß es trügerisch ist und gleich wieder entweichen wird. Aber wenn ich

nur noch ein paar solche Stunden haben darf! Sie sind mit nichts zu teuer bezahlt. Indem ich dies jetzt im Hotel, nach dem Essen, notiere, plagt mich auch schon wieder der Schwindel, der mich seit gestern früh, besonders im Zimmer, ärgerlich quält.

25. März

Schön. Schlecht geschlafen. Immer von Schwindel gequält. Soll ich nach Konstantinopel? Ich kann mich aus dieser reinen attischen Stimmung kaum losreißen. [...]

Nach dem Essen wieder ein Anfall, wie ich ihn jetzt habe, von zitterndem Wohlsein (ich versteh jetzt erst Nietzsche) mit starkem Schwindel und indem sich, wie man von Ertrinkenden erzählt, alle großen Momente meines Lebens rapid, als Figuren in ein Relief zusammengedrängt, plastisch sichtbar vor mir zeigen (besonders immer die Eysoldt, auf und ab einem Panther gleich schleichend). [...]

An den Koren das Gesetz der attischen Plastik deutlich, nichts zweimal auszudrücken. Da ihre Haltung, wie sie die Körbe tragen, und ihr freies Schreiten so heiter und froh ist, imaginieren wir ihnen unendlich liebenswürdige und frohe Mienen, während ihre (in der Nähe sieht man es erstaunt) ganz leer sind. So schien die Eysoldt, hin und her schleichend, während ihr Gesicht sich nicht regte, höchstes Entsetzen zu blicken, was uns nur durch die Bewegung des Körpers suggeriert war.

27. März

Vor Perikles hat gewiß kein Künstler je an die Wirkung gedacht. „Das ist schön", fiel ihnen zu sagen gar nicht ein. Nur „richtig" wollten sie es machen, das „Idol" richtig erfassen. Perikles begriff erst die Beziehung zwischen dem, was der Mensch ist, und dem, was er sieht. Daß wir uns formen nach dem Bilde, das wir uns machen. Sich ein Volk so zu schaffen, wie er es brauchte, in direktem Bruch mit der ganzen Vergangenheit, das war seine geniale Konzeption. Aristoteles ist ganz in ihr befangen.

Einzig. Er hat dadurch die Kunst in eine Höhe gebracht, die sie seitdem nie mehr haben kann. Aber eben dadurch wurde er der größte Korrupteur der Kunst: Denn der Künstler sah, daß man ein Werk — nicht bloß von innen, nach seinen wesentlichen Forderungen — sondern auch von außen, nach seiner Wirkung hin, ansehen könnte. [...]

Aber meine ganze Auffassung des Perikles ruht auf der verstörten, ins Innere getriebenen Phantasie der Griechen vor ihm, die er zu beschwichtigen sucht. Es muß einmal etwas Entsetzliches den Griechen geschehen sein, von dessen Erinnerung sie nicht mehr los konnten. *Aber was?* — Ein epileptisches Volk würde ich sie nennen.

28. März

Die Leute machen alle den besten Eindruck. Rechnet man das ewige Politisieren ab. Daß doch solche, einst kultiviert gewesene, dann herabgesunkene Nationen, wie Griechen oder Österreicher, die „Schuld" in den Einrichtungen suchen, statt in den Menschen, und durch Gesetze heilen wollen, was es nur aus ihrem eigenen Sinne wäre.

29. März

Klub der Erlöser.

Athene, wird erzählt, blies einige Zeit gern die Flöte, ihrer süßen Töne froh, bis sie, gewahr, wie sie dabei, unwillkürlich den Mund verziehend, um die Lippen häßlich wurde, das ihrer Schönheit verderbliche Instrument mit Ekel und Entsetzen von sich warf. Lieber wollte sie stumm als unschön sein. Seitdem blieb die Flöte verachtet, was auch durch den süß blasenden Marsyas ausgedrückt wird, an dem man sieht (Sie kennen vielleicht des Praxiteles Relief von Mantinea), wie häßlich es macht, Schönes zu schaffen.[4]

Alle geistigen Bemühungen entstellen den Menschen. Das Denken gräbt schwarze Furchen ins Antlitz. Edle Empfindungen, deren wir uns rühmen, verziehen die Linien unserer Mienen. [...] Allen Statuen der guten Zeit sieht man die Angst an, durch Ausdruck, durch geistige Bewegung häßlich zu werden (an Schönheit zu leiden). Deshalb bedeckte sich der Schauspieler mit einer Maske, weil ihm sein Antlitz zu wert war, es durch Leidenschaft zu verheeren.

Ich aber, ein verwettertes Komödiantengesicht, stumpf, plattgedrückt, wie ein rasierter Pan. [...] Meine Tragik ist, daß ich nicht schön sein kann. Aber ich bin doch einer, der weiß. Und sind erst mehr, die wissen, so werden wir in unseren Umarmungen eine solche Schönheit in die Lenden unserer Weiber graben, daß davon ein neues Geschlecht der Schönheit geboren wird.

Diese Gedanken wären auch in einem Aufsatz *Marsyas oder die Verachtung des Geistes* darzulegen, der mit der Verachtung der Künstler, nach Ubell im Praxiteles, zu beginnen hätte und dessen Höhe ein Lob der geistlosen Mienen wäre, die ich so lange nicht begriffen habe.[5]
[...]

---

[4] Nach der Überlieferung findet der Satyr Marsyas die von Athene weggeworfene Flöte und läßt sich auf einen musikalischen Wettstreit mit Apollon ein, wobei der Besiegte dem Sieger bedingungslos ausgeliefert sein soll. Apollon siegt mit der Kithara, läßt Marsyas am Baum aufhängen und ihm die Haut abziehen. Vgl. Robert POLT, Hermann Bahr. Dialog vom Marsyas, Phil. Diss., Wien 1938.

[5] Vgl. Hermann UBELL, Praxiteles, Berlin 1903.

Abends. *Zum Klub der Erlöser.* Wo er von den neuen Griechen spricht: Ich sehe sie schon kommen — Couplet auf die Amerikanerin, in freier Luft aufgewachsen, von der Sonne gebräunt, im Sattel geübt, auf den hohen Bergen sehnig gegangen, in kalten Bädern straff geduscht, auf festen Füßen ihn detaillierend! [...]

Während ich après dîner, in dem lieben, rot geteppichten Saal, beim Geräusch der leisen Tropfen ins Bassin der Goldfische Homer lese, kommt die Post: ein von Ragusa nachgeschickter lieber Brief der Gerty, daß Hugos Mama operiert werden muß, und einer aus Wien meiner Frau vom 23., daß sie gestorben ist. Tief bewegt.

30. März

Die alles furchtbar vergrößernde Phantasie der tragischen Porosmenschen.

Fraglich ist mir nur: Was ist zwischen den homerischen, naiven sinnlichen, ganz untragischen, lebensfrohen Plein-air-Menschen und den verstörten, von Phantasie zermarterten, tragischen, religiösen, von innen heraus lebenden Menschen der Poroszeit geschehen? Wodurch sind sie aufgescheucht und ins Innere gejagt worden? Ich denke, daß vor allem die eingesperrten Weiber hysterisch wurden. Wann tritt der Wechsel in der Stellung der Frau ein, die bei Homer doch viel freier war?

Das Höchste aller griechischen Kultur: an die Geheimnisse nicht zu denken und mit dem Unerforschlichen sich nicht zu quälen.

31. März

Der im *Klub der Erlöser*, für den ich noch immer keinen Namen habe, unterscheidet die Menschen in solche, welche schön sind (oder, noch besser, es bewußt sind, es darstellen), solche, welche, um sich zu entschuldigen, daß sie häßlich sind, und gewissermaßen Lösegeld zu bieten, Schönes hervorzubringen, und solche, welche sich aus dem Leben gedrückt und fortgeschlichen haben und nun vom anderen Ufer, neugierig, aber sich sicher fühlend, herüberblicken, die Zuschauer, die Genießer, die dilettanti.[6]

Perikles wußte, daß ruhiges Schön-Sein, Schwänen gleich, die höchste Lust ist. Antipoden, ja die beiden Enden der Welt: Perikles und der absolute Zuschauer Goethe. Dazwischen Shakespeare als Schöpfer (der aber weiß, daß es nur ein Surrogat ist, daß er hinter jedem eleganten

---

[6] BAHRS Groteske „Der Klub der Erlöser" stellt den Karrikaturisten Gall vor, einen ständig von einem jungen Mädchen begleiteten Zyniker. Vgl. Hermann BAHR, Grotesken. Der Klub der Erlöser. Der Faun. Die tiefe Natur, Wien 1907.

Lord zurücksteht, und der sich deshalb bescheiden ins Dunkel drückt).
Perikles als Schüler der Landschaft und der Frauen.

Im Nationalmuseum. Treffe im mykenischen Saal Walther und Dr. Sitte, dem ich gleich meine Frage vorlege: Bruch in der griechischen Gesinnung? Er meint, die Menschen der mykenischen Kultur seien auch Griechen gewesen (die dort gefundenen Töpfe gleichen schon ganz denen der Dipylonkultur, während in der semitischen Kunst sich nirgends ein Analogon findet). Die Verschiebungen, die uns als die Wanderungen verschiedener Stämme berichtet werden, wären vielmehr soziale Verschiebungen gewesen, ein allmähliches (furchtbar blutiges) Heraufkommen der Knechte zur Macht.

Meine „verstörte Phantasie der tragischen Griechen" wäre also Stammeserinnerung an erlittene Schmach, zugefügtes Leid, begangenes Unrecht heftiger Schandtat, wäre Sklavengesinnung, die der eroberten Freiheit noch nicht sicher werden will, die immer noch ängstlich aus dem Schlaf auffährt, die die Peitsche nicht vergessen kann. Perikles, wenn er in allen seinen Werken wiederholt: Ihr müßte euer inneres Leben vergessen lernen! will damit sagen: Ihr müßt endlich vergessen, daß ihr Sklaven wart, ihr müßt euch endlich als Herren fühlen!

1. April

Würde mir gegeben, ein Zehntel davon auszusprechen und darzustellen, nur anzudeuten, was ich hier täglich, so gehend oder schauend mit Gewißheit spüre, so müßte ich zu den paar ganz großen Autoren der Zeit gerechnet werden.

Um neun im Mond auf die Akropolis. [...] Als ich ankomme, tritt der Mond aus einer dünnen schwärzlichen Wolke schon halb hervor. Als ich im Dunkel der südlichen Halle der Propyläen lehne, ergießt er sich silbern auf den Tempel der Stille, dessen Säulen wie geronnene Mondstrahlen wirken, die gleich wieder zerfließen und verhuschen werden. [...] Im Vorübergehen höre ich von vier lauten Wienern, die dort lehnen und lungern, einen sagen: „I sag ja nöt, daß dös net hübsch is. Mir gfallts ganz gut. Aber im Mondschein is an alte Ritterburg grad so hübsch." O unsterblicher Pötzl!

3. April

Wieder die Entwicklungen „Apoll" und „Nike" betrachtend, möchte ich fast sagen: „Alles ist nur schön, wenn es zum ersten Mal geschieht, wenn es gefunden wird" (der, der zum ersten Mal den Bauchmuskel ahnt). Wie es geläufig wird, hat es keinen Reiz mehr. Um es erträglich zu machen, erschwert es sich der Künstler dann künstlich und, indem er so zur Bravour gerät, wird er gar unausstehlich. [...]

Lob der Amerikanerin. Wie Miss Harrison täglich im Museum sitzt. Was mir Furtwängler über ihre Freude an Vasen erzählt. Dabei graziös, lustig, kokett, gut gebadet, mit ausgeturntem Körper, schön im Schreiten wie Artemis. Sie haben die höchste Bildung, die unserer Zeit gegönnt ist (die Statuen verkündigen eine höhere): das Leben zu genießen, ob es sich als Goldfischl oder als Gletscher oder Statue zeigt. Wunderhübsch angezogen: nämlich für sich; man sieht, daß es ihnen Spaß macht.

4. April

Fast mit Tränen fort ... Leise, fast körperlich schmerzende Sehnsucht nach Athen zurück.

8. April

Kommen in Triest um eins an. Um halb sechs nach Venedig, Albergo Centrale Vapore, wo ich um zehn mit der Gondel lande.

9. April

Wunderschöner warmer Tag. Verderbe mir den ganzen Vormittag mit einer tollen Sehnsucht nach Athen zurück, da hier alles protzig, unelegant und schäbig vorkommt. Ärger mich über mich, nützt nichts. Erst nachmittag am Lido draußen, zwei Stunden im Sand watend (dann zum alten jüdischen Friedhof und über die giardini zurück) wurde ich ausgesöhnt und sitz jetzt vergnügt bei Florian, mich am Gold der Markuskirche freuend. [...]
Hans getroffen. Mit ihm in der Città de Firenze gegessen. Auf der Piazza hin und her. Langes Gespräch über Hugo, seine Krisen und die doch eigentlich für uns, die ihn zu kennen glauben, seiner wahren eher kühlen und unbeweglichen Natur ganz fremde Welt seiner Gestalten.

10. April

In der Akademie. Mein leiser Widerwille gegen alles, was hier ist und das alles hurenhaft auf mich wirkt, kommt doch daher, daß diese Stadt und diese Kunst von schwachen christlichen Menschen ist, in welchen, weil sie schuldbewußt sind und Angst haben, unausrottbar steckt, daß sie gefallen wollen oder doch wenigstens daran denken, wie sie wirken, ein guter griechischer Zeit unfaßbarer Gedanken, die sich hin stellt mit unbedingtem Glauben an sich selbst und unbedingter Freude an sich selbst, unbekümmert, was je irgend ein anderer sagen möchte.

Bei Hans im Atelier. Sein Modell erinnert mich etwas an Sevillane-rinnen, nur daß hier die Anmut viel bettelhafter und aller Charakter aus ihr gewichen ist. Immer denk ich an die mykenische Kultur, vielleicht die einzige, die noch ganz unschuldig ihre Freude so zu sein genoß, ohne nur zu ahnen, daß man anders sein könnte, als man ist, anders sein wollen könnte oder gar, für sie rätselhaftes Wort, anders sein sollen könnte. An jenem gelassenen Stolz kommt mir hier alles tingeltangelhaft schäbig zudringlich und sich kupplerisch anbietend vor. [...] Das Verhältnis zum Lebensgenuß: griechisch als das Recht, ja die Bestimmung des Menschen, der umso mehr wert ist, als er sich vom Leben und von seinen Gütern anzueignen weiß, daher vor allen Menschen, wie Themistokles, nackte Frauen vor den Wagen gespannt, durch die Stadt fuhr — venezianisch mit der Pikanterie des Verbotenen, Pstpstabenteuer, vom Fenster herab, wie eben den Sklaven nur lockt, was er nicht darf.

Viel an den vorletzten Akt der *Sanna* gedacht, an die drei Mädeln, alle an jene entlaufene Köchin, die für sie das große Abenteuer ist, durcheinander denkend, jede auf ihre Art toll werdend, die älteste in einen Starrkampf, der sich zuletzt in Tränen löst, die jüngste, indem sie nicht schlafen kann, immer wieder aus dem Bett fährt und, unzüchtige Worte ausstoßend und an den Onkel denkend, durchs Zimmer rast, Sanna endlich mit Wehmut geil.

12. April

Alles „objektiv" Sein, das also statt: „Dies gefällt mir nicht" oder „Ich will dies so", lieber feige sagt, sich hinter Gesetze verkriechend: „Dies ist nicht schön" oder „Das soll so sein", ist schon Entartung. Ich will mir das zunächst jetzt selbst auferlegen, den Willen meiner Natur durchzu-setzen, mit keiner anderen Sanktion, als daß es mein Wille ist.

Ebenso Vergleich zwischen der Liebe zu Frauen und jener zu den Knaben zu ziehen, welchen zwei Begriffe der Schönheit entsprechen: jener eine weibisch werbende, kokette und sich demütig anschmiegende, dieser eine stolze, verächtlich abwehrende Schönheit. [...]

Wiener Walzer und Wiener Huren findet man in der ganzen Welt. Sie scheinen das einzige zu sein, was der Österreicher zum Leben der Menschheit beizutragen hat. [...]

Für den Verkehr mit anderen: niemanden brauchen, niemanden suchen. Aber so fest und seiner so sicher zu sein, daß man sich bewahrt, ohne jemanden abzuwehren. Liebenswürdig also, ohne gefallen zu wollen und ohne sich wehren zu müssen. Liebenswürdig mit einer Messerspitze von Verachtung. Gleichgültig höflich. Das épater le bourgeois ist schon ein Zeichen von Schwäche; bei jungen Leuten allerdings oft notwendig, um frei zu werden und die Erziehung abzuschütteln.

Mich interessiert nur noch: wie ich bin. Ich suche nur noch: was mich bestätigt. Ich will nur noch mich vollenden und erfüllen.

Über Gott, zu welchem doch nur die Homerischen Griechen das wahre Verhältnis hatten: nämlich ihn gelten zu lassen wie einen anderen Menschen, ohne deshalb sich zu verleugnen. Über Christus, den ich im Neuen Testament suchen will, da ich alles, was man an ihm lobt, jetzt abzuweisen für notwendig finde.

16. April

Den Semmering herab alles blühend und in frischem Grün. Reizend im Häusel der eben aufgeblühte Marillenbaum, Narzissen, Hyazinthen, Krokos.

17. April

Erwachend spüre ich die Schmerzen im Hals, den Druck auf die Schläfen und jene ganze Befangenheit, Benommenheit so stark wie eigentlich seit Abbazia nicht. Es wäre schrecklich, wenn ich noch ebenso krank wäre, vielleicht nur durch die Freude über Athen die ganze Zeit her getäuscht.

Nachmittag kommen Hugo und Gerty, die wir gegen Abend nach Lainz begleiten. Er ist nervöser und heftiger, als er je war. Rührt mich aber fast durch seinen Anteil an meinem Geschick, den tätlich zu beweisen er sich fast herbeidrängt.

21. April

Der *Dialog vom Marsyas* könnte beginnen, daß einer, nur halb im Scherz, sich zur griechischen Religion zu bekennen behauptete, indem uns die fromme Meinung des christlichen Glaubens, als sei unser Leben von Gott auf allen Wegen geleitet, doch zu kindisch absurd scheine, jene Homerische aber, als ob die unter sich streitenden Götter uns hin und her zögen, indem jetzt ein gütiger, bald wieder ein feindlicher unser Leben an sich risse, doch der Wahrheit viel näher komme. Allmählich gerät das Gespräch dann weiter, indem einer behauptet, die Künstler hätten alle Ursache, sich der griechischen Religion zuzutun, die ihnen auf alle Art schmeichle. Was ein zweiter bezweifelt. Worauf der erste die Geschichte vom Marsyas anführt, um deren Deutung nun gestritten wird. Der Grammatiker meint, es sei doch wohl nur: Barbar oder Hellene. Der Künstler: Nein, Dilletant oder Künstler.

22. April

Diktiert. Nach Rodaun. Treffe bei Hugo den Dr. Epstein aus Paris.
Dann erzählt er mir seinen Plan des englischen Mysteriums *Jedermann*:
Darüber ausführlich in Kleins *Geschichte des Dramas*.[7] Hugo ist durch
Clemens Frankenstein aufmerksam gemacht worden. Es wird alles
davon abhängen, ob er den Dürerstil trifft, ohne in einen Butzenschei-
benton zu geraten.

29. April

Schön. Nachmittag bewölkt es sich. Diktiert über *Deutsches Theater*.
Salten bei mir, auch voll Ekel vor dem Journalismus.

2. Mai

Bei Professor Ortner, der meine Neurasthenie gebessert, das Herz aber
unverändert findet. Dann mit Trebitsch und Fred, abends mit Brahm.

3. Mai

Starker Wind. Bei starken Schmerzen in böser Stimmung.
    Der *Marsyas* ist zuerst dahin zu führen, daß es scheint, als hätten die
Griechen das Produzieren, weil es den Menschen häßlich mache,
verpönen wollen. Da aber bemerkt der Meister, daß gerade Apollo und
Athene ja doch selbst Produzenten seien. Also Einschränkung: Nur eine
bestimmte Art des Produzierens wird verpönt, die nämlich, welche sich
der Mensch mit Anstrengung, durch einen besonderen Akt des Willens,
abzweigen muß. Nicht aber die unwillkürliche, frei herausfließende.

8. Mai

Handl bei mir, dem ich meine drei Romane erzähle:[8] Den jüdischen (der
nur manchmal seltsam hereinblickende Großvater, ganz Orient; die
Eltern, er der große liberale Bankier, sie gutmütig und eher scheu, durch
den Makartstil ihres Lebens bedrückt; der Sohn im Ministerium, sehr
schwarzgelb, Dragoneroffizier, effektiert einen Aristokratenton. Die

---

[7] HOFMANNSTHAL bezieht sich auf die dreizehnbändige, Fragment gebliebene
„Geschichte des Dramas" des Literaturhistorikers Julius Leopold KLEIN
(1810—1876).
[8] Der Bahr-Schüler Willi HANDL hat 1913 eine Schrift zum Lob seines Meisters
verfaßt.

Tochter, Witwe eines sehr reichen englischen Kaufmanns, international, englisch stilisiert, sich zeitweise, wenn sie für ein paar Wochen in Wien auftaucht, mit einem Salon für Klimt amüsierend, der Benjamin Sozialdemokrat), den Salzburger (der Gymnasiast, von den Verlockungen des Lebens umstellt, in seiner Empfänglichkeit sich jeder hingebend, ohne sich einer ganz zu überlassen; es dringt von außen mehr auf ihn ein, als er die Kraft hat, innerlich zu bewältigen und sich zu assimilieren — er assimiliert es sich nicht, er wird eher davon selbst assimiliert) und den „Letzten": Er wird wählen, welchen er mit mir, oder besser gesagt: unter mir, schreiben will.[9]

26. Mai

Bei Burckhard, der, von Wlassack sprechend, die lustige Geschichte von den Mohnbeugeln für den Kaiser, nachts bei dem aus dem Schlaf aufgetrommelten Demel bestellt und per Fiaker zur Schratt gebracht, erzählt; es handelte sich darum, Burckhards Ernennung zum Direktor noch vor der Wiederkehr Sonnenthals durchzusetzen.

Nietzsche, als eben sein Haß gegen Wagner und die Lösung von Wagner begann, schrieb: „Alles Ausgezeichnete hat mittlere Natur". Noch merkwürdiger, wie für den *Marsyas* bestellt, „Der starke freie Mensch ist Nicht-Künstler" (gegen Wagner).

1. Juni

Die Stellen bei Goethe von seiner „konzilianten" und von der tragisch furchtsamen Natur suchen. Als Ideal meiner Produktion, was Goethe von Byron sagt: „Zu seinen Sachen kam er wie die Weiber zu schönen Kindern; sie denken nicht daran und wissen nicht wie".

3. Juni

Salten bringt mir den Maler Kober und wir reden von der Gründung eines Blattes: *Der Schinder*.[10]

---

[9] Das Manuskript des „Salzburger" Romanes befindet sich unter den Prosaschriften BAHRS im Archiv der Wiener Theatersammlung. Es ist eine phantastische überhöhte Aufarbeitung seiner in Salzburg verbrachten Schulzeit, eine recht ausführliche Schilderung von Ängsten, Bedrückungen und Befreiungsversuchen der Kinderjahre. Die Hauptfigur des Romanes wird als Engelbert REISINGER, Sohn eines Notars und Landtagsabgeordneten, bezeichnet.

[10] Der 1876 in Brünn geborene Leo KOBER arbeitete unter anderem für Wiener und Berliner Witzblätter. Er war offenbar als Illustrator der geplanten, nie erschienenen Zeitschrift vorgesehen.

6. Juni

Als Motto für den *Marsyas*: „Was würde aus einem Autor werden, wenn er nicht an die einzelnen, hier und da zerstreuten, Menschen von Sinn glaubte." (Goethe)

Am *Marsyas* diktiert. Abends mit Schnitzlers und Beers im Ottakringer Wirtshaus in Hietzing.

9. Juni

Nach Rodaun zu Beer-Hofmann, um Felix Holländer zu sehen, Salten kommt, dann auch Papa Hofmannsthal. Mit Beer, über Massingers *Unselige Mitgift*: wie alle Figuren auf einen einzigen Zug gestellt sind (der wackere Mann, der treue Freund, der gerechte Richter, die ungetreue Frau, der feige Geck) und wie, was der Dichter braucht, ohne sich mit Mottieren aufzuhalten, vorgebracht wird, wo es dann keine Kunst ist, zu starken Wirkungen zu gelangen.

12. Juni

Regen.

Wunderschön, im großen Zimmer arbeitend, durchs offene Fenster über die verregneten rauchenden tief grünen Gärten zu sehen und die merkwürdige Luft zu fühlen, in der sich ein warm feuchter Geruch mit dem Dunst der Rosen vermischt. Und das tolle rastlose Flöten der wie betrunkenen Amseln. Nichts schöner als inneres von äußerem Rauschen begleitet.

20. Juni

Wie traurig, daß die Frau — eine Nachwirkung aus den Zeiten ihrer Hörigkeit — auf alles nur erotisch reagiert: Sie hat keine Antwort als die erotische. Sie liest einen Roman, hört eine Symphonie und — will mit dem Künstler schlafen. Eine Schlacht wird gewonnen und — sie will mit dem General schlafen. Man geht mit ihr durch eine schöne Mondnacht und — sie will mit einem schlafen. Bewunderung, Dankbarkeit, Mitleid läuft auf dasselbe hinaus, sie differenziert nie, immer will sie mit uns schlafen. Und dies korrumpiert uns allmählich so, daß wir eine Frau, statt sie zu verehren, mit ihr zu plaudern, sie geistig zu begleiten, auch immer gleich übers Sofa legen.

Von der Duncan verabschiedet. Gespräch über Saltens ungeschickte Geldsachen. Will der Werner ihn wirklich „retten" oder wollen sie ihn nur los sein? Abends Hugo und Gerty bei mir. Wunderschön im Garten.

26. Juni

Regen. Mit Redlich nach Edlach zum herzkranken Herzl, der, in seinem
Stuhl liegend, das große harte Gesicht gelb und bekümmert, wunderschön ist. Dort Marmorek.[11]

4. Juli

Sechs Stunden an *Sanna* diktiert. Abends Redlich bei mir. Wir sprechen
nur von Herzl, der gestern um halb fünf in Edlach gestorben ist.
Nachher noch lange auf, bald an den Schluß der *Sanna*, bald in den
Mond schauend, der aus kurzem Regen hervorbricht, an den Tod
denkend.

7. Juli

Begräbnis Herzls. Wohl an die sechstausend Personen. Sehr traurig.
    Hole die Gerty von Fräulein von Kalmar ab, der sie Modell sitzt.
Nach Rodaun. Wir sitzen im Garten oben auf einem stillen Bankerl in
die wunderbar silbrig rosenhelle Luft über der fernen Allee schauend
und sprechen von alten Zeiten, Landro, ihrem Vater, der Hinterbrühl,
ihrer Verlobung mit Hugo. In solchen Momenten spüre ich so stark, wie
unersetzbar schön das Leben ist und daß es noch nie einer ausgesprochen hat und daß es sich nicht aussprechen läßt.

8. Juli

Schön. Sehr heiß. Hugo einen Moment bei mir. Abends zu Salten in
Pötzleinsdorf, mit Trebitsch und Dr. Redlich, der in glänzender Laune
von Isidor Singer erzählt (das Merkwürdige an Kanner und Singer:
jedem anständigen Menschen zu mißtrauen und auf jeden Schwindel
hereinzufallen. — Wie Redlich von Singer nachts in das finstere Verlies
geführt wird, wo junge Mädchen, indem sie feierlich um einen langen
Tisch gehen, aus den übrig gebliebenen Exemplaren die Beilagen
herausziehen).

9. Juli

Plan einer Art von *Österreichischem Plutarch* oder *Wiener Spiegel* in
losen Heften, welche Begebenheiten oder Menschen, an welchen das
österreichische Wesen recht sichtbar wird, darzustellen hätten. Unsere

---

[11] Der Architekt Oskar MARMOREK (1863—1909) war Miteinberufer des ersten
    Zionistenkongresses in Basel und enger Mitarbeiter HERZLS.

merkwürdige Situation: ein Staat, der zu zerfallen scheint, während alle Bedingungen eines Staatswesens auf das Beste gedeihen. Nie hat ein doch kleines Volkswesen zu einer Zeit überall mehr Talente gehabt. Niemals ist aber das Talent so sehr vom Staate, der doch schließlich nichts als die äußere Lebensform des Talents ist, als etwas feindseliges empfunden worden und dadurch richtig auch zur Feindschaft gedrängt worden.

Aber nicht, wie man wohl draußen glauben mag, die Zuckungen eines sterbenden Staates, sondern die Wehen eines neuen, werdenden, erst von der Sehnsucht zu fordernden.

Das Geheimnis ist dieses: In allen anderen modernen Staaten hat in einem entscheidenden Moment ein starkes Haus sich zur Dynastie gemacht, indem sie zum reinsten Ausdruck des Staatsgedankens geworden ist. In Österreich hat die Dynastie umgekehrt ihre Raison darin gesucht, den Staat zu verhindern. Und unsere jetzige Geschichte ist nur der unablässig erneute Versuch, die Staat gründenden Kräfte oder Einsichten einzufangen, um sie für den Staat verhindernden Interessen auszunützen.

10. Juli

Fritz Freund bei mir, mit dem ich den *Wiener Spiegel* bespreche.

Mauthners *Aristoteles* gelesen. Absurd ist seine Manie, von einem ganzen großen Menschen nur die Stellen zu sehen, die das eigene Thema berühren. Er ahnt die Größe des Aristoteles nicht, welche darin war, daß er die mittlere Meinung einer ganzen Nation, ihre ausgemachten Sicherheiten, sozusagen das ganze geistige Inventar der alten Welt in allen Dingen vortrug. Aber nicht das Verdienst Mauthners verkennen, daß er uns zum Nachdenken über die Sprache gebracht und mißtrauisch gegen sie gemacht hat.

11. Juli

Specht bringt mir den kleinen Max Mell. Ein schönes Gesicht unter den dunklen Haaren. Äußerlich still, schüchtern. Innerlich fest, bestimmt. Geht erst nach und nach heraus. Mag Ibsen nicht. Mag Schaukal. Scheint aber etwas zu sein. Beim Abschied im Garten wird er fast ein bißchen sentimental. Dieser Tag werde ihm unvergeßlich sein.

Im Gespräch sage ich, was mir nachher erst recht gefällt: Dadurch allein ist man ein Individuum, daß man Grenzen hat; über sie kommen, heißt sterben. Liege dann, abends gegen halb neun, lang im Garten, ausgestreckt nach dem über mir staubgraublauen, gegen Osten silbrig glitzernden Himmel schauend, wieder recht (wie manchmal in Athen) die Heiterkeit des Todes genießend.

14. Juli

Nach Sankt Gilgen; Burckhard erwartet uns in St. Lorenzen. Bringe ihm einen Schreibsessel und *Sanna*. [...]

Gespräche über Prof. Singer und Kanner. Ich erzähle, wie er, an mir vorbeihuschend, mir aus dem Fiaker abwinkt: „In großer Eile!" Zu Salten sagt er, wie ungerecht es sei, ihn hochmütig zu nennen, beweise, daß er keinen Anstand genommen, sich mit einem „Bohemién" wie Bahr auf den Titel der Wochenschrift zu setzen. Nach dem Erfolg des *Meister* sagt er: „Der arme Bahr! Was der sich verscherzt hat! Er könnte Redakteur der *Zeit* sein." Lustig ist der Ingrimm Saltens, wenn er schildert, wie Singer einem manchmal plötzlich herablassend im „Dialekt" fragt: „Wollens ein Zigarrl?" Singer hat den strengen Auftrag an die Administration gegeben, daß man Salten nicht sagen darf, daß durch sein Feuilleton über Herzl, mit direkter Berufung darauf, 109 Abonnenten gekommen sind. — Während Salten, aufgeregt durch die Nachricht von Herzls Tod und hastig, um in zwei Stunden fertig zu sein, sein Feuilleton schreibt, telephoniert Kanner ihm in einem fort, sich kürzer zu halten und den Herzl nicht zu überschätzen, zwei Spalten seien reichlich genug und als Salten widerspricht: „Glauben Sie, wenn ich sterbe, daß die *Neue Freie* ein Feuilleton über mich bringen wird?"
[...]

Lustig ist, wie abends Burckhard und Salten nervös über einen kleinen Leutnant am Nebentisch werden, der von fünf schicken jungen Mädeln umringt ist, Lehrerinnen oder Postfräuleins, die sich aufblähen, wenn sie „Herr Baron" zu ihm sagen und girrend kichern, wenn er nur ein Wort spricht, wenn es auch nichts weiter ist als „Ja ja, Fräulein Marie, Sie sind halt eine!" Diese höchste Lustigkeit, der alles zu Freude genügt, einmal herauszubringen und wie der Mensch, je mehr Geschmack er hat, eigentlich immer ärmer wird.

16. Juli

Mit Burckhard nach Salzburg. Auf dem Friedhof. Stieglkeller. Wunderbarer Abend, die Stadt zu unseren Füßen wie in Gold getaucht. Gegen zehn durch die dunkle Allee nach Hellbrunn gefahren. Nachts nach Wien zurück.

17. Juli

Im Häusel sind die Teppiche und Vorhänge weg, die Tür ausgehoben, alles wird renoviert. Nachmittag nach Rodaun zu Papa Hofmannsthal und der Gerty. Hitze. Ob nicht statt *Wiener Spiegel* lieber ironisch *Mein Wien*.

18. Juli

Mit Burckhard ein langes sprachkritisches Gespräch ... Ich betone die gesonderte Bedeutung der Sprache als Ausdrucksmittel, dem es gar nicht darauf ankommt, auch mitzuteilen. Sehr interessiert ihn der Versuch eines dänischen Gelehrten Lange, der alle Freude an der Kunst auf Erweiterung der Gefäße zurückführt. [...][12]

Burckhard erzählt von seiner Jugend, wie er damals einen bitterbösen Hund gehabt, den er zum Saufen dressiert; von Ebensee, wo er „in Verbot" gekommen; in allem äußert sich die Lust einer unbändigen Natur, die alles wagt, um ihre Kraft zu fühlen. Daher auch sein Zug eines Polyhistors.

Dem Österreicher fehlt die Grundempfindung des modernen Staates, daß nämlich in jedem einzelnen ein Kreis (ob weiter oder enger, darum gehen schließlich die Kämpfe der Gegenwart) gezogen ist, in welchem er, vor allem gesichert, sich allein gehören und ungestört sein darf.

Von Salten wäre zu verwenden: Ein Parlamentsbüchel. Monarchenbesuche. Hofrat Schlenther. Herzl. Redlich: Körber, Singer. Burckhard: Steinbach, Baron Berger. Zu reden mit Großmann und Polgar. [...] In seinen Plänen zeichnen sich deutlich zwei Gruppen ab: 1) *Elektra — Jedermann — Pentheus* in der Eysoldt-Technik; das ganze Leben in eine einzige große Gebärde zu pressen, die in der Elektra nur von Szene zu Szene immer stärker, immer greller beleuchtet erscheint, während er jetzt anstrebt, sie im Verlauf der Handlung aufzurollen; 2) *Bergwerk zu Falun — Venedig — Leben ein Traum* (das er vorläufig aufgegeben hat, weil er es nicht zu Ende denken kann) — *Pompilia*; wo er, während dort, wie einfach das Leben, das Vielfache des Lebens und eben seine Verwirrung zeigen will, die ihm dort auf ein Element zurückzubringen ist.

Was an ihm so wunderschön ist, ist das Lebensleid eines sehr lebenslustigen Menschen. Das Dasein, jede Erscheinung des Lebens, macht ihm eine ungeheure Freude, die aber der Verstand, indem er sie reduziert und ihre Illusion durchschaut, sogleich wieder zerstört. Immer wieder zu empfinden, was zu empfinden er doch als Unsinn erkennt, sodaß er sich beständig bewußt ist, düpiert zu werden, was er doch nicht entbehren kann, ja worin eben er vielleicht den einzigen Reiz des Lebens findet, macht den Grund seines Humors aus, der sich am liebsten im Unverhältnis desjenigen, was einer zu sein glaubt, zu demjenigen, was er ist, mit bitterem Lachen und doch gutmütig ergeht.

---

[12] BAHR bezieht sich auf ein Werk des Pathologen LANGE, das 1903 von Hans KURELLA in Wiesbaden herausgegeben wurde: „Sinnesgenüsse und Kunstgenuß. Beiträge zu einer senusalistischen Kunstlehre".

20. Juli

Mir ist merkwürdig schwer. Eine süße Traurigkeit ...
    Abends mit Wärndorfer, Klimt, Moser, der die Wange geschwollen
hat, und Professor Hofmann im Ottakringer Bräu. Klimt, in Sandalen,
enorm essend, gern ein bißchen zotend.

24. Juli

Salten holt mich im Wagen ab und wir fahren wunderschön durch den
Wald nach Pötzleinsdorf hinüber. Abends in seinem Gärtchen, das in
einen Winzergarten geht, den Blick auf den Kahlenberg, in Gesprächen,
hauptsächlich über Entwicklungsmöglichkeiten, denen ich so viel
zutraue, daß ich es mir prinzipiell vorstellen kann, daß aus dem kleinen
Kraus einmal, durch irgend ein Erlebnis, eine Frau, Bildung, ein
anständiger Mann von fünfzig Jahren werden könnte.
    Diese Nächte, im Mond, schon die ganze Zeit her, sind so fabelhaft
schön, wie ich niemals ähnlich erlebt. Dabei mein inneres Glühen und
Glänzen vor Freude.

29. Juli

In Salzburg bei Regen an. Mit Trebitsch, der um neun abreist. Mit Fred.
Um halb drei kommt Hugo. Wir zwei nach Hellbrunn und über die
Aigen zurück; Monatsschlößl, Steinernes Theater. Er ist mit dem
Geretteten Venedig fertig, hat einen Schluß zum *Leben ein Traum*, die
Hauptsache für den *Pentheus*, beim Hygienus den Gedanken zu einem
Orest gefunden und sich den *Jedermann* ganz klar gemacht. Lobt die
glückliche Stimmung der Tage, in der ihm vertrauten, an seine Mutter
erinnernden, im Grunde langweiligen und ihn daher in sich zurücktrei-
benden Fuschl, in der er so montiert gewesen, daß er an gar nichts
denken dürfte, da es ihm sogleich zum „Szenarium" geworden, und wo
er oft in der Nacht zwei, drei Mal so von Einfällen überströmt gewesen,
daß er aufgesprungen und Licht gemacht, um sich's zu notieren.
    Abends, in die großen, englischen Fauteuils des Lesezimmers im
Europe ausgestreckt; ich erzähle von diesen letzten quälend schönen
Sonnenuntergängen dieses unglaublichen Jahres. [...] Gespräch über
Graphologie, (Ludwig Klages), wobei Hugo sagt, daß die beiden
Menschen, von denen er an Energie am meisten hält, Richard und van
de Velde, auch die schönste Schrift hätten.

30. Juli

Schön. Mit Hugo und Fred nach Hellbrunn und Leopoldskron
gefahren. Plausche dann bis um vier vor dem Europe. Hugo weg. Ich mit

Fred nach München. Von dort allein nach Nürnberg weiter, ein Uhr nachts an, Württemberger Hof.

Über die Salzburger Brücke fahrend, sage ich, das Haus in der Ernst-Thun-Straße sehend: Doch merkwürdig, wenn man einige Jahre gewohnt war, sich im Vorbeifahren immer zu sagen, in dem Haus dort wohnt eine alte Frau, die meine Mutter ist, und nun plötzlich sich jedesmal zu denken: Nun wohnt sie nicht mehr dort.

Dies bringt mich darauf, mein Verhältnis zu den Eltern zu sagen, nämlich daß meine Mutter genau dieselbe Art Mensch wie ich gewesen, weshalb wir uns wortlos im Innersten verstanden, aber manchmal so gehaßt wie eben nur sich selbst; ich für meinen Vater aber das, was und wie er sich mit zwanzig Jahren (für Ferdinand Sauter schwärmend) zu sein oder zu werden heimlich gewünscht, aber in sich nicht den Mut und die Kraft gefunden, weshalb er dann auf mich, wie auf sein lebendig gewordenes Ideal, so stolz, aber auch zugleich um mich, in der Philisterfurcht, das Ideal sei mit dem Leben unverträglich, so namenlos besorgt gewesen.

Also Freude an mir, mit Sorge, fast Furcht um mich, in der Meinung, so was Schönes gehe im Leben immer schlecht aus, ist sein Verhältnis zu mir gewesen. Das meiner Mutter: Ja der ist auch so wie ich, und darum: Dem wirds auch schlecht ergehen, der wird auch den Leuten unheimlich und sich selber zuwider sein — was sie sich ärger gedacht, weil sie nicht wissen konnte, daß zwischen uns doch ein Unterschied war, nämlich mein Talent, durch welches den inneren Beklemmungen, an welchen sie, fast zum Ersticken, litt, eine Entlastung nach außen gewährt wird.

Ich vermute Hugos Verhältnis zu seinen Eltern ganz ähnlich; nur daß bei seinem Vater die Furcht abzuziehen und dafür ein froher Glaube an das Gelingen aller Dinge, die der Hugo wirklich will, einzusetzen ist.

Noch einmal die Geschichte von Herzl, die gestern so stark auf Hugo gewirkt, nämlich, wie dieser selbe Mann, nach dessen Tode die Juden in Warschau ihre Geschäfte geschlossen und in die Synagoge gelaufen, um dort zu beten, worauf in der Stadt, da man glaubte, Port Arthur sei gefallen, eine ungeheure Panik ausgebrochen, so daß der Kommandant, um sie zu beschwichtigen, durch Kosaken die Juden wieder in ihre Läden treiben ließ, derselbe Mann, über den die großen englischen Zeitungen lange Leitartikel gebracht, derselbe Mann, dessen Witwe Kondolenzen von allen Monarchen erhalten, der also doch wirklich eine Weltstellung gehabt, mir noch, genau acht Tage vor seinem Tod und schon im ganz sicheren Vorgefühl des Todes, zwei Stunden lang darüber vorphilosophiert, ob er ein Autor ersten oder zweiten Ranges sei; wie er denn auch vor zwei Jahren im September im Bosporus liegend, bis ihn der Sultan rufen würde, voll stolzer Pläne in diesem höchsten Moment seines Daseins es doch kaum einen Tag

vergessen können, daß die Stücke von Lothar aufgeführt werden und
seine nicht.

Fred, der nach Dieppe geht (Hotel Metropole et des Bains; er wird
Doktor Elias und den merkwürdigen Walter Sickert treffen) verläßt
mich in München und während ich allein weiter fahre, geht in mir wieder
stark der *Dialog vom Laster* herum, der nun dem *Marsyas* folgen soll.
Die Theorie habe ich jetzt, durch Karl Lange's Buch, völlig gewonnen.
Es ist darnach klar, daß der Genuß, den wir suchen, ein ganz bestimmter
Zustand unserer Blutgefäße ist und daß dieser Zustand ebenso von
innen her, aus dem Zentrum, also durch die mit großen Gedanken oder
großen Gefühlen verbundenen Affekte als auch von außen her, durch
Sinnesreize, herbeigeführt werden kann. [...]
Als Motto: „Zu dir, Frau, Venus, kehr ich wieder".

31. Juli

Schön. In der Früh nach Bayreuth. Wohne sehr angenehm bei einer
Frau Neuland, Alexanderstraße 4. Um vier Uhr *Parsifal*. Aus dem sehr
großen und bisweilen fast schmerzlich starken Eindruck besonders in
den Gralsszenen wird man immer wieder durch die physische Bemühungen der Sänger, durch die niederträchtig schlechte Dekoration des
Zaubergartens und durch die grotesk lächerlichen Tingl-Tanglbewe-
gungen der Blumenmädchen gerissen.

Hier, wo jeder Ton die höchste Bedeutung, den tiefsten Sinn hat,
glaubt man unwillkürlich, es müsse ebenso jede Bewegung im Körper
oder der Miene des Schauspielers Ausdruck sein, und erschreckt, wenn
man nun gewahrt, daß sie hier meistens für das Kunstwerk ganz sinnlos
ist und nur unwillkürlich der zur Produktion von Tönen notwendigen
physischen Anstrengung entspringt. Das Orchester wird verdeckt, um
uns den Ton genießen zu lassen, ohne ihn produzieren zu sehen, aber
dem Schauspieler sehen wir dieses Produzieren so stark an, daß daneben
die Gebärden, die etwas ausdrücken, ganz verschwinden. Ebenso
empfindet man das Scheußliche mancher Dekorationen um so schwe-
rer, weil, da das Gehör hier doch die höchsten Forderungen erfüllt
genießt, unwillkürlich das Auge ein Äquivalent durch ebenso reine
Reize fordert. Zu Neßler'scher Musik fände man die Dekoration des
Zaubergartens wahrscheinlich ganz nett.

Treffe meinen Archäologen aus Athen. Esse mit Frau von Schlesinger, Hans (Adresse: Venedig, Porte Lombardo, S. Trovaso), Fritzl und
Trebitsch im Anker. Fritzl hat auch nichts als das Wagner-Wesendonk-
Buch und den *Tristan* im Kopf und wir erinnern uns, wie wir vor Jahren
in Landro einen Club zur Ausrottung des weiblichen Geschlechtes
gegründet.

1. August

Schön. Zur Duncan, die vor der Eremitage in einem Zopfhäuschen aus dem Jahre 1802 „Philippsruh" wohnt [...] „Ich bin ein Monist", sagt sie stolz; und wirklich, ihr Verhältnis zu Menschen ist ganz wie zu Tieren oder Blumen. Keinen kann sie eigentlich hassen, weil in jedem doch „ein ganz kleines Stückel Schönheit ist", und jeden liebt sie so viel als das „Stückel Schönheit" in ihm groß ist — hat er so viel (sie zeigt es am Finger), so lieb ich ihn auch so viel. Sie versteht darum die Ehe gar nicht, wie wenn jemand, dem ein Baum gefällt, sich nur deswegen verpflichten würde, nie mehr eine Blume anzusehen. Ihre Liebe, die viel mehr nur Freude ist, darüber daß so etwas existiert, kennt darum auch Eifersucht oder den Wunsch nach Besitz, gar nach ausschließlichem, gar nicht. [...]

Was ich ihr von der Duse exemplifiziere, versteht sie innerlich gar nicht, dieses nämlich: „Was nützt mir der schöne Baum, die helle Wiese, die warme Sonne, wenn ich den, den ich liebe und der mein einziges Organ, um wahrzunehmen und zu empfinden ist, nicht haben kann, den ich brauche, weil ich ohne ihn blind und taub bin, weil durch ihn erst der Schlüssel zur Welt aufgedreht wird." „Dies sagend, denk ich stark an meine eigene jetzige Situation, sie scheints zu merken, wird neugierig und wagt doch nicht zu fragen." [...]

Sie schildert ihr Verhältnis zur Cosima, die so gut mit ihr ist, aber durchaus kein ehrliches Wort der Kritik (über den jämmerlichen Blumengarten in *Parsifal*) verträgt und ihr einen schwer gekränkten Brief schreibt, noch mit dem dummen Argument: „Wir haben Sie so lieb, daß auch, wenn uns Ihr Tanz nicht gefallen würde, wir Ihnen das nie gesagt hätten ..." Die ganze Verlogenheit des Bayreuther Kreises steckt darin. (Die Cosima schätzt den Karpath mehr als Nietzsche, ganz wie Hugo sich gefreut hat, als der kleine Kraus den Herzl in die Waden biß.)

Tannhäuser. Die Chöre noch nie so schön gehört. Auch Matray als Tannhäuser, Whitehill als Wolfram und die Fleischer-Edel als Elisabeth vortrefflich. Scheußlich der Venusberg, besonders die von dicken Stricken schwebenden, eingeklemmten, ängstlichen Genien.

In der Pause im Verbotenen Garten (der dem Kapellmeister Richter reserviert ist) mit der Duncan auf der Wiese liegend, zum blauen Himmel aufblicken, das Deutsche dieser Thoma-Landschaft genießend. Wie früh Trebitsch, schickt sie nun, eigentlich recht unartig, Hans Schlesinger weg, der zuerst sehr nett mit ihr plauschend darüber recht komisch ärgerlich scheint. Nun klagt sie mir wieder, wie sie immer mit mir flirte und ich nichts merke. [...] Auch führt sie aus, was sie mir schon beim Essen erklärt hat: Sie habe die Menschen, die sie liebt, nach dem Grade in verschiedene Himmel untergebracht: im ersten höchsten Himmel ich und Mounet-Sully, im zweiten Carrière, Haeckel, Carpentier, im dritten Rodin und Thode. [...]

Nachher nach München zurück. Auf der Bahn der Fürst Ferdinand von Bulgarien, Hauptwagnerianer. Im Hotel ein aus Wien nachgeschicktes Telegramm von Reinhardt, daß er die *Sanna* nimmt.

Nachträglich fällt mir erst ein, wie richtig ich neulich, im Gespräch mit Hugo und Fred, vor dem Europe, mein Gefühl zur Duncan geschildert habe, daß sie nämlich zugleich sehr sinnlich und durchaus unerotisch, ja antierotisch auf mich wirkt; sinnlich, mit dem nämlichen starken sinnlichen Reiz, den ein rieselnder Bach, eine ans Ufer geworfene Welle für mich hat, und so sehr unerotisch, daß ich, in der Stimmung, zu einer Hur zu laufen, durch der Duncan Gegenwart sogleich abgekühlt und beruhigt wurde. Wie ich heute früh an mich halten mußte, um nicht über die zweite Grazie herzufallen, und unmittelbar darauf, den Körper der Duncan neben mir auf dem Sofa spürend, mich ganz sicher und ruhig fühlte, aber durch ihren Charme auch Behagen empfand.

3. August

Mit der Senders nach Hellbrunn. Nachmittags allein im Botanischen Garten. Abends mit der Senders in Sankt Peter.

In Hellbrunn ist der Marsyas noch einmal, groß, in der Kronengrotte. Hier auch die Krone, die von einem langsam steif sich erigierenden Strahl bis an die Decke gehoben wird. Der Kopf, der die nach oben sich grotesk verbiegende Zunge herausstreckt. Die erotische Phantasie des guten Erzbischofs. Die Senders regt es auf, sich den ganzen Park von dieser rothaarig nackt herumspazierenden Person belebt zu denken.

Die Senders erzählt recht lustig, wie vor Jahren Wilhelm Singer sie, die damals noch klein möbliert gewohnt, eines Tages durch einen Brief, er sei recht krank und einsam, zu sich ins Hotel Continental gerufen, ihr pumperlgsund lächelnd entgegengekommen, schweinische Photographien gezeigt, sonst aber sehr väterlich nett mir ihr gewesen, endlich sie ins Badezimmer geführt und nichts von ihr verlangt als sich baden und von ihm mit einem großen Schwamme waschen zu lassen (Stark jüdelnd: „Was liegt dir dran: ich wasch dich? Es g'schieht dir ja nix, ich wasch dir. Dir machts nix und ich habs gern. Ich wasch dir vorn, ich wasch dich hinten, mit mei Schwamm, warum nicht?" Sie erzählt auch, wie, wenn die Eysoldt und der kleine Reinhardt zu ihren erotischen Evolutionen die lange blöde Parsenow mitnehmen, diese sich vorher in der Garderobe die Füße mit kölnischem Wasser von der Garderobière waschen lassen.

Die Senders wurde von Reinhardt engagiert, weil die Dumont ihre Rückenlinie „gut" fand. Lustig schildert sie das wütende Getriebe der Berliner Lesbierinnen um sie, die sentimentale verzückte leidenschaftliche Briefe schreiben und schweinische Photographien beilegen. [...]

Sie erzählt, wie die Durieux, plötzlich für die Eysoldt als Salome einspringend, ihr einen sehr netten Brief geschrieben, um mit der Bewunderten bekannt zu werden, worauf diese geantwortet: „Daß sie mein Kostüm genommen haben, ist eine Frechheit, und bekannt werden mag ich mit Ihnen nicht." Alles Erotische beschäftigt die Senders sehr, doch bricht manchmal ihr Ekel von den Männern sehr hervor, „die doch immer nur gleich ins Bett wollen". [...]

Reizend auch die Geschichte, die die Senders von Peter Altenberg und der kleinen, schwärmerischen Frau Loos erzählt. Altenberg war sehr krank, es ging ihm auch materiell schlecht und seine Freunde, entschlossen etwas für ihn zu tun, riefen eine Versammlung seiner Verehrer ein, und zwar — echt! — in seiner Gegenwart. Einer hält eine Rede: „Es muß etwas geschehen, man muß Peter Altenberg helfen, er stirbt fast!" Da springt Frau Loos auf, verzückt: „Nein. Niemand soll Peter Altenberg helfen. Laßt ihn einsam und im Elend sterben! Das ist so rührend schön!" Darauf Altenberg, furios auffahrend, spuckend: „Ich will nicht schön sein, Sie sind wohl verrückt, ich will nicht rührend sein, ich will leben, ich will gesund sein, leben!"

7. August

Kalmar. Treffe die Malerin Duczyńska, die mit ihrer Chiromantie lustig ist.[13] Abends zu Schnitzler, mit ihm und Olga zur Türkenschanz. Gewitter.

Sehr betroffen davon, daß, worauf mich ein Satz in einer Notiz der *Neuen Rundschau* erst aufmerksam macht, die Wesendonk in ihren höchsten Beziehungen zu Wagner von ihrem Mann ein Kind kriegt. Gerade wie Wagner zur selben Zeit zu allen Menschern rennt.

9. August

Salten hier. Die Geschichte Wagner-Dumba. Viel über den *Dialog vom Marsyas* und den vom *Laster*. [...] Fräulein Duczyńska, die Hand der Gerty besehend, deren Abguß bei der Kalmar auf dem Tisch steht, sagt auf einmal, sie hätte ihren Mann ziemlich unter dem Pantoffel, sanft, aber entschieden; und, da ich lachen muß, fährt sie fort, die Hand zu deuten: Es fehlen an den Fingern die Spitzuen, ein Zeichen, daß die Inspiration fehlt. Der auffallend kurze Ringfinger, kürzer als der

---

[13] Irma von DUCZYŃSKA (1869—1932) stellte im Rahmen der Wiener Sezession und des Hagenbundes aus; sie fertigte Holzschnitte unter anderem für „Ver sacrum" an und war auch als Bildhauerin tätig.

Zeigefinger. — Wenig Wille, wenig Temperament. Erkenntnis ist da, feine Empfindung, künstlerisch begabt, auch Fantasie. Sehr verläßlich. Aber nichts Spontanes. Bei großer Empfänglichkeit doch nicht fähig, aus sich heraus bestimmt zu empfinden. — Im ganzen Wesen keine Superlative. Und überhaupt: Das Letzte fehlt. — Gute Wirtin, keine offene Hand.

11. August

Handl, dem ich bis zu den Schlußkapiteln den *Salzburger Roman* zu Ende skizziere. Lese die halbe Nacht des Papus und der Madame de Thebes Bücher über die Hand.

14. August

Um fünf zu Salten, dessen Bub kommt und schwangere Frau sehr aufgeregt ist. Zeigt mir wunderschöne Photographien, wofür er ganz merkwürdig begabt. Gespräch über den vor acht Tagen verstorbenen Hanslick, der ihm ein Feuilleton über sein Jungwiener Theater gegen hundert Gulden zugesagt, und über die Art der Wiener Presse, die sich für verpflichtet hält, noch dümmer als ihr Publikum zu sein.

15. August

Herr Epstein bei mir. Alle, die die jüdische Presse so in Verruf gebracht, seien Christen gewesen: Bäuerle, O. Burg, Speidel, Hanslick, Wittmann, Kalbeck. [...] Erzählt aus Leben des F. X. Singer, der, ohne lesen und schreiben zu können, es durch seine mit jüdischen Anekdoten bei Greißlern erworbene Popularität vom Zeitungsausträger zum Herausgeber, liberalen Gemeinderat und Gutsbesitzer gebracht. Mit einer Wäscherin verheiratet, die auf ihre alten Tage mannstoll wird und sich fünfzehn- und sechzehnjährige Buben hält. Seine Söhne haben den Ehrgeiz, wie Fiaker zu leben. Der eine, Ferdinand, heiratet die Tochter Steiners, die, von ihm angesteckt, ihre Nase verliert. Ebenso steckt der zweite Sohn seine Frau an. Auch das Kind ist syphilitisch. Einer dieser Söhne jetzt mit der Biedermann verheiratet. Arzt, der ziemlich gleichgültig die ganze Familie an Syphilis behandelt. [...]
   Epstein schildert die Hochzeit des Ferdinand mit der jungen Steiner; der Vizebürgermeister Uhl, das ganze Theater an der Wien. Wüster Ball. „Denken Sie sich", sagt Epstein, der dabei war: „Auf einmal legten die Damen ihre Füßchen auf die Nasen der gegenüber tanzenden Herren, und ein zügelloser Cancan begann."

22. August

Schreibe an Gerty, Rendezvous im Salzkammergut ablehnend: „Mir tut
diese Luft nicht gut und mir ist, seit ich anfange, die Realitäten des
Lebens so stark zu spüren, diese kindisch tuende, vor den reichen Juden
Theater spielende und so verschwindelte Gegend durchaus unerträglich
geworden." Dann über *Sanna*: „Das Stück will jenes Österreich, das in
dem Herrn sich ausdrückt, der (in der Provinz) bei der Fronleichnams-
prozession gleich hinter dem Bischof ganz allein geht, so zeigen, daß
man zu ihm Pfui sagt." [...]
        Mir geht die ganzen Tage her stark das Thema im Kopf herum: wie
viel wert ist, was ein Mensch *sagt*. [...] Und bin immer geneigter, einfach
zu antworten: gar nichts. Wissen wir doch nie, ob, was einer sagt (selbst
den Betrug ganz ausgeschaltet), sein Ausdruck (ein Produkt seines
inneren Wesens) oder irgend ein Echo (die Umsetzung eines äußeren
Eindrucks) ist. Jeder Mensch kann durch bloßen Verstand, indem er
Worte von anderen aufnimmt und der Reihe nach nun alle möglichen
Kombinationen mit ihnen vornimmt, innerlich völlig unbeteiligt die
merkwürdigsten und höchsten und tiefsten Dinge sagen, gar wenn er
einigen Sinn für Assoziationen und das Spiel mit dem Nebensinn von
Worten hat. [...]
        Mauthner hat über den Wortfetischismus sehr Gutes gesagt.
Beispiele: Berger, Eckstein, Kassner, lauter innerlich ganz leere Menschen, denen es gerade deswegen so leicht ist, fortwährend verblüffende
Dinge zu sagen (so lange man sich nämlich verblüffen läßt; bis man
gewahr wird, daß ihr ganzes Geheimnis Gedächtnis und Kombination
ist). Hugos Unfähigkeit, über irgend einen Menschen zu urteilen, weil er
sich immer wieder durch die Worte foppen läßt.

24. August

Seit gestern habe ich ein Pianino, spiele selbst mühsam Gluck und
Haydn, höre dem Fräulein *Parsifal* zu und bin so glücklich wie lange
nicht. Ich lechze jetzt nach Musik und habe das Gefühl, daß dies nur von
Athen komme, da die moderne Welt nur im Musikalischen die geistige
Höhe, Macht und Freiheit der griechischen Plastik erreicht. — Will nun
auch solche Scherze machen: Haydn spielen und dann, während ich
Parsifal oder *Tristan* spielen zuhöre, dazu Dostojewski lesen.

25. August

Regen. Am Pianino. Die ernsthaft graziösen, zugleich pedantischen und
so gescheiten *Leichten Stücke* Haydns. Aus Wolzogen die Motive des
Parsifal, dessen Gralsakt mir das Fräulein vorspielt.

Warum macht Moll unmittelbar traurig? *Hat die Wissenschaft über den Zusammenhang der Gehörnerven mit den Gefäßmuskeln irgend was festgestellt?* — für Dr. Stekel.[14]

26. August

Bleis hübsches Buch über Novalis gelesen, worin besonders hübsch, wie er die romantische Neigung zum Katholizismus als die Form zeigt, in welcher sich bei Protestanten die Sehnsucht nach dem Heidentum maskiert. Ich erinnere mich, wie ich oft zeigen wollte, daß mir der Katholizismus zuerst ein Sieg des Heidentums über das Christentum ist, welche Entwicklung in Alexander VI. und Leo X. kulminiert, worauf das Christentum als Protestantismus reagiert, worauf die jesuitische Barocke den Kompromiß macht: Christentum für die Knechte, um auf dieser Sklaverei ein großes freies Heidentum den Herren zu ermöglichen. Die Rechtfertigung dieser Barocke findet sich schon in Calderons *Leben ein Traum.*

28. August

Wildes prachtvollen *Der Sozialismus und die Seele des Menschen,* der unsere Grundanschauungen wie in einem mächtigen Credo der ganzen Generation vollkommen und einfach klassisch ausdrückt.

Nach Rodaun. Zum Jägerhaus spazieren gegangen. Gespräch über Kinder, wobei ich erkläre, weshalb ich kein Kind will: Ein wirklicher Vater sein heißt auf sein eigenes Leben um eines künftigen anderen willen durchaus verzichten; ich habe zu viel Gefühl für mein Leben, um das zu können; und doch auch wieder zu viel Gefühl für das Reale (hier also dafür, was ein Vater ist), um nicht, wenn ich unbekümmert für mich weiter lebe, immer Raum und ein schlechtes Gewissen zu haben.

2. September

Wir leben hier in einer Zone der Menschheit, welcher das Rechtsgefühl noch unbekannt ist. Es reizt mich sehr, über diese Dinge, über das Barbarische unserer Existenz, das man, durch unseren liebenswürdigen

---

[14] Der 1868 geborene Arzt Wilhelm STEKEL war zunächst in der Klinik KRAFFT-EBINGS tätig, später FREUDS Assistent. STEKEL befaßte sich hauptsächlich mit Problemen der Sexualität. Am 9. September 1904 fand ein Treffen BAHRS mit dem Psychoanalytiker statt.

Ruf getäuscht, nirgends ahnt, an Harden eine Serie *Aus Österreich* zu schreiben, da doch unsere dem Abonnenten nachjagenden Zeitungen den Österreicher immer nur so schildern, wie er sich gerne sehen möchte, um sich über sich täuschen zu können. Soll ichs tun?
Bei der Gerty in Rodaun. Trüb, herbstlich. Abschied, da sie morgen mit Schnitzlers zu Hugo nach Lunz fährt. Abends kommt die Hand der Eysoldt an, ich sitze lange, sie betrachtend.

3. September

Trüb. Allerhand durcheinander. Wieder meine Schmerzen. Das Kristall kommt an. Ich bin jetzt „in Bereitschaft". Mehr kann mir das Leben doch nicht mehr geben.
Trebitsch kommt, mit dem ich hineinsehe. „Zapfenstreich".

4. September

Den ganzen Tag mir am Pianino den *Tristan* zusammengesucht, der doch vielleicht das Höchste ist, was die Menschheit bisher erreicht. Neben dieser Kraft, im Innersten zu charakterisieren, kommt einem selbst Shakespeare schwach und unzulänglich vor.

5. September

Nachdem ich gestern fast den ganzen Tag, auch heute früh wieder zwei Stunden mit dem *Tristan* verbracht, spielt mir abends noch das Fräulein den ganzen zweiten Akt vor. Dem Geheimnis des Lebens, daß nämlich der „Tag", alles was wir bei Tag sind und unsere Ehre und dies alles, Wahn und Betrug, aber in der Nacht allein, im Überwältigtsein durch unsere Triebe, kommt dieser zweite Akt so nahe wie nur noch Calderons *Leben ein Traum.*

6. September

Den ganzen Tag mit Tristan. Abends *Tristan*, die Mildenburg war herrlich. Den zweiten Akt werd ich sehr im *Dialog vom Laster* mitspielen lassen, nämlich dieses, daß aller „Tag" (Ehre, was wir von uns halten, wie wir uns dünken) nur Betrug und daß uns erst in der „Nacht" (in den Dingen, deren wir uns vor uns selbst zu schämen haben) wohl wird. Hiezu auch Hans Sachs „Wahn! Überall Wahn."
Bei der Handleserin Frau Rumaki.

7. September

Mir dämmert ein Aufsatz „*Die Freude*". Diese wird uns nicht von den Spaßmachern gegeben, über die wir lachen, aber doch ihre tiefe Unwahrheit fühlend und uns ihrer nachher mit Ingrimm schämend, sondern wir können sie nur von den Tragikern erhalten, in den Abgrund sehend, bis wir uns furchtlos gewiß werden, daß es keine Rettung gibt: Angesichts des Todes tanzen. Freudig kann der im „Leben ein Traum" werden, nachdem er das Imaginäre, und Hans Sachs, nachdem er den „Wahn" begriffen, und Tristan, nachdem er den „Tag" fassen gelernt. Nietzsche weiß gar nicht, wie viel seiner Sehnsucht nach der gaya scienza er von Wagner hat. Ohne es beweisen zu können, sag ich es ihm auf den Kopf zu, daß ihm ihr Begriff zum ersten Mal im letzten Akt *Tristan* bei der lustigen Weise aufgeblitzt ist.

9. September

Viel Klavier. Raskolnikow. Sehr nervös. Schmerzen in allen Nerven, Würggefühle, zerschlagen und müd, schlafsüchtig, ohne schlafen zu können — es fängt wieder an.

Abends mit Dr. Wilhelm Stekel im Ottakringer Bräu, der mir viel von Freuds „psychischen Kuren" erzählt und wie dieser sein Lehrer geneigt ist, alles auf die Sexualität zurückzuführen.

11. bis 20. September

durch diesen blöden Journalistenkongreß verloren. Ich mache die Sitzungen mit, gehe (am 12.) für zwanzig Minuten zum Empfang bei Körber, bleibe demonstrativ dem Empfang im Rathaus bei Lueger fern (wie übrigens auch Oskar Blumenthal und Ludwig Fulda, während unsere scheußlichen Wiener Juden mit Begeisterung hinstürzen), fahre noch mit nach dem Semmering und über Gmunden nach Salzburg und werde durch zwei frohe Stunden bei Burckhard in Lunz und anderthalb sehr vergnügte Tage mit Richard, Arthur und Olga in Salzburg belohnt.

Ich spreche am 12. bei der Debatte über die „Würde der Presse", indem ich darauf hinweise, wie wichtig es für die Journalisten wäre, sich von den Setzern ein Beispiel zu nehmen und wie sie zu organisieren. Die Schilderung, wie ich immer aufatme, wenn ich aus einer Redaktion, wo allen die Unsicherheit, der Neid, die Sorge auf den Stirnen steht, in den Setzersaal trete, wo jeder sich am anderen und durch den anderen stark weiß, wird von den Hörern stürmisch aufgenommen, im offiziellen Bericht aber natürlich unterschlagen. Ebenso die Angriffe auf die Unternehmer.

Ebenso spreche ich in Salzburg am 18. abends vor dem Mozartdenkmal, einen Kranz niederlegend, Mozart als wahren „Zukunftsmusiker" seiner Zeit feiernd, den unsere Generation erst, die durch Wagner, Bruckner, Hugo Wolf und Richard Strauss hindurch gegangen ist, ganz zu empfinden und ganz zu genießen weiß. [...]

Lustig, wie wir Sonntag 18. abends um halb sieben in Salzburg ankommen und Singer, der durchaus noch vor dem Denkmal der Kaiserin patriotisch und vor dem Mozart künstlerisch demonstrieren will, den Leuten, um sie beisammen zu halten, keine billets de logement gibt, sondern sie, die glauben, die Einquartierung wurde anderswo aufgeteilt, durch die ganze Stadt führt, mancher sein Köfferchen in der Hand.

25. September

Nach Rodaun zu Richard. Treffe auf der Dampftramway Arthur, Vanjung, Salten, Schwarzkopf. Hugo und Gerty sind unerwartet in der Früh aus Venedig angekommen. Richard liest sein Stück *Der Graf von Charolais* nach Massinger, vor, Bei starker Bewunderung für sein Talent, das überall den höchsten Ausdruck findet, der nur oft höher als sein Inhalt ist, und für den prachtvollen Wert, der an dramatischer Schlagkraft ganz einzig ist, finde ich das Ganze durchaus verfehlt, weil der am Schlusse ausgesprochene Sinn die Sinnlosigkeit unseres Daseins (wir werden gerade dafür bestraft, wofür wir belohnt werden). [...]

Mir fällt immer der Vergleich mit dem *Armen Heinrich* ein, der so innerlich viel zu sagen hat, aber es nicht kann, weil er zu wenig Talent für seinen menschlichen Fonds hat, während Richard viel mehr Talent als menschliches Material dafür hat.

26. September

In Rodaun beim Hugo, über das *Gerettete Venedig*, in dem er viel auf meine Vorschläge geändert und gestrichen hat; über den *Grafen von Charolais*, ganz einig in der Verwunderung, wie jemand unternehmen kann, die Sinnlosigkeit des Lebens zum Sinn eines Stücks zu machen, im Bedauern über die verfehlten Hauptsachen, in der Bewunderung der prachtvollen plastischen Energie und der ungeheuren Verskraft.

28. September

Nach Rodaun. Hugo liest nur den ersten Akt seines *Ödipus und die Sphinx*, die Szene am Dreiweg, mit der Ermordung des Laios. Er hat

recht, die beiden scheinbar widersprechenden Züge des Mythos, daß
Orest zuerst erfährt, er sei vielleicht gar nicht der Sohn des Polybos,
dann aber, als ihm das Orakel auf diese Frage, über die er Sicherheit will,
gar keine Antwort gibt, dafür aber den Mord seines Vaters ihm
prophezeit, keinen Augenblick mehr zweifelt, mit diesem Vater sei nur
Polybios gemeint ... beide zu nehmen, weil sie zur tragischen Verblendung notwendig sind. Aber es ist ihm noch nicht gelungen, sie so zu
gestalten, daß man eben diese Verblendung fühlt; vorderhand wirkt es
nur als Unklarheit.[15]

2. Oktober

Vormittag Holzer und Strakosch bei mir. Nachmittag in Rodaun, wo
ich mit Hugo unerquicklich streite, ob er Salten nicht „unterschätze",
eigentlich aber meinend, ob er überhaupt einen Menschen menschlich
schätzen kann, nicht bloß nach seinem Talent, worüber er übrigens auch
nur insofern Urteil hat, als es ihm selbst etwas gibt. Ob er überhaupt
„lebt"? Er lebt in Österreich, ohne an diesem Staat zu leiden. Er liebt
seine Frau und reist vor ihrer Entbindung ab. Er hat Kinder und kann
sie Monate lang entbehren. — Ich werfe ihm vor, daß er die Eysoldt, die
bei ihrer großen Ehrlichkeit ein menschliches Verhältnis zu ihm sucht,
zurückgestoßen hat. Er antwortet: Ich habe ihr doch ein Rolle
geschrieben! Darin ist der ganze Mensch, für den die anderen alle nur in
Beziehung auf sein Schaffen existieren: der eine als der Freund, dem man
ein Stück vorliest, der andere, der einen durch Gespräch produktiv
macht, der dritte, der einem eine Atmosphäre zur Arbeit schaffen fühlt.

Fragt man die Gerty, wie es Hugo geht, so antwortet sie entweder:
Gut, es ist ihm gestern so viel eingefallen, oder: Schlecht, es fällt ihm
nichts ein! Darum dreht sich seine Welt und er ist durchaus unfähig zu
begreifen, daß sich irgend eine Welt um etwas anderes drehen kann.

8. Oktober

Von gestern noch nachzutragen, daß ich bei den Schwestern Flöge war,
wo meine Frau ein Kleid probiert. Die Wiener Werkstatt hat sie, ganz
weiß, reizend eingerichtet. Besonders die jüngste der Schwestern ist in
ihrer Verbindung echter Natur mit gemütlicher Sorglosigkeit reizend.

---

[15] Das Drama „Ödipus und die Sphinx" wurde unter Max REINHARDT im
Berliner Deutschen Theater am 2. Februar 1906 uraufgeführt.

13. Oktober

Nachmittag der alte Direktor Raul mit seiner Tochter bei uns, der, der richtige Provinztheatertartarin, seine Erinnerungen an Mahler auspackt, den er einst in Iglau entdeckt, wo er in der Schnapsschenke seines Vaters Gehilfe gewesen. Dann Richard Specht, mit dem ich hauptsächlich über Richard Wagner spreche und der mir aus den *Meistersingern* sowie ein Stück der Brucknerschen IV. Romantischen Symphonie wunderschön vorspielt.

23. Oktober

Um fünf zu den Arbeitern vor dem Burgtheater, die leider zu friedlich gegen diesen Schuft Lueger demonstrieren. Abends mit Burckhard in den *Meistersingern*, in der Direktionsloge.

1. November

Fidelio mit der Mildenburg, die herrlich ist. Nie habe ich Güte zu solcher Leidenschaft gesteigert gesehen. Dazu ihre wunderbare Schönheit. Diese Augen, durch welche man unmittelbar in ihre tiefste Seele zu schauen glaubt. Diese prachtvoll expressiven Hände, die von Gefühl sprühen.

Besonders der letzte Akt, wenn sie, nachdem sie sich in der äußersten Not zum Heroischen erhoben, sich nun dieser unweiblichen Tat, da diese ins helle Tageslicht gezerrt wird, zu schämen scheint, an der Brust des Gatten verbergen will und immer wieder an ihn drückt, als könne sie es noch gar nicht glauben, ihn zu haben, und müßte immer noch fürchten, ihn wieder zu verlieren.

6. November

Abends mit Salten und Burckhard bei Schnitzler, der *Meistersinger* und Coriolanouvertüre spielt, Olga schwärmt für Lieder von Theodor Streicher (der mit einer entsetzlich schiachen Frau bei Klagenfurt leben soll; er und Schönberg interessieren mich jetzt von den Österreichern am meisten) aus dem Wunderhorn, ebenso für Ansorge, über den Hugo wieder einmal ganz oberflächlich geurteilt hat.

Revolte in Innsbruck: Die Revolution kündigt sich überall an.[16]

---

[16] Die Einrichtung von Kursen für italienischsprachige Hörer der Universität Innsbruck führte zu Ausschreitungen deutschnationaler Studenten. Italienische Geschäfte wurden demoliert, die italienische juridische Fakultät in Wilten zerstört.

13. November

Abends mit Burckhard in den *Meistersingern*, in Mahlers Loge, der den
ersten Akt, um sich den wirklich reizenden jungen Herrn Lauer als
David anzuhören, neben uns sitzt und sehr komisch in seiner Wut über
die Winkelmann-Enthusiasten ist, die in der Vorstellung hinein applau-
dieren: Er springt auf, beugt sich über die Brüstung und knirscht:
Gesindel! In der Elektrischen noch angenehm mit dem so gescheiten
Viktor Adler geplauscht.

14. November

Zuschrift des Ministers Hartel, daß mir der Bauernfeldpreis mit 1000
Kronen zuerkannt ist. Specht kommt zu mir: über Mahler, Schönberg,
Richard Strauss.

15. November

Wenn mir jetzt zum Bauernfeldpreis gratuliert wird, muß ich immer
denken, was mein Vater gesagt hat: Man erreicht im Leben alles, was
man sich wünscht, aber zu spät, nämlich erst wenns einem keine Freud
mehr macht.

16. November

Nachmittag bei der Mildenburg. Fast mit ein bissel Angst hin: Ist sie im
Leben so groß, wie sie auf der Bühne wirkt, so muß sie unheimlich sein,
ist sie es nicht, was will ich dann bei ihr.

   Ein behagliches kleines, gut bürgerliches Zimmer, mit einem offenen
Flügel, ein paar Blumen drauf, ein großes Bild Beethovens an der Wand.
Sie in einem weißen wallenden Gewand, das den Hals frei läßt,
wunderschön. Und merkwürdig: Ihre großen „monumentalen" Gebärden sind so echt, daß sie einen auch in den engen Zimmern nicht
befremden, weil man ihre absolute Naturnotwendigkeit spürt.

   Ein bissel österreichischer Dialekt, mit Anklang des Armeedeutsch.
Und manchmal, wenn sie sich über etwas beklagt, ganz den tiefen Ton
weltfremder Verwunderung und weltbangen Entsetzens, den ich an der
Paula Beer-Hofmann so gern hab. Über Wagner, die Cosima (die ihr
zuerst die Isolde eingedrillt und dabei jede individuelle Bewegung
genommen hat), ihren Verdruß mit der Intendanz, die aus Geiz nichts
gegen den eiskalten Zug in der Oper tut, den „Tag"-Begriff in *Tristan*,
den Trank, von dem sie sagt: Wenn plötzlich das Schiff zerschellen
würde, würden sich die beiden auch in die Arme sinken.

18. November

Harden, die Locken gebrannt und (wie die Frauen behaupten) geschminkt, mit Redlichs, Salten und Wilhelm Singer bei uns. Dann
Rodaun.

22. November

Den ganzen Tag bei der Probe zum ersten Konzert des „Vereins
schaffender Tonkünstler". Vormittag probiert Mahler die *Sinfonia
domestica* von Strauss. Ich wundere mich, wie unendlich ruhig und klar
er dabei ist, eine nur bei permanenter stärkster innerer Erregung
mögliche Empfindung für das zarteste Klangdetail mit dem höchsten
Bewußtsein der großen Linie verbindend, ebenso unerbittlich im
Fordern des Wesentlichen als gütig, nachsichtig im Erteilen eines
Befehls, Scherz nicht verschmähend. [...]
Esse dann mit dem guten Epstein im Matschakerhof, kehre in den
Musikverein zurück, wo nun Zemlinsky, dessen kahles, zerrissenes,
karstiges Gesicht an Berlioz und Brahm, an eine böse alte Märchenköni-
gin, an irgend einen eunuchischen Despoten, dessen heftige, noch nicht
vom Verstande zerquälte Nervosität in ihren schußligen Äußerungen an
Holländer erinnert, Hauseggers *Dionysische Phantasie* studiert, die mir,
bei starker Wirkung im Einzelnen, besonders durch die Kraft der
Trompeten, immer wieder große Löcher zu haben scheint. Dann nimmt
Mahler noch einmal den Strauss durch.

23. November

Am Klavier Mahlers reizendes *Selbstgefühl* — „Ich weiß nicht wie mir
ist". Im Cafe Museum mit Orlik, Moser, Hoffmann.
Dann im Konzert des „Vereins schaffender Tonkünstler". Einer der
schönsten Abende meines Lebens. Ich fühle mich so froh und stolz, daß
alles in mir vor geistigem Glück zittert. Mahler als Dirigent prachtvoll:
von einer unheimlichen äußeren Ruhe bei der höchsten inneren
Emotion, die er durch die unvergleichliche Plastik seiner Bewegungen
allen mitzuteilen weiß. Aber auch ein Jubelrausch in dem rein wie
besessen tobenden Publikum. [...]
In Hebbel und Werners neuer Biografie Hebbels lesend, bin ich
wieder sehr von diesem tiefen Wort betroffen: „Wirf weg, damit Du
nicht verlierst!" Was mir gerade in diesen Tagen einer schon fast
unerträglichen Sehnsucht, aus dem Journalismus wegzukommen, wie
eine tiefernste Mahnung klingt.

2. Dezember

Mit Burckhard und Dr. Muck in Mahlers Loge beim *Fliegenden
Holländer*.

3. Dezember

Tannhäuser, Mildenburg als Elisabeth, „ganz Opfer", wie sie denn
überhaupt die einzelne Person immer zur allgemeinen Figur eines
Gefühls macht. An Rosetti erinnert. Das Wegschauen in lieblicher
Verwirrung, beim Wiedersehen mit Tannhäuser. Im dritten Akt, wenn
sie kniet, sieht man nichts an ihr als die Hände von dieser unglaublichen
Beredsamkeit.
  Moll versprochen, daß ich bei Miethke über Beardsley sprechen soll.

4. Dezember

Philharmonisches Konzert, Muck: Bach, Haydn, Mozart (*Deutsche
Tänze*), Beethoven *2. Symphonie*.
  Dann bei den Metallarbeitern in Meidling (Dianasaal, Kobringer-
gasse) Gedichte vorgelesen, aus *Von Rosen ein Kränzlein*, besonders der
Bettelvogt, dann *Lenore*, *Gott und Bajadere* und endlich Hauptmann
und Dehmel. Wunderschön, als ich durch den Schönbrunner Park
zurückgehe, der feurig herabsinkende Abend, während aus dem nassen
Boden weiße Nebel dampfen. Dann Salten bei mir, sehr verärgert, weils
halt in der Redaktion der *Zeit* auch grauslich ist.

5. Dezember

Nachmittag zur Mildenburg, die mir Steffens Zeichnungen zum Tristan
zeigt und reizend ist, wie sie sich mit dem Tiefsten ihrer musikalischen
Natur gegen die Scherze der *Symphonia domestica* und die ganze
Programmusik mit einer prachtvollen Heftigkeit empört. Idee, Weih-
nachten nach Ragusa zu gehen.

7. Dezember

Bei Emil Orlik, der mich radieren will; Skizze, neben mannigfachen
Gesprächen.
  Mit Kolo Moser, Hoffmann, Reininghaus und Salten bei Hartmann
gespeist, wo nebenan Siegfried Wagner, Schönaich, Papier, Karpath. In
der Wiener Werkstätte. Mit Wärndorfer über Mildenburg und Mey-
rink. Mit Kolo über Beardsley.

13. Dezember

Walküre. Wie ich, im nassen Sturm neben dem Kutscher stehend, um nur einsam zu sein und die Bewegung mir gleichsam ins Gesicht schlagen zu spüren, in der Elektrischen herausfahre.
Incipit vita nuova.

14. Dezember

Bei Mildenburg.
In Mahlers *Dritter*, die über ein kaltes, widerstrebendes Publikum prachtvoll im Sturm siegt. Mit Burckhard, der in solchen Momenten famos ist.

16. Dezember

Siegfried. Ihr „Menschwerden" einer Göttin und daß sie dabei, je menschlicher, desto schöner und froher wird, ist unvergleichlich.

18. Dezember

Mit Mildenburg in Schönbrunn. Der „Geier" und wie traurig es sie macht, daß er gefangen ist. Über Mahler und Klimt. Und ob zwei Menschen „direkt", durch bloßes Denken in die Ferne, sich miteinander verständigen und auf einander wirken.

20. Dezember

Mit Mildenburg im Konzert der Schaffenden Tonkünstler: Pfitzners Trio wunderschön.

23. Dezember

Tristan. Wunderliches Gespräch mit Hugo, der mich ja menschlich niemals im geringsten begriffen hat.

30. Dezember

Sturm. Mildenburg. Abends Fred bei mir.

31. Dezember

Sturm stürzt meinen Dionysos um. Abends bei Mildenburg. Ihre Mama, ihre Schwester, ihr kleiner Neffe. Die Erzählung. Annus mirabilis. Mit dem Tod beginnend. Akropolis. *Vom Marsyas* und *Sanna*. Die schönen Tage in Rodaun, Bayreuth. Der 6. September. Und seitdem dies. Mit ein bißchen Angst vor Krankheit und einem ungeheuren Vertrauen auf meine Kraft, die aufgefordert ist, sich für das Höchste ganz einzusetzen, tret ich in das neue Jahre.

Werkverzeichnis

Über Rodbertus. Vortrag (Sonderdruck aus „Unverfälschte deutsche Worte" Nr. 20 vom 16.10.1884. Hg. G. Ritter von Schönerer), Wien 1884

Rodbertus Theorie der Absatzkrisen. Ein Vortrag, Wien 1884

Die Einsichtslosigkeit des Herrn Schäffle. Drei Briefe an einen Volksmann als Antwort auf „Die Aussichtslosigkeit der Sozialdemokratie", Zürich 1886

Individualism och socialism. En framställning af den socialistiska verldsaskadningen i hennes förhallande till den bestaende. Beminidagad svensk öfversättning af G.F.S (= G. F. Steffen), Stockholm 1886

Henrik Ibsen (Sonderdruck aus „Deutsche Worte" Heft 8 und 9, Aug./Sept. 1887), Wien 1887

Die neuen Menschen. Ein Schauspiel, Zürich 1887

La Marquesa d'Amaëgui. Eine Plauderei, Zürich 1888

Die große Sünde. Ein bürgerliches Trauerspiel, Zürich 1889

Das Veilchen, Berlin 1890

Die gute Schule. Seelenzustände, Berlin 1890

Zur Kritik der Moderne. Gesammelte Aufsätze, Erste Reihe, Zürich 1890

Fin de siècle, Berlin 1890

Die Mutter. Drama in drei Akten, Berlin 1891

Die Überwindung des Naturalismus. Als zweite Reihe von „Zur Kritik der Moderne", Dresden 1891

Russische Reise, Dresden 1891

Die häusliche Frau. Ein Lustspiel, Berlin 1893

Dora, Berlin 1893

Neben der Liebe, Wiener Roman, Berlin 1893

Der neue Stil. Dritte Folge zur „Kritik der Moderne", Frankfurt 1893

Aus der Vorstadt. Volksstück in drei Akten von Hermann Bahr und Carl Karlweis, Wien 1893

Caph. Mit einer Zeichnung von Ferry Beraton: Bild von Hermann Bahr, Berlin 1894

Studien zur Kritik der Moderne. Mit dem Porträt des Verfassers in Lichtdruck, Frankfurt 1894

Der Antisemitismus. Ein internationales Interview, Berlin 1894

Die Nixe. Drama in vier Akten. Nach dem Russischen des Spashinskiji, München (1896)

Juana, Drama, München 1896

Theater. Ein Wiener Roman, Berlin 1897

Renaissance. Neue Studien zur Kritik der Moderne, Berlin 1897

Das Tschapperl. Ein Wiener Stück in vier Aufzügen, Berlin 1898

Josephine. Ein Spiel in vier Akten, Berlin 1899

Der Star, Ein Wiener Stück in vier Akten, Berlin 1899

Wenn es euch gefällt. Wiener Revue in drei Bildern und einem Vorspiel von Hermann Bahr und Carl Karlweis, Wien 1899

Der Athlet. Schauspiel in drei Akten, Bonn 1899

Die schöne Frau — Leander, Berlin 1899

Die schöne Frau. Novellen. Mit einem Nachwort von Stefan Zweig, Leipzig (o.J.)

Wiener Theater (1892—1898), Berlin 1899

Der Franzl. Fünf Bilder eines guten Mannes, Wien 1900

Wienerinnen. Lustspiel in drei Akten, Bonn 1900

Secession, Wien 1900

Bildung. Essays, Berlin 1900

Der Apostel. Schauspiel in drei Aufzügen, München 1901

Rede über Klimt, Wien 1901

Der Krampus. Lustspiel in drei Aufzügen, München 1902

Der liebe Augustin. Pantomime, Berlin 1902

Wirkung in die Ferne und Anderes, Wien 1902

Premièren. Winter 1900 bis Sommer 1901, München 1902

Rezensionen, Wiener Theater 1901 bis 1903, Berlin 1903

Der Meister. Komödie in drei Akten, Berlin 1904

Unter sich. Ein Arme-Leut'-Stück, Wien 1904

Dialog vom Tragischen, Berlin 1904

Sanna. Schauspiel in fünf Akten, Berlin 1905

Dialog vom Marsyas. Mit einer Photogravüre und fünfzehn Vollbildern in Tonätzung, Berlin 1905

Die Andere, Berlin 1906

Der arme Narr. Lustspiel in einem Akt, Wien 1906

Josef Kainz, Wien 1906

Grotesken: Der Klub der Erlöser. Der Faun. Die tiefe Natur, Wien 1907

Ringelspiel, Berlin 1907

Wien. Mit acht Vollbildern, Stuttgart 1907

Glossen zum Wiener Theater (1903—1907), Berlin 1907

Die Rahl. Roman, Berlin 1908

Buch der Jugend, Wien 1908

Stimmen des Blutes. Novellen, Berlin 1909

Drut. Roman, Berlin 1909

Das Konzert. Lustspiel in drei Akten, Berlin 1909

Dalmatinische Reise, Berlin 1909

Tagebuch, Berlin 1909

O Mensch. Roman, Berlin 1910

Austriaca, Berlin 1911

Die Kinder. Komödie, Berlin 1911

Das Tänzchen. Lustspiel in drei Akten. Mit zwei Dekorationsskizzen und zwei Bühnenplänen von Koloman Moser, Berlin 1912

Essays, Leipzig 1912

Inventur, Berlin 1912

Bayreuth, Leipzig 1912

Parsifalschutz ohne Ausnahmegesetz, Berlin 1912

Das Hermann Bahr-Buch. Mit 21 Abbildungen zum 19. Juli 1913 (50. Geburtstag) hrsg. von S. Fischer-Vgl., Berlin 1913

Das Phantom. Komödie in drei Akten. Mit Dekorationsskizzen von Koloman Moser, Berlin 1913

Erinnerung an Burckhard, Berlin 1913

Der Querulant. Komödie in vier Akten, Berlin 1914

Dostojewski. Drei Essays von Hermann Bahr, Dimitri Mereschkowski, Otto Julius Bierbaum. Mit vier Bildbeigaben, München 1914

Salzburg, Berlin 1914

Kriegssegen. Mit einem Bild von Hermann Bahr, München 1915

Das österreichische Wunder. Einladung nach Salzburg, Stuttgart (1915)

Der muntere Seifensieder. Ein Schwank aus der deutschen Mobilmachung (Mit einem szenischen Entwurf von Koloman Moser), Berlin 1915

Die Stimme. Schauspiel in drei Aufzügen, Berlin 1916

Himmelfahrt. Roman, Berlin 1916

Rudigier, Kempten/München 1916

Expressionismus. Mit 19 Tafeln im Kupferdruck, München 1916

Um Goethe, Wien 1917

Schwarzgelb, Berlin 1917

Vernunft und Wissenschaft. Sonderabdruck aus der „Kultur", Jahrbuch der österreichischen Leo-Gesellschaft, Wien/München 1917

Der Augenblick. Lustspiel in fünf Aufzügenm nach Goethe, Berlin 1917

Der Augenblick Österreichs, München 1918

Tagebuch, Innsbruck 1918

Spielerei. 1. Landpartie — 2. Der Selige. — 3. Der Umsturz, Berlin (1919)

Tagebücher 2, Innsbruck 1919

Adalbert Stifter. Eine Entdeckung, Wien 1919

Die Rotte Korahs. Roman, Berlin 1919

Der Unmensch. Lustspiel in drei Aufzügen, Berlin (1920)

Ehelei. Lustspiel in drei Akten, Berlin 1920

Burgtheater, Wien 1920

Summula, Leipzig 1921

Bilderbuch, Wien 1921

1919, Leipzig 1920

Kritik der Gegenwart, Augsburg 1922

Sendung des Künstlers, Leipzig 1923

Himmel auf Erden. Ein Zwiegespräch, München 1923

Selbstbildnis, Berlin 1923

Schauspielkunst, Leipzig 1923

Altweibersommer. Ein Liebesschwank in drei Aufzügen, Berlin 1924

Liebe der Lebenden, Hildesheim 1925

Der Zauberstab. Tagebücher 1924 bis 1926, Hildesheim 1926

Notizen zur neueren spanischen Literatur, Berlin 1926

Der inwendige Garten, Roman, Hildesheim (1927)

Die Tante. Ein Lustspiel in drei Aufzügen, Berlin 1928

Adalbert Stifters Witiko, St. Gallen (1928)

Tagebuch 1928, Hildesheim 1928

Himmel auf Erden. Ein Zwiegespräch. Mit 13 Illustrationen, München 1928

Österreich in Ewigkeit. Roman, Hildesheim (1929)

Die Hexe Drut, München 1929

Labyrinth der Gegenwart, Hildesheim (1929)

Tagebuch 1929, Hildesheim 1929

Nach Hermann Bahrs Tod veröffentlichte Schriften

Hermann Bahr. Mensch werde wesentlich. Gedanken aus seinen Werken. Auswahl von Anna Bahr-Mildenburg. Anordnung von Paul Thun-Hohenstein. Mit einem Vorwort von Josef Nadler, Graz 1934

Hermann Bahr. Salzburger Landschaft. Aus Briefen an seine Frau Anna Bahr-Mildenburg und aus seinen Tagebüchern. Mit sechs Zeichnungen von Anton Steinhart. hg. von Ludwig Praehauser, Innsbruck (1937)

HIRSCH, Rudolph, Hugo von Hofmannsthal und Hermann Bahr. Zwei Briefe. In: Phaidros, Jg. 1 (1947), S. 85—88

Österreichischer Genius — Grillparzer, Stifter, Feuchtersleben. Drei Essays, Wien (1947)

GREGOR, Joseph (Hg.), Meister und Meisterbriefe um Hermann Bahr. Aus seinen Entwürfen, Tagebüchern und seinem Briefwechsel mit Richard Strauss, Hugo von Hofmannsthal, Max Reinhardt, Josef Kainz, Eleonore Duse und Anna von Mildenburg, Wien 1947

KINDERMANN, Heinz (Hg.), Hermann Bahr. Essays, Wien 1962

KINDERMANN, Heinz (Hg.), Hermann Bahr. Kritiken, Wien 1963

HOLZER, Rudolf (Hg.), Hermann Bahr. Sinn hinter der Komödie, Graz 1965

WUNBERG, Gotthart (Hg.), Hermann Bahr. Zur Überwindung des Naturalismus, Stuttgart 1968

SCHMIDT, Adalbert (Hg.), Hermann Bahr. Briefwechsel mit seinem Vater, Wien 1971

WUNBERG, Gotthart (Hg.), Das junge Wien. Österreichische Literatur- und Kunstkritik, Tübingen 1976

FELLNER, Fritz (Hg.), Dichter und Gelehrter. Hermann Bahr und Josef Redlich in ihren Briefen 1896—1934, Salzburg 1980

Ausgewählte Literatur zu Hermann Bahr

AUERNHEIMER, Raoul, Zum Thema Bahr. In: Die Neue Rundschau, Jg. 34 (1923), S. 538—541

BARTELS, Adolf, Hermann Bahr, der Kritiker. In: Der Kunstwart, Jg. 11 (Oktober 1897—April 1989), S. 276—281

BRECKNER, Egon W., Hermann Bahr and the quest for culture: a critique of his essays. Diss. Madison 1978

BURDACH, Konrad, Wissenschaft und Journalismus (Betrachtungen über und für Hermann Bahr). In: Preußische Jahrbücher, Bd. 193 (1923), S. 17—31

CHASTEL, Emile, Hermann Bahr. Son œuvre et son temps. De l'enfance á la maturité. 2 Bände, Paris/Lille 1977

DAVIAU, Donald G., The misconception of Hermann Bahr as a Verwandlungs-künstler. In: German life and letters, Bd. XI (April 1958), S. 182—192

DERS., Hermann Bahr and Decadence. In: Modern Austrian Literature, Bd. X, Nr. 2 (Juni 1977), S. 53—100

DERS., Hermann Bahr and the Secessionist Art Movement in Vienna. In: Gerold Chapple/Hans H. Schult (Hg.), The turn of the Century. German Literature and Art. 1890—1915, Bonn 1981, S. 433—462

DERS., Hermann Bahr, Arthur Schnitzler and Raoul Auernheimer. Nachlaß- und Editionsprobleme. In: Nachlaß- und Editionsprobleme bei modernen Schriftstellern. Beiträge zu den Internationalen Robert Musil-Symposien Brüssel 1976 und Saarbrücken 1977, hg. von Marie Louise Roth et al., Bern/Frankfurt 1981, S. 107—116

DERS., Der Mann von Übermorgen. Hermann Bahr 1863—1934, Wien 1984

DERS., Hermann Bahr in seinen Tagebüchern. In: Literatur und Kritik, Nr. 199/200 (1985), S. 485—495

ETTMAYER, Karl, Hermann Bahr und die Provinz. In: Der Kyffhäuser, Jg. 3, H. 2 (1901), S. 32—34

FARKAS, Reinhard, Der Beitrag Hermann Bahrs zur Herausbildung des Menschenbildes der Moderne, Phil. Diss. Wien 1987

FRIEDELL, Egon, Bahrs Katholizismus. In: Die Schaubühne, Jg. 10, Bd. I (1914), S. 489—493

FROBERGER, Joseph, Hermann Bahrs Tagebücher (ein Vorbild fruchtbringenden Lesens). In: Die Bücherwelt, Jg. 23 (1926), S. 397—399

GOLDSCHMIDT, Rudolph Karl, Hermann Bahrs katholisches Bekenntnis. In: März, Jg. 10, H. 14 (1916), S. 98—100

GROTTEWITZ, Curt, Drei moderne Typen. In: Magazin für Litteratur, Jg. 60 (1891), S. 694—697

HANDL, Willi, Hermann Bahr, Berlin 1913

HOFMANNSTHAL, Hugo, Die Mutter. In: Moderne Rundschau, Jg. 2, Bd. III, H. 2 (15. 4. 1891), S. 75—77

HOLLÄNDER, Felix, Von Hermann Bahr und seiner Bücherei. In: Freie Bühne, Jg. 4, H. 1 (1893), S. 82—89

KAFKA, Eduard M., Der neueste Bahr. In: Moderne Rundschau, Bd. III (1891), S. 220—222

KAHANE, Arthur, Erinnerungen an Hermann Bahr (aus dem Nachlaß). In: Neues Wiener Journal (16. 7. 1933), S. 7

KIENZL, Hermann, Hermann Bahr. In: Das literarische Echo, Jg. 13, H. 7 (1911), S. 475—492

KINDERMANN, Heinz, Hermann Bahr. Ein Leben für das europäische Theater, Graz/Köln 1954

KRAUS, Karl, Zur Überwindung des Hermann Bahr. In: Die Gesellschaft, Jg. 9 (Mai 1893), S. 627—636

DERS., (o. T.). In: Die Fackel, Jg. 3, Nr. 69 (1900/01), S. 14

DERS., Ein Enttäuschter. In: Die Fackel, Jg. 3, Nr. 93 (1901/02), S. 25—26

KUH, Emil, Der Kritiker Jung-Österreichs. In: Neues Wiener Tagblatt, Nr. 149 (2. 6. 1899), S. 1—3

KUPFER, Peter, Die Donaumonarchie im Urteil Hermann Bahrs, Phil. Diss. Zürich 1983

MERIDIES, Wilhelm, Hermann Bahr als epischer Gestalter und Kritiker der Gegenwart, Hildesheim 1927

DERS., Hermann Bahrs religiöser Entwicklungsgang. In: Das heilige Feuer, Jg. 15 (März 1928), S. 270—278

MESSER, Max, Hermann Bahr. Eine Studie. In: Die Gesellschaft, Jg. 15, Bd. IV (1899), S. 312—316

NADLER, Josef, Hermann Bahr und das katholische Österreich. In: Die neue Rundschau, Bd. I (1923), S. 490—502

NIRSCHL, Karl, In seinen Menschen ist Österreich. Hermann Bahrs innerer Weg, Linz 1964

POLLARD, Percival, Bahr and Finis. In: Masks and Minstrels of New Germany, Boston 1911, S. 290—299

PREHAUSER, Ludwig, Hermann Bahr und die Erziehung. In: Der neue Weg, H. 3 (1934), S. 102—107

PRODINGER, Christl, Hermann Bahr und seine Zeitkritik. Phil. Diss. Innsbruck 1963

SALTEN, Felix, Aus den Anfängen. Erinnerungsskizzen. In: Jahrbuch deutscher Bibliophilen und Literaturfreunde, Jg. 18/19 (1932/33), S. 31—46

SPECHT, Richard, Hermann Bahr. In: Der Merker, Jg. 4 (1913), S. 486—495

SPRENGLER, Joseph, Hermann Bahrs Tagebücher. In: Das literarische Echo, Bd. XXII (1919/20), S. 262—265

STEINER, Rudolph, Wiener Theater. In: Dramaturgische Blätter (Magazin für Litteratur), Jg. 2 (1899), Sp. 113—114

UBELL, Hermann, Neues von Hermann Bahr. In: Das Magazin für Litteratur, Jg. 66 (1897), Sp. 1076—1082

WERTHEIMER, Paul, Hermann Bahrs Renaissance. In: Die Gesellschaft, Jg. 13, . Bd. IV (1897), S. 91—103

WIDDER, Erich, Hermann Bahr. Sein Weg zum Glauben, Linz 1963

DERS., Hermann Bahr (1863—1934). Europäischer Literat aus Oberösterreich. In: Oberösterreicher. Lebensbilder zur Geschichte Oberösterreichs, Linz 1981, S. 106—119

ZEHL-ROMERO, Christiane, Die „konservative Revolution". Hermann Bahr und Adalbert Stifter. In: Germanische-Romanische Monatsschrift, Jg. 56 (1975), S. 439—454

Ausgewählte allgemeine Literatur

AHLERS-HESTERMANN, Friedrich, Stilwende. Aufbruch der Jugend um 1900, Frankfurt 1981

ALLMAYER-BECK, Johann Christoph, Marksteine der Moderne. Österreichs Beitrag zur Kultur- und Geistesgeschichte des 20. Jahrhunderts, Wien 1980

BARTH, Hans, Masse und Mythos. Die ideologische Krise an der Wende zum 20. Jahrhundert und die Theorie der Gewalt: Georges Sorel, Hamburg 1959

BARRÈS, Maurice, L'Ennemi des Lois, Paris 1892

BAUER, Roger et al. (Hg.), Fin de siècle. Zu Literatur und Kunst der Jahrhundertwende, Frankfurt 1977

DERS., Gänsefüßchendékadence. Zur Kritik und Literatur der Jahrhundertwende in Wien. In: Literatur und Kritik (Februar/März 1985), S. 21—29

BENJAMIN, Walter, Die Moderne. In: Das Argument, Jg. 10 (März 1968), S. 44—71

BISANZ, Hans, Allegorien der Liebe im Wiener Fin de Siècle. In: Anatols Jahre. Beispiele aus der Zeit der Jahrhundertwende, Wien 1982, S. 196—203

BLEI, Franz, Der Dandy, Variationen über ein Thema. In: Die neue Rundschau, Bd. II (1905), S. 1076—1088

Berlin um 1900, hg. von der Berlinischen Galerie e. V. et al., Berlin 1984

BURCKHARDT, Max, Das Moderne. In: Neues Wiener Tagblatt, Jg. 34, Nr. 318 (19. 11. 1900), S. 1—3

CHAPPLE, Gerold/SCHULTE, Hans H. (Hg.), The Turn of the Century. German Literature and Art 1890—1915, Bonn 1981

CURTIUS, Ernst R., Die literarischen Wegbereiter des neuen Frankreich, Potsdam (1918)

DERS., Maurice Barrès und die geistigen Grundlagen des französischen Nationalismus, Bonn 1921

DEMANDT, Alexander, Biologistische Dekadenztheorien. In: Saeculum, Bd. XXXIV, H. 1 (1985), S. 4—27

DIERSCH, Manfred, Empiriokritizismus und Impressionismus. Über Beziehungen zwischen Philosophie, Ästhetik und Literatur um 1900, Berlin 1973

DÜMLING, Albrecht, Die fremden Klänge der hängenden Gärten. Die öffentliche Einsamkeit der Neuen Musik am Beispiel von Arnold Schönberg und Stefan George, München 1981

EMERSON, Ralph W., Essays, Halle 1898

EUCKEN, Rudolf, Geistige Strömungen der Gegenwart, Leipzig 1904 (= 3. Auflage der Grundbegriffe der Gegenwart)

FISCHER, Jens-Malte, Fin de siècle. Kommentar zu einer Epoche, München 1978

FREUD, Sigmund/BREUER, Josef, Studien über Hysterie, Leipzig/Wien 1895

FREUD, Sigmund, Die Traumdeutung, Leipzig/Wien 1900

FUCHS, Adalbert, Geistige Strömungen in Österreich 1867—1918, Wien 1949

FURGESS, Raymond, The Twentieth Century. 1890—1945, London 1978

GLASER, Horst A. (Hg.), Deutsche Literatur. Eine Sozialgeschichte, Bd. 8, Jahrhundertwende: Vom Naturalismus zum Expressionismus, hg. von Frank Trommler, Reinbek 1982

HAECKEL, Ernst, Die heutige Entwicklungslehre im Verhältnis zur Gesamtwissenschaft, Stuttgart 1877

DERS., Die Welträtsel. Gemeinverständliche Studien über Monistische Philosophie, Bonn 1899

DERS., Kunstformen der Natur, Leipzig/Wien 1899

HAMANN, Richard/HERMAND, Jost, Stilkunst um 1900, Berlin 1967

DIES., Impressionismus, Berlin 1966

HANSTEIN, Adalbert, Das jüngste Deutschland. Zwei Jahrzehnte miterlebter Literaturgeschichte, Leipzig 1900

HARTMANN, Eduard, Kritische Grundlegung des transzendentalen Realismus, Berlin 1875

HEYDEBRAND, Renate/JOST, Klaus G. (Hg.), Wissenschaft als Dialog. Studien zur Literatur und Kunst seit der Jahrhundertwende, Stuttgart 1969

HEVESI, Ludwig, Acht Jahre Secession (März 1897—Juni 1905), Wien 1906

HINTERHÄUSER, Hans, Fin de siècle, München 1977

HOFMANNSTHAL, Hugo von, Briefe 1890—1909, 2 Bände, Berlin 1935/37

HOFMANNSTHAL, Hugo von, Gesammelte Werke in zehn Einzelbänden, hg. von Bernd Schoeller, Frankfurt 1980

HUYSMANS, Joris K., Gegen den Strich, Zürich 1981

JANIK, Allen/TOULMIN, Stephen, Wittgensteins Vienna, London 1973

JOHNSTON, William M., Österreichische Kultur und Geistesgeschichte. Gesellschaft und Ideen im Donauraum 1848—1938, Wien 1982

Jugend in Wien. Literatur um 1900. Katalog zu der Sonderausstellung „Jugend in Wien", Stuttgart 1974

KASSNER, Rudolf, Essays, Leipzig 1923

DERS., Buch der Erinnerung, Leipzig 1938

KISS, Endre, Der Tod der k. u. k. Weltordnung in Wien. Ideengeschichte Österreichs um die Jahrhundertwende, Wien/Köln/Graz 1986

KOPPEN, Erwin, Dekadenter Wagnerismus, Berlin/New York 1973

KREUZER, Helmut, Die Bohème. Beiträge zu ihrer Beschreibung, Stuttgart 1968

LANDSBERG, Hans, Los von Hauptmann, Berlin 1900

LANGBEHN, Julius, Rembrandt als Erzieher. Von einem Deutschen, Leipzig 1890

LANGE, Carl Georg, Über Gemüthsbewegungen. Eine Psycho-Physische Studie, Leipzig 1887

DERS., Sinnesgenüsse und Kunstgenuß. Beiträge zu einer sensualistischen Kunstlehre, hg. von Hans Kurella, Wiesbaden 1903

LUBLINSKI, Samuel, Moderne Weltanschauung und geschichtliche Dichtung. In: Der Kunstwart, Jg. 12, H. 21 (August 1899), S. 273—282

DERS., Die Bilanz der Moderne, Berlin 1904

LÜBBE, Hermann, Politische Philosophie in Deutschland, Stuttgart 1981

MACH, Ernst, Beiträge zur Analyse der Empfindungen, Jena 1886

MAGRIS, Claudio, Der habsburgische Mythos in der österreichischen Literatur, Salzburg 1966

MARTINI, Fritz, Modern, die Moderne. In: Reallexikon der Deutschen Literaturgeschichte, Bd. II, Berlin 1965, S. 391—415

MARX, Karl/ENGELS, Friedrich, Werke, Berlin 1972ff.

MASUR, Gerhard, Propheten von Gestern. Zur europäischen Kultur 1890—1914, Frankfurt 1965

MATTENKLOTT, Gerd, Bilderdienst. Ästhetische Opposition bei Beardsley und George, München 1970

MCGRATH, William J., Dionysian Art and Populist Politics in Austria, New Haven/London 1974

MAUTHNER, Fritz, Wörterbuch der Philosophie. Neue Beiträge zu einer Kritik der Sprache, 2 Bände, München/Leipzig 1910

MERKL, Heinrich, Ein Kult der Frau und der Schönheit. Interpretationen zur französischen, italienischen und spanischen Lyrik des Fin de siècle, Heidelberg 1981

MESSER, Max, Die moderne Seele, Leipzig 1899

NIETZSCHE, Friedrich, Werke in 4 Bänden, Wien 1980

NORDAU, Max, Entartung, 2 Bände, Berlin 1893

PFABIGAN, Alfred (Hg.), Ornament und Askese im Zeitgeist des Wien der Jahrhundertwende, Wien 1985

PLASCHKA, Richard/MACK, Karlheinz, Die Auflösung des Habsburgerreiches. Zusammenbruch und Neuorientierung im Donauraum, Wien 1970

PRAZ, Mario, Liebe, Tod und Teufel — Die schwarze Romantik, München 1963

PRZYBYSZEWSKI, Stanislaw, Erinnerungen an das literarische Berlin, München 1965

RIECKMANN, Jens, Aufbruch in die Moderne. Die Anfänge des Jungen Wien. Österreichische Literatur und Kritik im Fin de Siècle, Königstein 1985

RUPRECHT, Erich (Hg.), Literarische Manifeste des Naturalismus 1880—1892, Stuttgart 1962

DERS., Literarische Manifeste der Jahrhundertwende, Stuttgart 1970

SALTEN, Felix, Gestalten und Erscheinungen, Berlin 1913

SCHAEFFER, Emil, Das moderne Renaissance-Empfinden. In: Die neue Rundschau, Bd. II (1905), S. 769—786

SCHORSKE, Carl E., Wien. Geist und Gesellschaft im Fin de siècle, Wien 1982

SCHULTE, Regina, Sperrbezirke. Tugendhaftigkeit und Prostitution in der bürgerlichen Welt, Frankfurt 1979

STERNBERGER, Dolf, Studien. Gerechtigkeit für das 19. Jahrhundert, Frankfurt 1975

TANNENBAUM, Edward R., 1000. Die Generation vor dem großen Krieg, Frankfurt et al. 1978

WAGNER, Nike, Geist und Geschlecht. Karl Kraus und die Erotik der Wiener Moderne, Frankfurt 1982

WALZEL, Oscar F., Die Geistesströmungen des 19. Jahrhunderts, Leipzig 1924

WARD, Lester F., Soziologie von heute, Innsbruck 1904

WAGNER, Richard, Schriften, hg. von Egon Voss, Frankfurt 1976

WILLE, Bruno, Einsiedelkunst aus der Kiefernheide, Berlin 1897

Wien um 1900. Aufbruch in die Moderne, hg. von Peter Berner et al., Wien 1986

WORBS, Michael, Nervenkunst. Literatur und Psychoanalyse im Wien der Jahrhundertwende, Frankfurt 1983

WUNBERG, Gotthart, Das junge Wien. Österreichische Literatur- und Kunstkritik 1887—1902, 2 Bände, Tübingen 1976

WUNDT, Wilhelm, System der Philosophie, Leipzig 1897²

ZMEGAC, Viktor (Hg.), Deutsche Literatur der Jahrhundertwende, Hanstein 1981

ZUCKERKANDL, Berta, Zeitkunst. Wien 1901—1907. Mit einem Geleitwort von Ludwig Hevesi, Wien/Leipzig 1908

ZUERCHER, Hanspeter, Stilles Wasser. Narziß und Ophelia in der Dichtung und Material um 1900, Bonn 1975

ZWIRGER, Regina, Théophile Gautier und seine Zeit. Phil. Diss., Wien 1980

Bildnachweis

Die Abbildungen entstammen dem Bildarchiv der Österreichischen Nationalbibliothek, der Theatersammlung der Österreichischen Nationalbibliothek, dem Lichtbildarchiv der Stadt Linz und dem Adalbert-Stifter-Institut des Landes Oberösterreich (Repro Bernhard Ecker).

Personenregister